教育知库

初中物理资源型备课和创造型教学探索

朱小青　许桂华　著

光明日报出版社

图书在版编目（CIP）数据

初中物理资源型备课和创造型教学探索 / 朱小青，许桂华著. --北京：光明日报出版社，2024.1
ISBN 978-7-5194-7803-2

Ⅰ.①初… Ⅱ.①朱… ②许… Ⅲ.①中学物理课—教学研究—初中 Ⅳ.①G633.72

中国国家版本馆 CIP 数据核字（2024）第 043949 号

初中物理资源型备课和创造型教学探索
CHUZHONG WULI ZIYUANXING BEIKE HE CHUANGZAOXING JIAOXUE TANSUO

著　　　者：朱小青　许桂华	
责任编辑：刘兴华	责任校对：宋　悦　李佳莹
封面设计：中联华文	责任印制：曹　净

出版发行：光明日报出版社
地　　址：北京市西城区永安路 106 号，100050
电　　话：010-63169890（咨询），010-63131930（邮购）
传　　真：010-63131930
网　　址：http://book.gmw.cn
E - mail：gmrbcbs@gmw.cn
法律顾问：北京市兰台律师事务所龚柳方律师
印　　刷：三河市华东印刷有限公司
装　　订：三河市华东印刷有限公司
本书如有破损、缺页、装订错误，请与本社联系调换，电话：010-63131930
开　　本：170mm×240mm
字　　数：323 千字　　　　　　　　印　张：18
版　　次：2024 年 1 月第 1 版　　　　印　次：2024 年 1 月第 1 次印刷
书　　号：ISBN 978-7-5194-7803-2
定　　价：89.00 元

版权所有　翻印必究

前　言

丰富的教学资源是教师高质量备课、教学实施和教学创新的重要保障。本书结合广东省中小学教学研究"十二五"规划课题"初中物理教学资源型备课研究"的研究实践及其成果，对如何使教学资源库从杂乱的"素材堆砌型"转化为具有教学意义的"功能模块型"；如何建立资源型备课模式，提高备课质量，提升备课效率；如何进行教学创新；如何开展创造型教学等问题进行了有效探索。主要内容基于资源—平台—机制三协同的区域共享型模块化教学资源库建设的理论和开发应用技术，基于模块化资源库的新型备课模式、初中物理创造型教学设计等，可供广大初中物理教师和教学研究人员参考。

第一章调查分析了当前初中物理备课中存在的主要问题，阐明初中物理备课质量不高、备课效率低下的原因。

第二章探索如何建立区域共享型初中物理教学创新平台与机制。

第三章探索初中物理资源型备课的策略方法和途径。

第四章探索如何开发建设区域共享型初中物理模块化教学资源库。

第五章是初中物理创造型教学设计。提出了创造型教学的基本特征，精选了初中物理24节教学内容，逐一分析其现行教学设计和实施中存在的问题及其解决方案，并给出优化后的创造型教学设计。

本书的分工如下：朱小青负责第一章、第二章、第三章第一节和第四章，许桂华负责第三章的第二节至第六节，第五章由朱小青、许桂华共同负责。感谢华南师范大学许桂清副教授对本书的策划、编写做出了重要贡献，感谢阮班俊、李松柏、尹平原、王伟、黄太军、孙小强、胡美娟、毛远飞、于海燕、卢发、孔祥春、赖宇欣、董鸿丽、于海燕、周志良、罗芳琼、卢元中、周美淑、林英、卢修滢等老师为本书提供了素材。

由于作者才疏学浅，书中谬误之处难免，恳请各位读者批评指正。

2023 年 10 月

目 录
CONTENTS

第一章　研究背景 ……………………………………………… 1
　第一节　问题的提出 ……………………………………………… 1
　第二节　初中物理教师备课情况调查研究 …………………………… 2
　第三节　研究目标与研究意义 …………………………………… 8

第二章　区域共享型初中物理教学创新平台与机制创建探索 ………… 14
　第一节　新型备课模式的提出 …………………………………… 14
　第二节　资源—平台—机制三协同理论的提出 ……………………… 15

第三章　开展初中物理资源型备课的策略探索 ……………………… 24
　第一节　中学物理课程目标的变迁给予资源型备课的启迪 ………… 24
　第二节　概念与规律类初中物理资源型备课中有效提问的思考 …… 50
　第三节　实验类初中物理资源型备课中问题串的设计探讨 ………… 56
　第四节　指向能力提升的初中物理资源型备课策略探讨 …………… 60
　第五节　指向物理学方法领悟的初中物理资源型备课策略探讨 …… 65
　第六节　指向兴趣激发的初中物理资源型备课策略探讨 …………… 68

第四章　区域共享型初中物理模块化教学资源库建设探索 ………… 73
　第一节　关于资源库的概念界定 ………………………………… 74
　第二节　初中物理模块化教学资源库建设探索 ……………………… 75
　第三节　区域共享型初中物理教学资源库建设成果概览 …………… 80
　第四节　区域共享型初中物理教学资源库的辐射与影响 …………… 82

第五章　资源型备课支持下的初中物理创造型教学案例 ………… 84
第一节　初中物理力学创新教学设计案例 ……………… 86
第二节　初中物理电学创新教学设计案例 ……………… 161
第三节　初中物理光学和热学创新教学设计案例 ……… 225

参考文献 ………………………………………………………… 276

第一章

研究背景

第一节 问题的提出

中山市地处经济发达的珠江三角洲腹地，是广东省第一批教育强市，早已全面普及高中教育，教育教学质量长期在高位运行。为提高教育的核心竞争力，确保强大的教育综合实力，率先实现教育现代化。2008年，中山市启动了"中山市基础教育区域性精品课程建设"课题的试点研究，2010年全面展开基础教育领域精品课程建设。

综观当年我市的中学物理教育教学现状，新课程改革已推进几年了。新课程的各种口号、旗帜满天飞，然而物理教学常规的落实却有所弱化，物理教师的教学理念更新不彻底，教材分析、学生分析、教学设计、教学方法选择、课堂调控能力、现代媒体技术等物理教学基本技能提高缓慢，物理教学资源不丰富，物理教学名师寥寥无几，很多年轻的物理教师在新课程改革面前彷徨、迷茫。

在深入物理教学一线、参与全市各校初中物理教师备课教研的过程中，我们发现在初中物理教学资源和教师备课方面存在以下三大有待正视和解决的问题：

问题1：初中物理教学资源存在"双乱"现象——教学资源来源乱、教学素材堆砌乱。

市面上教辅质量参差不齐，网上素材分布零散，各校所谓的教学资源库往往只是各种"原材料""素材"的堆砌地，作用非常有限，缺乏针对本区域学生水平的系统整合。

问题2：初中物理教师在备课中存在"双低"问题——备课效率低、

备课质量低。

一节高质量的物理课源于高质量的备课。多数初中物理教师在形成自己的教学方案前，往往需要投入大量的时间搜寻原始教学素材，而更关键的"优化组合素材环节"投入的时间却不足，影响教学质量。此外，青年教师经验不足、老龄教师精力不够等因素也都导致备课的深度和广度不够。

问题3：常规初中物理科组集体备课存在"双弱"问题——组织管理弱、区域力量联合弱。

集体备课是物理科组教研活动的重要内容，然而，深入一线发现，部分学校初中物理科组的集体备课往往流于形式，缺乏有效组织指引，各校集体备课水平参差不齐，且多数学校各自为政，没有真正发挥出整个中山市区域教研的力量。

随着教育改革的深入推进，构建有效的教学模式和高效课堂的呼声不断。我们试图从教学的源头——备课环节寻找导致上述现象出现的原因，并找寻解决问题的策略方法。

有效备课是高效课堂的基础。那么，我市教师备课的有效性、备课资源的实用性如何？为深入研究上述问题，课题组申请了"初中物理教学资源型备课研究"课题，并编制了初中物理教师备课情况调查问卷，以期为课题的研究提供工具性支持，具体探讨如下。

第二节　初中物理教师备课情况调查研究

一、问卷设计

（一）调查目的

为了进一步推进有效教学的研究，提高我市物理教学工作的有效性，课题组面向全市物理教师开展了此次初中物理教师备课情况问卷调查的活动。既为课题"初中物理教学资源型备课研究"提供理性材料，又能帮助教师认识到自己备课的不足，进一步优化备课方式，更好地发挥备课的作用，有效地提高教育教学质量。本研究所编制的问卷用于评价初中物理教师在主干课程的一般教学准备情况，不针对具体的知识点等方面。

（二）问卷的设计

1. 构建问卷的理论维度

进行教师和专家访谈。教师访谈对象既包括学科带头人也包括普通教师和初入职的新教师，共 10 名。在选取教师访谈对象的时候不仅考虑到教龄的差异，同时还尽可能兼顾性别、年龄、任课年级等人口学和教学背景的差异。专家访谈对象为市物理学科教研专家和长期从事教育心理学和课程与教学论研究的心理学和教育学专业的教授，共 3 名。访谈主要围绕中学教师是如何备课的和如何对教师的备课状况进行评价两方面内容进行。根据对两种群体访谈所得资料，最终确定按照教师备课的逻辑顺序来构思备课状况的评价内容，包括三个维度，分别是教学设计过程、课程资源、物化结果。其中，课程设计包括教学引入设计、教学过程设计、备课存在的问题及期待；课程资源包括课程资源的获取手段和资源的扩展和延伸、课程资源的运用与整合；物化结果包括教案和信息化课件（PPT）。

2. 编写问卷条目

以构思好的问卷理论维度为依据，结合访谈素材，编写问卷条目。在编写条目的时候，不同的维度分别围绕不同的评价标准来编写。初步形成的问卷包括 46 个题目。

3. 试测问卷与调整题目

将初步形成的问卷试测于 20 名中学物理教师，以考查题目内容与教师实际教学准备情况的一致性及题目描述的精确性。试调结束后，随机抽取了 5 名教师进行访谈，根据访谈所得资料删除了一些题目，并对部分题目的表述做了调整，最后形成的问卷共包括 29 道题目。

（三）问卷调查的实施

课题组专门设计了交互式问卷调查软件，通过我市的初中物理教师微信群进行在线不记名答卷，在规定的时间内共有来自全市不同类型的初级中学的 116 位物理教师提交了在线答卷，经过分析研判，确定其中 109 份为有效答卷。

二、调查结果概览

本次调查问卷分为选择题和非选择题两部分。选择题为 1~27 题，主要设计了有关中学物理学科教师备课的三类问题，即初中物理教师备课时教学设计过程情况、备课时资源获取手段和资源的扩展与延伸、备课结果物化情况及物化成果的交流。非选择题为第 28、29 题，设计的问题为"请列出若干个您经常光临的物理教学类网站""如果要建立全市性的初中物理微课教学资源库，您对此有什么好的建议和意见"，以期更全面地了解目前中学物理学科资源型备课需求的真实情况。

（一）基本信息

本次调查的有效答卷共 109 份，其中，教师的性别分布为男教师 74 人，女教师 35 人；教龄分布为 5 年以下的教师 12 人、5~10 年的 10 人、11~20 年的 43 人、20 年以上的教师 44 人；学历分布为大专 5 人、大学本科 89 人、硕士 135 人；专业技术职称分布为高级教师 22 人、一级教师 55 人、二级教师 21 人、其他 11 人。

从调查问卷中基本信息题目的结果中可以看出，参与本次调查的教师以男性、教龄大于 10 年的一级教师为主，绝大部分教师有本科及以上教育背景。参与本次调查的老师基本情况与我市教师的基本情况大体相符，具有广泛的代表性。

（二）关于教学设计过程的调查情况

课题组设计用 12 道题从备课的现状、教学过程设计、备课存在的问题及期待三个二级维度入手调查了解初中物理教学设计的过程情况。

表 1　初中物理教学设计过程的调研结果

二级维度	详细内容	题目序号	调查结果
备课现状	教案准备情况	6、19	参与调查的教师中有34.86%的教师只准备简单的授课提纲；46.79%的教师每节课都有详细的教案；18.35%的教师只准备重难点课的教案。53.22%的教师备课形式以集体备课为主。
备课现状	教案形式及来源	7、8	教案的形式：77.06%的教师采用电子教案；18.35%的教师采用纸质或word形式的教案；4.59%的教师采用其他形式。教案的来源：69.72%的教师的教案主要是在集体备课的基础上自己修改而成；24.77%的教师自己编写教案；2.75%的教师会直接从网上下载教案；2.75%的教师采取其他方式。
教学过程设计	教学引入设计	17	67.22%的教师采用复习引入模式。
教学过程设计	教学环节、案例设计	10、11、12	58.72%的教师局限于教材表述的内容和呈现方式；25.69%的教师会注重适当引入教材外的案例讲述知识；15.59%的教师会在书本知识之上注重引导学生体会物理方法。
教学过程设计	练习及作业设计	9	51.38%的教师以课本外练习册上的为主；39.45%的教师以自行编写为主；9.17%的教师以课本习题为主。
备课存在的问题及期待		22	对现有的备课形式，55.05%的教师认为是有效的；42.2%的教师认为效果一般，希望有所改进和突破；2.75%的教师认为现有模式效果更好，无须改进。

（三）关于学科课程资源的调查情况

课题组设计了6道选择题了解课程资源的现状和获取渠道、2道问答题了解教师对学科资源建设的需求情况。

表2 初中物理教师备课资源及其获取方式的调研结果

二级维度	详细内容	题目序号	调查结果
课程资源现状	课堂教学主要资源	13	48.62%的教师的备课资源为自己搜集整理的资源；28.44%的教师的备课资源为课标教材教参及其配套资源；12.84%的教师采用专家大师教学能手的教学资源；10.09%的教师采用本地优秀教师的教学资源。
	需要资源类型	14	38.53%的教师认为需要整节课完整的教学资源；39.45%的教师认为需要单个知识点的资源（微课）；22.02%的教师认为以上两者作用难分大小。
	资源建设需求	15	42.2%的教师需要微课资源；33.03%的教师需要单一知识点的动画图标等多媒体资源；17.43%的教师需要上课所用的PPT资源；7.34%的教师需要教学设计文本资源。
课程资源获取方式	课程资源的获取渠道	16、23	44.04%的教师所在学校物理科组已经建设有一定规模的资源库，实现了资源共享；33.03%的教师个人分散积累资源；13.76%的教师在市资源网络上寻找资源；9.17%的教师没有固定的资源获取渠道。
	课程资源的获取难易性	27	对于市、校资源库中的资源，36.7%的教师很少登录，不清楚物理教学资源情况；28.44%的教师认为数量少、实用性不强，较少使用；22.94%的教师认为很丰富，经常使用；11.9%的教师认为查阅不方便，很少使用。

（四）物化结果

对于教案和信息化课件（例如，PPT）的质量、应用及分享情况的调查，设计使用了4道题。

表3 初中物理教师教案呈现形式和分享情况调研结果

二级维度	题目序号	调查结果
形式及质量把控	20、21	关于所在学校对备课的物化成果要求，29.36%的教师必须有纸质教案，不必有电子教案；26.61%的教师纸质教案和电子教案都必须有；24.77%的教师必须有电子教案，纸质教案不必有；19.27%的教师没有被统一要求，完全自主决定。 在教案的质量把控方面，87.66%的学校都会定期评估教师的教案。
分享及应用情况	28、29	25.6%的教师会定期将备课资料分享到本校物理学科资源库；68.81%的教师愿意分享备课资源，但不经常分享；5.5%的教师不愿意分享自己的教学资源。注：通过分析28题、29题的答案以及其他相关联的题目，综合得到的数据。所以，0.09%可以视为误差，不计。

三、调查结果分析

为了更全面深入地了解我市初中学段物理学科的备课情况，我们依据问卷调查情况，在我市随机抽取10所学校调阅其教学常规检查记录，并与学校领导、师生进行直接接触，广泛交流。调研发现，物理教学的备课在深度、广度上都有待加强，下列现象和问题引起我们深思。

（一）备课中缺乏对物理知识的深度分析

教师备课不能站在广阔的物理背景中高屋建瓴地分析教学内容，更多的是局限于教材表述的内容，局限于教材的呈现方式，甚至是"教"教材，对物理知识中蕴含的物理思想方法及其在整个课程、教材中的作用、地位把握不准。

例如，进行压强教学时，重点仅仅定位于教会学生熟练使用公式 $P = \dfrac{F}{S}$ 进行计算，而忽略了引导学生思考描述压力作用效果的思路方法，忽略了"用比值定义的物理量"所共有的特点。

（二）备课中不注重课堂引入的深度设计

很多教师习惯了形式上的"复习引入"，而不重视从物理知识与生活实际、社会实际的联系出发设计引入环节。

（三）备课中缺乏对例题、习题的深度筛选

例题、习题的针对性差、效度低，甚至大量机械无效的重复练习。

（四）备课中，重"整体课时教案"的编写，轻"元教案"的开发积累

所谓的元教案，就是针对课堂教学的某一具体知识点、某一教学环节而设计的教学方案，好似"用积木搭房子"，一系列"元教案"的组合就可以成为"整体课时教案"。通常，同一个知识点、同一个教学环节，可以设计多种"元教案"备选。

"教案"是高度个性化的"作品"，"可以复制教案，却无法复制效果"。因此，"整体课时教案"很难为他人有效利用，难以成为真正能发挥作用的资源，而"元教案"则可以很方便地重复利用、随机组合。

（五）有效备课资源缺乏

时下资源库建设虽然轰轰烈烈，但大多数停留在"数据库"层面，只是一些缺乏逻辑关联的数据素材的堆积，要想在教学中使用，还需要教师花费大量的精力筛选、改造。如果资源库以"元教案"为基本数据单元，则会大大提高资源库的利用效率，大为减轻教师的备课负担。

因此，我们认为改变物理教师的备课观念、树立起"备课就是资源建设"的观念、加强"元教案"的开发建设、引入新的备课模式，对物理教师的专业发展、减轻学生过重的负担、提高物理教学效益具有极大的现实意义。

第三节 研究目标与研究意义

经检索，虽然国内外关于物理教学备课的研究很多，理论和实践成果也很丰富，但是绝大多数都基于"备课时"，即针对一个完整课时的备课，或者是针对一个时期（一个学期或一个学年等）的"计划型备课"，尚未检索到"资源型备课"的相关研究，亦未出现"模块化教学资源库"或"元教案"的说法。

时下流行的微课和本课题的"微课模块"有相似之处，但仍存在一定的区别。微课仅仅是一段视频（甚至连文本教案也没有），而本课题的

"微课模块"是由视频、文本、课件、图表、动画等元素遵循教学原理组合而成的集合，是具备一定教学功能的基本单元。一般的微课只是零星、孤立的视频，本课题开发建设的"初中物理模块化微课库"则具有规范化、标准化、系统化、实用化的特点。

我们所理解的精品课程不是单独的一节优质课，而是指在先进的教育教学理论指导下，针对某一单元教学内容（或者某一主题）规划、设计、实施的过程，是相关教学资源、教学设计、教学方法、教学实录、教学反思等的有机集成。

本课题总的目标是促进我市物理教师学习掌握精妙的现代物理教育教学理论、精准把握物理课程标准、精细研究教法和物理教材使用、精心研究学生物理学习规律、精当运用物理课堂教学技能和艺术，促使我市中学物理教育教学质量得到新的提高和跨越，推动建设一支精良的物理教师队伍。我们设想的具体目标是：

（1）构建新型物理备课模式，解决"备课效率低、备课质量低"的"备课双低"问题。

（2）构建新型物理教学资源库，解决资源库"多杂乱"、实用功能差的问题。

（3）为差异化教学、自主学习、探究学习等提供丰富的课程资源支持，促进教学方式转变。

（4）为青年教师成长、教师培训开辟新途径，通过课题研究培养一批优秀骨干物理教师。

本课题的研究丰富了物理课程资源理论，为物理教材编写修订提供参考素材，为一线教师提供实用、高效的教学资源，通过资源库的建设增强了教师的研究意识、促使教师备课观念和方式转变，促进了物理教师专业发展，促进了物理教学资源库的科学化、规范化、标准化、系统化、实用化建设等，具有较强的实践意义。

附录：初中物理教师备课情况调查问卷

因省规划课题"初中物理教学资源型备课研究"之研究工作，需要了解我市初中物理教师日常备课情况，特制定本调查问卷。调查数据仅供本课题研究工作所用，不涉及学校、个人的任何评价，不记名，烦请老师们实事求是、准确作答，谢谢您的参与和支持。

"初中物理教学资源型备课研究"课题组

1. 您的性别_____

    A. 男　　　　　B. 女

2. 您的教龄_____

    A. 小于5年　　B. 5~10年　　C. 11~20年　　D. 大于20年

3. 您从事初中物理教学的时间_____

    A. 小于5年　　B. 5~10年　　C. 11~20年　　D. 大于20年

4. 您现在的学历（或学位）_____

    A. 大专　　　　B. 本科　　　C. 硕士　　　　D. 博士

5. 您现在的专业技术职称是_____

    A. 初中高级　　B. 初中一级　　C. 初中二级　　D. 其他

6. 您上课前需要准备教案吗？

    A. 只准备简单的授课提纲即可　　B. 每节课都有详细的教案

    C. 只准备部分重难点课的教案　　D. 完全不需要准备教案

7. 您上课使用最多的教案形式是（　　）

    A. 手工撰写的纸质教案

    B. 幻灯片PPT等形式的电子教案

    C. word等文件形式的电子教案

    D. 以上都不是

8. 您上课所使用的教案主要是

    A. 从网上直接下载

    B. 自己亲自编写

    C. 在集体备课基础上自己再修改

    D. 都不是

9. 您备课时对于练习的选择更多的是

    A. 以课本上的习题为主

    B. 以课本外的练习册上的练习为主

    C. 以自己精心筛选编制的练习为主

    D. 都不是

10. 关于压强概念，你在教学中更倾向于

    A. 特别注重引导学生思考描述压力作用效果的方法

    B. 特别注重教会学生熟练应用压强公式进行计算以及增减压强的方法

    C. 特别注重引导学生体会"用比值法定义物理量"的方法

    D. 以上三者都有，但各有侧重

11. 关于课堂教学中需要的物理实验，您（　　）

    A. 主要是亲自在课堂上做物理实验

    B. 主要是利用软件提供的仿真实验来代替教师做实验

    C. 主要是利用数字传感器技术进行真实的实验

    D. 很少做实验，主要是"讲"实验

12. 下列备课要素中：①目标（含重难点）②教具③练习④多媒体资源⑤教法⑥学法⑦学情分析⑧教材分析⑨板书，最接近于您备课实际的组合是（　　）

    A. ①②③④　　　　　　　　　B. ①②③④⑤⑥

    C. ①②③④⑤⑥⑦　　　　　　D. ①②③④⑤⑥⑦⑧⑨

13. 您在备课时感觉对您最有帮助的备课资源是（　　）

    A. 课标教材教参及其配套资源

    B. 专家大师教学能手的教学资源

    C. 本地优秀老师的教学资源

    D. 自己收集整理积累的教学资源

14. 您觉得日常备课活动中对您帮助作用最大的教学资源类型是（　　）

    A. 整节课的完整教学资源

    B. 单个知识点的教学资源（微课）

    C. AB 两者的作用难分大小

    D. 都没有什么帮助作用

15. 在这些资源中您觉得对您个人备课帮助作用最大的是（　　）

    A. 教学设计（文本）　　　　　B. 教学实录（视频）

    C. 上课用的 PPT　　　　　　　D. 动画图表等多媒体资源

16. 您在课堂教学中（　　）

    A. 主要使用粉笔和黑板等传统工具

    B. 主要使用多媒体电脑、投影等现代媒体

C. 以上都不是

17. 您的课堂教学引入的方式，主要是（　　）

　　A. 复习引入　　　　　　　　B. 演示实验引入

　　C. 学生活动引入　　　　　　D. 无引入，直接进入课堂教学

18. 您现在使用的电脑是（　　）

　　A. 自费购买的手提电脑　　　B. 单位配置的手提电脑

　　C. 单位配置的台式电脑　　　D. 其他

19. 您所在学校物理教师的备课形式主要是（　　）

　　A. 个人独立备课

　　B. 集体备课

　　C. 个人独立备课为主，集体备课为辅

　　D. 个人独立备课为辅，集体备课为主

20. 您所在的学校对教案的要求是（　　）

　　A. 所有教师必须有详细的课时教案，学校定期检查

　　B. 教龄长、年纪大的教师可以不用编写教案，其他教师必须撰写详细教案

　　C. 没有统一要求，是否需要课时教案完全由教师自主决定

　　D. 以上都不是

21. 您所在的学校对教案形态的要求是（　　）

　　A. 必须有纸质教案，不必有电子教案

　　B. 必须有电子教案，不必有纸质教案

　　C. 纸质和电子教案都必须有

　　D. 没有统一要求，完全由教师自主决定

22. 您认为，本校目前的备课形式有效吗（　　）

　　A. 有效　　　B. 一般　　　C. 效果较差　　　D. 无效

23. 关于教学资源库，您所在的学校（　　）

　　A. 有丰富的教学资源库，教师可以通过学校网络很方便地调用

　　B. 物理科组或备课组已经建设有一定规模的教学资源库，实现了资源共享

　　C. 教师个人分散积累，尚没有形成可共享的资源库

　　D. 学校层面基本没有进行教学资源库的规划建设

24. 您的备课活动对网络的依赖程度（   ）

　　A. 很强，网络是备课活动最重要的、不可缺少的工具

　　B. 一般，网络仅仅是改进备课活动的工具之一

　　C. 较弱，没有网络我也照样可以备课上课

　　D. 很弱，我的备课活动基本不使用网络

25. 您的备课活动对电脑的依赖程度（   ）

　　A. 很强，离开电脑无法备课

　　B. 一般，电脑有利于提高备课效率、保存备课资料等

　　C. 较弱，没有电脑我也照样可以备课上课

　　D. 很弱，我的备课活动基本不使用电脑

26. 您的课堂教学中可以方便地使用网络资源吗（   ）

　　A. 方便，网络流畅，课堂上可以随时直接调用网络资源

　　B. 不方便，我通常是在课前用U盘等载体下载好课堂所用的资源

　　C. 不方便，我很少使用网络资源

　　D. 以上都不是

27. 关于中山教育信息网上的物理教学资源，您认为（   ）

　　A. 很丰富实用，经常上网查阅使用

　　B. 数量少，实用性不太强，较少使用

　　C. 查阅不方便，较少使用

　　D. 很少上中山教育信息网，不清楚物理教学资源情况

28. 请列出若干个你经常光临的物理教学类网站名称或者网址（至少填写一个）

　　A. _____   B. _____   C. _____   D. _____

29. 如果要建立全市性的初中物理微课教学资源库，您对此有什么好的建议和意见？

第二章

区域共享型初中物理教学创新平台与机制创建探索

第一节 新型备课模式的提出

什么样的新型备课模式是高效的呢？任何一节高质量的物理课，都源于高质量的备课。教师在形成自己的教学方案前，往往需要搜寻大量的原始素材，进行甄别选择、加工改造后才能作为教学材料，而这既需要耗费大量的时间精力，也需要教师具备良好的学科专业素养和教学素养。青年教师（特别是入职不久的新教师）因为经验不足，老龄教师则因为精力不够等都可能导致备课的深度和广度不够，导致备课效率低和备课质量低的"双低"现象。

可见，"备课双低"的原因可能是教师专业素养和教学经验不够，可能是年龄大而精力不够，但缺乏实用有效的备课资源是更重要的原因。

我们希望建立一种新的备课模式，在这种备课模式下，提供给教师的是具有教学功能的"元教案"（模块化资源），减轻教师对原始素材的搜寻、加工的工作量。亦即构建基于功能模块化资源库的备课模式，代替粗放的、原始素材式的备课模式，有效提高备课效率和备课质量。

备课是教师为实施教学活动所进行的一切准备工作。按活动的参与者来分，可以分为个人备课和集体备课。从备课的内容来分，可以分为计划型、教案型、资源型三种。计划型备课是制订一定时期或者针对一定内容的完整教学计划。教案型是最为常见的备课形式，它的对象是一节课（一般是40或45分钟），它对一节课的时间分配、教学目的、教学重点难点、教学方法、教学进程、板书等进行缜密的事前设计，教案型备课的最后成果是具体单一的教案。

资源型备课是在对教学内容进行深度分析挖掘、广泛收集材料的基础上针对各个具体教学内容设计多种教学方案,这种只针对具体的、单一的知识点设计的教学方案可以称之为"元教案",它是教学设计中能够体现教学思想和设计意图、可供实际操作、便于移植组合的最小单元。资源型备课不是针对一节完整的课进行整体设计,而是指向具体的教学内容(例如,知识点),强调为每个具体的教学点准备大量的、充分的资源——"元教案"。资源型备课的成果不再是单一的"课时教案",而是由许多"元教案"有机组成的备课资源库,它便于推广使用,对于年轻教师成长、减轻教师负担、提高教学效率具有重要的意义。因此,资源型备课是在深度和广度上更强的备课形式。

第二节 资源—平台—机制三协同理论的提出

立足上文提出的资源型备课的相关概念,在实践探索中,我们进一步提出了指导区域共享型初中物理教学资源库建设与应用的资源—平台—机制三协同理论,本理论指出:建设区域共享型物理教学资源库是未来支撑教师发展、确保教学质量的必然趋势。在此理念指引下,建构的理论模型如图1所示。

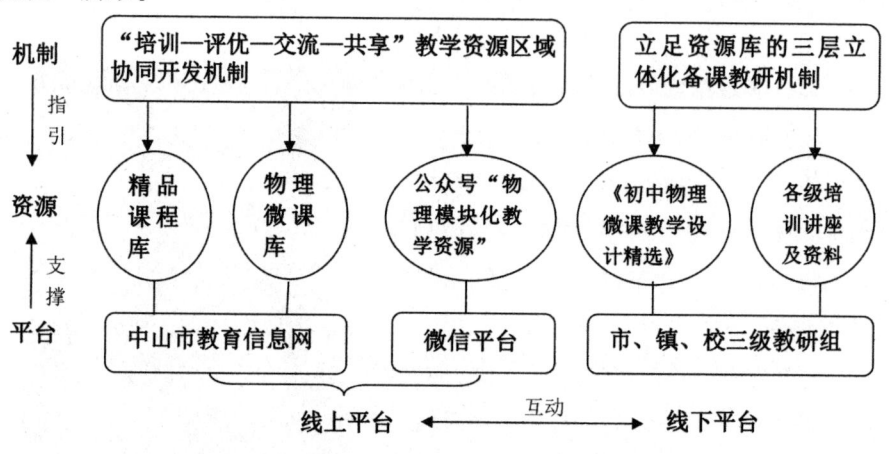

图1 资源—平台—机制三协同理论模型

基于上述理论模型的指引，立足协同开发机制调动区域全体物理教师参与资源制作，立足网络平台打造区域共享空间，立足协同教研机制推动市—镇—校三级教研组资源型备课策略的落地，具体管理与实施探讨如下。

一、组建市、镇、校三级物理精品课程建设网络

中山市是不设县的地级市，市直接辖镇（区），而镇（区）对教育教学的管理更多的是行政管理，难以深入具体的教学业务中，因此，我们组建了市、镇、校三级物理精品课程建设网络，其中以市、校为主。

市一级分别组建"高中物理精品课程建设专家指导组"和"初中物理精品课程建设专家指导组"，指导组成员为我市有影响、有声望、热心教师培养和教学研究，且具有高级职称的物理骨干教师和物理名师，人数为每个指导组10~12人，市教研室推荐，并征得所在学校同意后，由市教研室颁发聘任证书。市专家指导组负责制订物理精品课程技术规范和开发建设计划、主持物理精品课程评审、拟订推广使用规则、指导各镇（区）学校的精品课程开发工作。镇一级的教研部门因人手少，主要负责上传下达、监管、初审、服务，不进行具体的业务指导。学校物理教研组是精品课程建设的主力军，针对具体的开发建设内容，成立开发小组，配备人员、设施设备，进行具体的开发建设工作。

二、确定物理精品课程库的基本组成

我市高中物理使用的教材是粤教版，初中使用的教材是人教版。针对现行使用教材的体系结构，按章或主题进行规划建设，每章或每一个主题为一个精品模块。每个学期、每个学年制订全市性的指导计划，对每个学校提出任务要求，例如，要求每个学校每个学期至少要自选内容开发一个精品模块提交参评。计划用3~5年的时间，完成所有章、主题对应精品模块

图2 物理精品课程建设研讨活动

的开发建设。

在计划基础上,制定物理精品课程技术规范,这是基础性的关键环节,统一的标准规范才能使学校教师明白该做什么、怎么做,才能为评审和推广成果奠定基础。

根据高、初中物理教学实际和教材实际情况,我们制定了全市统一的技术规范《物理精品课程模块结构体系》,对物理精品课程的基本组成、内容结构、专业要求、评比规则等做了统一明确的规定。

(一)物理精品模块的界定。我们规定,物理精品课程以"精品模块"的形式呈现,所谓精品模块是针对具体教学内容,依据先进的教学理论,从教学规划设计、教学资源选取,到教学实施方案、课堂教学录像、教学反思等的有机集成。但是单纯某一节课的内容不能作为一个模块,模块的"教学内容"是指下列两种情形之一。

1. 物理学科的"知识单元"或者现行教材的"章"中的全部内容。

2. 以物理学科的某一思想、方法、专题内容等特定主题为教学内容(含中考复习)。

(二)专业学术要求。精品模块必须突出物理学科的特点,体现出系统性、科学性、先进性、可操作性、实效性、示范性。

(三)精品模块的体系结构。

每件物理精品模块至少应包含6个板块,分别是:

1. 教学设计(30%)。包括整体规划和课时设计(教案)两大部分。教学设计应列明其原理依据。

整体规划(10%):从整体的高度(如学段、学期、学年等)对模块内容进行规划分析,包括教学内容分析、教材分析、学生情况分析(使用对象分析)、总体教学目标的确定、重点难点及其方法策略分析、教学时间安排等。

课时设计(20%):每一课时的教学设计(教案)、学案,应当包含课时教学目标、重点和难点、教学方法、教学过程、教学流程图、板书设计等。

2. 教学实录(25%)。每课时都应有教学实况录像(或文字实录)。

3. 课件(15%)。每一课时应该配备多媒体课件。

4. 同步练习和检测题(10%)。每课时需要的同步练习、课后练习以及单元测试题等。

5. 教学反思（教研经验集）（10%）。列明本精品课程适用的对象和使用过程中要注意的问题；对教学设计、实施过程和教学效果所进行的反思、总结、体会、改进建议等；相关的教学小论文、教学叙事、教学随笔、教学故事等。

6. 拓展资源（10%）。与模块内容相关联的专业资料和教学资料等（可以是视频、图片、文字、声音等多种形式）。例如，联系本模块内容介绍物理或其他专业的相关知识、为实施本模块内容所做的有关调查研究、他人的教学经验和作品、对某些问题的进一步探讨、提供给教师的备课素材、有助于学生学习的资源等。

三、确定资源库开发的内容主题

选题原则：系统性、实用性；覆盖现行教材的全部章节，确保资源库的系统、全面、实用。

（一）"精品课程库"的内容主题

一方面以现行人教版教材的体系为蓝本，每一章为一个单元模块（也可以将个别内容相近的章合并为一个模块）；另一方面也可以是反映某一重要思想方法的主题单元模块或复习教学的专题单元模块。共计30个左右的推荐主题。

（二）"物理微课库"的内容主题

为确保入库作品的科学性、规范性、系统性、实用性，避免混乱，我们首先应该确定微课选题。为确定物理微课模块的内容主题，我们根据物理课程标准的要求，结合教学实际、学科实际、学生实际对初中物理的全部内容进行全面深度分析、重组，将初中物理的全部内容分解成190余个知识点，共计190余个微课主题，并对每个微课主题所含的物理思想方法进行挖掘整理，编制成《初中物理资源型备课——微课建设规划》（以下简称《规划》），《规划》提供可选的主题，但微课的具体题目由开发者自定。《规划》对应每一个主题规定了微课的类型、微课的具体要求、该主题包含的科学思想方法等。

一般来说，人教版物理教材上的一节，往往被分解成3个甚至更多的知识点，每个知识点制作一个或多个微课。这种选题表面上是依据某种版本的教材结构，实际上，其内容是独立的，微课作品完全可以脱离具体的教材版本而独立使用。

对初中物理内容进行分解重组的工作，对备课的行为方式、备课效果、备课手段、备课策略方法等产生了极为重要的影响，为教材分析、教法选择等开拓了新思路、新方法。

四、三级严监管确保入库作品高质量

为了确保"精品课程库"和"物理微课库"中入库作品的高水平，本项目组专门成立了市精品课程建设指导委员会、镇教研室、学校教研组三级监管部门。

一方面，所有入库作品，必须经过学校推荐、镇初审、市终审，全力保证入库作品的高质量高水平。结合教学实际，我们还研制了《物理精品课程模块结构体系》和《物理微课标准》。例如，对精品课程库中"单元模块""课时模块"的内容构成和体系结构做了明确规定。《物理微课标准》对微课的时长、视频格式、内容组成等做了严格规定。同时为了确保资源库的通用性、实用性，每个经过三级监管入库的模块作品都有一个唯一的识别码——编码。"精品课程库"的作品编码为9位数字，"微课库"的作品编码为8位数字。

以编码为11010202的微课模块作品为例，其数字意义如下表：

表1　编码为11010202的微课模块作品的数字意义解析

第1、2位数字表示学段，11表示初中，22表示高中。
第3、4位数字表示所属知识单元，01表示第1单元机械运动。
第5、6位数字表示内容主题，02表示该模块属于第2个主题测量时间。
第7、8位数字表示该主题下的模块序号，02表示测量时间这个主题下的第2个微课模块

另一方面，组织中山市全区域的专题大教研，教研的主题即是研讨与改进"精品课程库"和"微课库"两大教学资源库中的作品，并通过现场教研反馈、QQ群和微信群反馈、各校科组汇报反馈等多元化渠道，集全市初中物理教师之力，打磨提升两大资源库的素材质量。

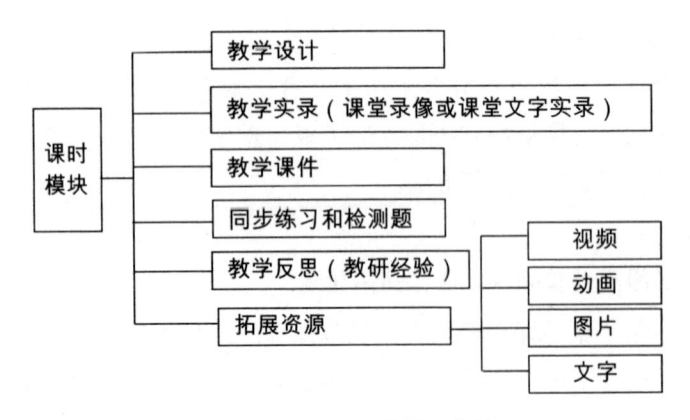

图 3　物理精品课程模块结构体系

五、加强过程管理与指导力度

（一）分解任务，落实到校

市专家指导组及时统计已经开发的模块情况，定期制作《物理精品课程建设任务分解书》（以下简称《分解书》）和《关于物理精品课程开发建设的指导意见》（以下简称《指导意见》），公布开发建设进程、统计成果和推荐开发的模块目录，每个学期初，将《分解书》和《指导意见》发给各学校物理教研组，学校物理教研组或教师个人可以从推荐目录中选择开发的内容，也可以自己另行确定内容，但规定每校每个学期至少要开发送评一个模块，并填写上交《中山市中学物理精品课程建设立项书》备案。

（二）开设专题讲座，开展研用结合专题研讨活动，培训骨干力量

为使教师们理解物理精品课程建设的意义、开发建设的具体步骤和方法等，我们开设了2次全市性的专题讲座，培训开发建设的骨干力量，还不定期开展全市性的精品课程研用结合研讨活动，及时总结开发过程中的经验教训，纠正误区，表彰先进。

项目组面向全市教师强调，我们进行物理精品课程开发建设，并不是在日常物理教学之外独立搞研究，相

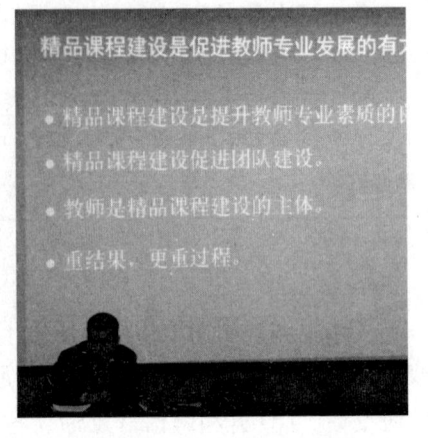

图 4　精品课程建设辅导讲座

反，要求教师课程研究和日常的物理教学紧密结合起来，在日常教学中选题，精心将日常教学工作做到精致、精彩，教师日常教学工作中精彩精妙的部分就是很好的精品课程。而且，从根本上讲，这是减轻教师负担的长效行为。

六、精心组织评审优秀作品

对什么样的课程才算是精品课程，难以定量精准评判。我们采用"一次初评审查、一年检验认定"的模式，评选物理精品课程。即参评作品经过初评获奖后，公布到网上，经广大教师检验使用一年后，才决定是否最后认定为精品课程。

有别于以往的一、二、三等奖，我们的初评奖励只有两个层级，分别是"入围奖""提名奖"。入围奖数量大约是参评作品数的20%，提名奖数量大约是参评作品数的30%。

初期，为了激发广大教师的热情，我们每个学期组织一次优秀作品评比。后期，随着开发建设工作的全面展开和学校、教师的热情高涨，改为每个学年进行一次优秀作品评比。到目前为止，已经进行了5次评比奖励，共评选出"入围奖"41件、"提名奖"68件。

对获奖的精品课程，予以精神和物质奖励，并将获奖情况纳入我市义务教育教学质量评价的指标体系中。

因此，一个物理精品课程模块的开发流程为：选题、立项、开发建设、评审、使用检验、认定为精品课程。

七、推广基于区域共享的初中物理教学资源型备课策略

项目组建立了精品课程专用网站，所有参评作品通过网络提交，通过网络进行评审，凡获得"入围奖"和"提名奖"的作品均向全市教师免费开放，鼓励查阅使用。此外，每个学期都举办关于物理精品课程开发建设的"研用结合"专题研讨活动，交

图5　资源型备课成果推广活动

流推广使用经验。

　　立足初中物理模块化"精品课程库"和"微课库"，项目组进一步创新性地建构出立足两大初中物理教学资源库的区域校际大教研、学校科组小教研、教师个体微教研三层立体化备课教研体系，如图6所示，并在该备课体系中实施和推广初中物理教学资源型备课策略。

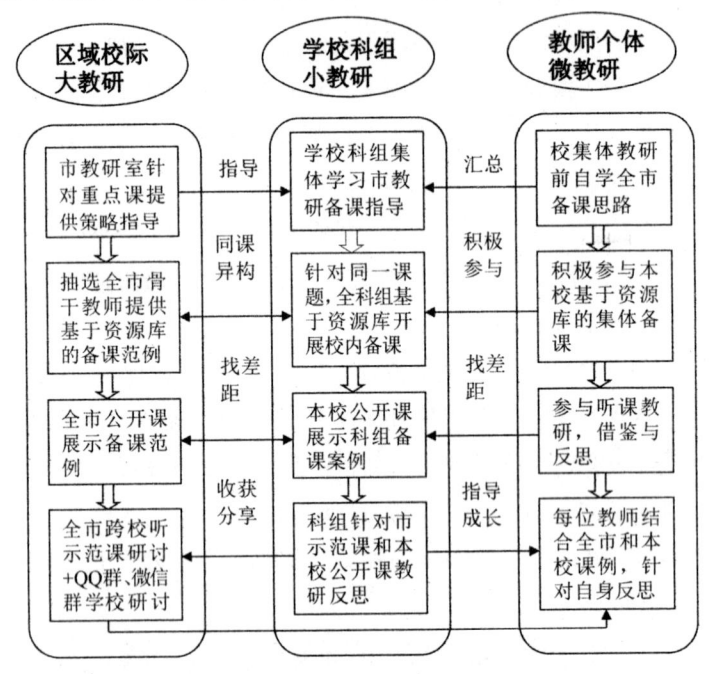

图6　立足教学资源库的三层立体化备课教研体系

　　上述三层立体化备课教研体系，一方面充分发挥了市教研室、学校物理科组和教师个体的优势，也充分调动了三方参与备课教研的积极性；另一方面，三个层面都针对物理模块化"精品课程库"和"微课库"教学资源库开展备课，教研主题聚焦，有效提高了培训的针对性和影响力。

　　同时，项目组还特别开设效果检验的2个子课题《初中物理数字化与传统实验资源备课研究》和《优化网络资源提高物理教学质量的实践研究》，分别研究其在物理实验教学中的应用和网络资源在提高物理教学质量中的作用。同时和中央电教馆等单位合作，深入研究模块化的新型资源库在当前数字环境下、移动互联网环境下的功能作用及具体应用，形成全市初中物理教研共同体特色。

  课题研究表明，模块化物理教学资源库在教师专业发展、新教师培养、提高备课效率和备课质量、转变教与学的方式、培优转差等各方面有着广泛的应用，并取得了令人欣喜的效果。

第三章

开展初中物理资源型备课的策略探索

立足上文探讨的区域共享型初中物理教学创新平台和机制,进一步聚焦资源型备课的实施与优化。我们结合相关理论和经验,从课程目标、提问策略、能力提升策略、方法领悟策略、兴趣激发策略等维度,探索如何开展初中物理资源型备课。

第一节 中学物理课程目标的变迁给予资源型备课的启迪

课程目标是设置课程、制定课程标准的前提,在教学大纲与课程标准中居于首要的位置,同时也是开展资源型备课的重要指导,因为课程目标决定了课程的内容选择,引领课程实施的方向。下面就初中物理知识目标、能力目标、情感态度价值观目标三个维度对新中国成立以来我国中学物理课程目标的变迁进行分析研究,阐明我国中学物理课程目标变迁的特点,以期给予资源型备课若干有益的启迪。

新中国成立以来,国家关于中学物理课程共颁布过20部教学大纲和课程标准,其中教学大纲13部、课程标准7部,高初中混合编排的6部,初中6部、高中8部,这期间还陆续发布了具有教学大纲性质的纲要、调整教学内容的文件7个(见表1)。

表1 新中国成立以来中学物理教学大纲(课程标准)一览

年代	名称	适用地域	适用学段	备注
1952.12	《中学物理教学大纲(草案)》	全国	高初中	
1956.06	《中学物理教学大纲(修订草案)》	全国	高初中	

续表

年代	名称	适用地域	适用学段	备注
1963.05	《全日制中学物理教学大纲（草案）》	全国	高初中	
1978.01	《全日制十年制学校中学物理教学大纲（试行草案）》	全国	高初中	
1983	《高中物理教学纲要（草案）》	全国	高中	1985年发布《调整初中物理教学要求的意见》（《关于印发调整初中数学、物理、化学、外语四科教学要求意见的通知》（［85］教中字004号）之附件二）
1986.12	《全日制中学物理教学大纲》	全国	高初中	
1988.01	《九年制义务教育全日制初级中学物理教学大纲（初审稿）》	全国	初中	
1990.06	《全日制中学物理教学大纲（修订本）》	全国	高初中	
1992.06	《九年义务教育全日制初级中学物理教学大纲（试用）》	全国	初中	修订1988年的大纲
1995.01	《全日制中学物理教学大纲高中部分（修订本）》	全国	高中	
1996.05	《全日制普通高级中学物理教学大纲（供试验用）》	两省一市	高中	

续表

年代	名称	适用地域	适用学段	备注
2000.02	《全日制普通高级中学物理教学大纲（试验修订版）》	十省市	高中	修订1996年供"两省一市"试验用的大纲
2000.08	《九年义务教育全日制初级中学物理教学大纲（试用修订版）》	全国	初中	修订1992年的初中大纲
2001.07	《全日制义务教育物理课程标准（实验稿）》	全国	初中	先在38个课改试验区试点，后全国推广
2002.04	《全日制普通高级中学物理教学大纲》	全国	高中	
2003.04	《普通高中物理课程标准（实验）》	全国	高中	2014年秋季先在广东、山东、海南、宁夏试点，一年后陆续在全国各地推广
2012.01	《义务教育物理课程标准（2011年版）》	全国	初中	
2018.01	《普通高中物理课程标准（2017年版）》	全国	高中	
2020.05	《普通高中物理课程标准（2017年版2020年修订）》	全国	高中	
2022.04	《义务教育物理课程标准（2022年版）》	全国	初中	

一、我国中学物理课程目标呈现形式的变化

纵观新中国颁布的20部教学大纲和课程标准，其中关于课程目标的呈现经历了逐步清晰、明确完善的漫长过程。

2001年以前的教学大纲都没有独立的"课程目标"栏目，也没有出现"课程目标"字样，关于课程目标的内容是以"教学目的"和"教学要求"的形式呈现的。1952年的大纲在"总说明"中以"中学物理教学任务"的形式，简要描述了课程目标，仅仅128字。1956年的大纲则连描述课程目标的专门条目都没有，有关课程目标的要求散布在"总说明"里面。1963年以后的大纲则都以"教学目的"的形式呈现课程目标，另以"教学要求"条目的形式具体补充说明。

2001年、2011年、2022年的初中课程标准和2003年、2017年、2020年的高中课程标准都以"课程总目标"或"课程目标"栏目的形式呈现并清楚明确地描述了物理课程的目标。

表2　历年来中学物理课程目标的呈现形式

年代	课程目标的呈现形式
1952年《大纲》	在"总说明"中以"中学物理教学任务"的形式表述。共4条目，128字
1956年《大纲》	散布在"总说明"中，没有明确表述目标和任务
1963年《大纲》	以"教学目的"的条目呈现。另在"教学要求"中具体说明
1978年《大纲》	以"物理教学的目的"的条目呈现
1986年、1990年《大纲》	以"物理教学的目的"的条目呈现。另在"物理教学的要求"中说明
1988年、1992年《大纲》	以"教学的目的"的条目呈现。教学内容以行为动词"知道""理解""掌握"三个层次表述要求
1996年、2000年高中物理教学大纲	以"教学的目的"的条目呈现。没有设置"物理教学的要求"条目。分为"必修物理课"和"必修和限选物理课"
2000年，初中物理教学大纲	以"教学的目的"的条目呈现。取消了1986年和1990年大纲中"物理教学的要求"条目。教学内容以行为动词"知道""理解"两个层次表述要求

续表

年代	课程目标的呈现形式
2001年,《全日制义务教育物理课程标准（实验稿）》	以"课程总目标"的形式呈现，然后分"知识与技能""过程与方法""情感态度价值观"进行详细说明
2002年，高中物理教学大纲	以"教学的目的"的条目呈现。没有设置"物理教学的要求"条目。 分为"必修物理课"和"必修加选修物理课"
2003年,《普通高中物理课程标准（实验）》	以"课程总目标"的形式呈现，然后分"知识与技能""过程与方法""情感态度价值观"进行具体阐述
2012年,《义务教育物理课程标准（2011年版）》	以"课程总目标"的形式呈现，然后分"知识与技能""过程与方法""情感态度价值观"进行具体阐述
2018年1月,《普通高中物理课程标准（2017年版）》	以"课程目标"的形式呈现，包含四方面的物理学科核心素养，即"物理观念""科学思维""科学探究""科学态度与责任"
2020年5月,《普通高中物理课程标准（2017年版2020年修订）》	以"课程目标"的形式呈现，包含四方面的物理学科核心素养，即"物理观念""科学思维""科学探究""科学态度与责任"
2022年4月,《义务教育物理课程标准（2022年版）》	以"课程目标"的形式呈现，包含四方面的物理学科核心素养，即"物理观念""科学思维""科学探究""科学态度与责任"

二、我国中学物理课程知识目标的变迁特点

（一）从强调学科知识的系统性、完整性转向提高科学素养、促进学生的终身发展

1952年、1956年、1978年、1986年的大纲均不分初中、高中，都强调学生要学习比较"系统的""全面的""巩固的"物理学知识，1996年

的高中大纲依然强调要学习"比较全面的物理学基础知识"。这种对学科系统性、完整性的要求，直接导致教学内容繁、难、多、杂，严重脱离学生实际，因此，几乎每个大纲颁布后不久都要补充发布各种精简调整内容的文件。例如，1952年大纲发布后，第二年即修订，1954年和1955年又先后下达了《精减中学物理教学大纲（草案）和课本的指示》《关于精减中学物理教学大纲（草案）和高中二、三年级物理课本的指示》。1956年大纲发布后，人教社编辑的教材刚使用一年，1957年便发布包括中学物理在内的各教科书的精简办法。1983年、1985年又针对1978年的大纲发布调整教学内容的意见。针对上述5部大纲，共颁发了各类补充调整教学内容的文件7个。

20世纪80年代后期，我国实施九年义务教育，推行素质教育。1988年发布的《九年制义务教育全日制初级中学物理教学大纲（初审稿）》中不再有"系统""全面"等字眼，只要求"引导学生学习物理学的初步知识"，1992年、2000年的初中大纲均保持这一表述；2001年的《全日制义务教育物理课程标准（实验稿）》则表述为"学习一定的物理基础知识"；2003年的《普通高中物理课程标准（实验）》表述为"学习终身发展必备的物理基础知识和技能"；2011年的《义务教育物理课程标准》表述为"学习终身发展必备的物理基础知识和方法"；2022年的《义务教育物理课程标准》对知识和技能不再有专门的表述，而是分散融合在四方面的核心素养中。可见，知识目标上不再强调，甚至放弃了学科的系统性、全面性，更加注重学习使学生终身发展有益的价值观、必备知识和关键能力，重在提高学科核心素养。

从教学大纲追求学习"系统的、全面的物理知识"到课程标准中"学习终身发展必备的物理基础知识和技能"，再到注重物理观念等核心素养，是一个根本性的转变，表明确定课程标准的指导思想开始从"以学科为本""社会为本"转向"以学生为本"。

（二）从单一的物理学科知识目标转向关注物理和科技进步、物理和社会发展的联系

从1952年到1986年的5部教学大纲中（不区分初高中），都只强调学习单一的物理科学的基础知识和实际应用，并未提及物理学和其他学科的关联，也未明确要求学生了解物理对社会经济、社会生活、行为思维习惯等的影响，局限于学习"孤立"的物理学科知识。义务教育法实施后，

1988年的初中大纲才开始明确提出"了解物理知识对生活生产、科技发展和社会建设的重要作用"。1992年和2000年的初中大纲则继续了这一提法。1996年和2002年的高中大纲清晰地表述为"了解物理学与其他学科以及物理学与技术进步、社会发展的关系"。2003年的高中物理课程标准则进一步表述为"了解科学与技术、经济和社会的互动作用,认识人与自然、社会的关系",增加了"认识人与自然、社会的关系",强调认识物理对人类文明进步的巨大作用。可见,知识目标从单一的学科知识逐步转到物理学科知识和社会生活的结合,转向提高科学素养这一基本的课程目标,顺应了世界科技发展的潮流和国际竞争加剧、合作加深的趋势。

(三)从单纯学习物理知识转向体验过程、掌握方法

新中国颁布的13部教学大纲,都强调学习物理的基础知识,重视学习的结果,却基本没有提及学习过程,更没有在课程目标中要求学生必须经历知识的产生发展过程,所谓方法,也多局限于"将结果用于实际"的工艺程序,而较少关注知识形成过程中蕴含的物理学的方法原理,学生经历过程中的情感态度体验和价值取向更是无从谈起。

进入21世纪,我国启动新一轮课程改革,2003年的高中课程标准、2011年的初中课程标准都将"过程与方法"列为课程目标,强调学生必须通过体验过程而掌握知识与方法,并培养积极的情感态度,形成正确的价值观,以求改变长期以来形成的"重结果、轻过程"局面。

(四)重视物理知识的"实际应用",不断丰富"实际应用"的内涵

新中国成立以来的几乎所有的物理教学大纲与课程标准都将"物理知识的实际应用"列为知识目标之一,但是不同阶段大纲或课程标准中的"实际应用"的含义也不尽相同。

1952年、1956年、1963年、1978年、1986年的大纲,都显性或者隐性地将"实际应用"局限在国家的工农业生产领域,例如,1956年大纲表述为"认识到物理知识在生产中的应用",1963年大纲表述为"了解这些知识在工农业生产和其他方面的应用",等等。这与当时我国医治战争创伤、恢复建设、抵御外敌入侵、"文化大革命"后建设"四个现代化"等社会政治环境下需要大批建设人才的国情相适应,是典型的"实用主义"。20世纪80年代后期,伴随国家改革开放步伐的加快,"实际应用"被拓宽到生活科技社会等领域,例如,1988年的初中大纲将"了解物理对生活生

产、科技发展和社会建设有重要作用"列为知识目标。

21世纪初，随着新一轮课程改革的开展，更加注重物理知识和实际生活、生产实际和社会实际的联系，"实际应用"已经从"实用主义"的工艺程序水平扩大到通过经历过程，掌握方法，进而利用物理原理认识世界、认识自然、认识社会、认识自我。2011年、2022年的初中物理课程标准均将"从生活走向物理，从物理走向社会"确定为物理课程的基本理念之一，将"实际应用"提升到了更高层级。

三、我国中学物理课程能力目标的变迁特点

新中国成立以来颁布的20部教学大纲和课程标准中，涉及能力目标的关键词共有20余个（注意，并非20余种能力），例如：自主学习能力、推理能力、论证能力、思维能力、观察实验能力、实验技能、操作技能、实际应用能力、运用数学解决物理问题能力（计算能力）、分析综合能力、抽象概括能力、提出问题能力、解决问题能力、数据处理能力、信息收集处理能力、交流合作能力、科学探究能力、实践能力、质疑创新能力等，这些"能力"在各时期大纲和课程标准中出现的详细情况见下表3。其中的"观察、实验能力""实验技能""操作技能"系不同时期大纲对实验能力的表述不同（实际上也反映了侧重点不同），"科学探究能力"亦包含了多种能力，虽有重复之嫌，但为反映不同时期大纲的特点，仍按原文列出。分析表中数据，可以发现下列特点。

表3 新中国成立以来中学物理课程能力目标一览

年代	自主学习能力	思维能力	观察、实验能力	实验技能	操作技能	实际应用能力	运用数学解决物理问题能力	分析综合能力	抽象概括能力	质疑创新能力	提出问题能力	解决问题能力	数据处理能力	信息收集处理能力	交流合作能力	科学探究能力	实践能力	模型构建能力	科学推理能力	科学论证能力	能力种类
1952年12月						√															1
1956年6月	√			√	√																3

续表

年代	自主学习能力	思维、实验能力	观察、实验能力	操作技能	实际应用能力	运用数学解决物理问题能力	分析综合能力	抽象概括能力	质疑创新能力	提出问题能力	解决问题能力	数据处理能力	信息收集处理能力	交流合作能力	科学探究能力	实践能力	模型构建能力	科学推理能力	科学论证能力	能力种类
1963 年 5 月				√	√	√														3
1978 年 1 月	√		√																	3
1986 年 12 月	√	√										√								3
1988 年 1 月			√			√	√	√												4
1992 年 6 月			√			√	√	√												4
1996 年 5 月	√	√						√												4
2000 年 8 月			√			√	√													4
2001 年 7 月			√	√	√	√		√		√	√	√	√	√	√					12
2002 年 4 月		√																		4
2003 年 4 月	√		√	√		√		√		√		√	√	√						11
2012 年 1 月	√			√	√		√			√		√	√	√						12
2018 年 1 月	√	√	√	√			√			√		√	√	√						16
2022 年 4 月		√	√	√		√				√	√	√	√					√	√	12

（一）能力目标由单一到多样、由抽象到具体，逐渐形成比较完备的能力目标体系

早期的教学大纲，能力目标要求单一，对物理课程目标的能力结构、能力范畴的认识很不完整，甚至严重缺失。例如，1952 年的大纲只有一项能力要求，即"培养学生把获得的知识应用到实际问题中去的能力"，其他能力均未涉及。1956 年、1963 年、1978 年、1986 年的教学大纲中的能力目标是 3 个，1988 年、1992 年、1996 年、2000 年、2002 年的教学大纲中的能力目标是 4 个。不同时期关于能力目标的表述不尽相同。例如，

1956年大纲中没有专门的条目阐述课程目标，从大纲的"总说明"中可以找到培养"思维能力""实验技能""解决实际问题的能力"三种能力目标。1963年大纲的三种能力目标是"培养学生的实验技能和物理计算能力"以及"运用物理知识解决实际问题的能力"。1978年大纲的能力目标则改为"培养实验技能、思维能力和运用数学解决物理问题的能力"，到了1986年，大纲中的能力目标又变为"培养学生的观察、实验能力，思维能力，分析和解决实际问题的能力"。

21世纪以来颁布的5个课程标准，则将以前粗放、抽象的一些能力表述进一步细化，使之具体可操作，同时增加了很多新能力项目，使能力目标的条目大为扩充。例如，关于"思维能力"，被分解成了"分析综合""抽象概括"等，2003年的高中课程标准还在其"教学建议"中特别指出要"发展学生的抽象与概括、分析与综合、推理与判断等科学思维能力"。关于"实验能力"，课程标准都以规定"科学探究"为课程目标或课程内容的方式，更加详细地阐述了实验能力的各方面。增加了"信息收集处理""交流合作""质疑""提出问题""科学探究"等能力目标。2001年和2011年的义务教育物理课程标准中能力目标均达到12项，2003年高中物理课程标准的能力目标项目是11项，2017年版《普通高中物理课程标准》的能力目标项目达到16项，数目远远超过以前的教学大纲。

这些变化，反映了对物理课程中能力目标的内涵、结构、范畴等认识不断深入，如今，课程标准中的能力目标涵盖了学生适应生活、促进个体发展、服务社会等多方面，初成体系。

（二）始终突出了物理学习者应达成的最基本、最核心的能力目标

综观各个时期的教学大纲与课程标准，尽管其中的能力目标不断在更改，但是最核心、最基本的能力要求始终是各个时期教学大纲和课程标准突出强调的内容。"思维能力""实验能力""实际应用能力"是物理学最核心、最基础的三大能力，在所研究的20个教学大纲和课程标准中，这三大能力列入课程目标的次数是"实验能力"12次（含"实验技能""操作技能"）、"思维能力"7次（含在课程标准中表述为"分析综合""抽象概括"等部分）、"实际应用能力"8次，这与"课程内容要体现基础性"的基本理念是一致的。

（三）从重视掌握知识逐渐转到注重通过体验过程而培养能力

历年颁布的教学大纲都对学习物理知识的结果很重视，对学习的过程本身、对学习过程中学习者的心智变化和情感态度却关注甚少。21世纪以来，国家颁布了3个物理课程标准，提出了"过程与方法"目标，强调通过经历过程来培养学生各种能力。例如，2001年的《全日制义务教育物理课程标准（实验稿）》在其"课程总目标"中提出"经历基本的科学探究，具有初步的科学探究能力"。2011年版的《义务教育物理课程标准》则将以上表述中的"基本"二字删除，进一步体现该《标准》对科学探究过程的重视。2003年的《普通高中物理课程标准（实验）》，强调"经历科学探究过程，认识科学探究的意义"并"学习科学探究的方法"。强调通过调控自身的学习过程，发展自主学习能力；通过"概念和规律的学习过程，了解物理学的研究方法"；通过参加实践过程，培养实践意识和创新能力。

2022年4月颁布的《义务教育物理课程标准》新增了"实验探究"和"跨学科实践"两个一级主题，更加强调了使学生经历过程、获得体验的重要性。

将"科学探究"作为教学内容并提出科学探究的能力目标是课程标准和教学大纲的显著区别之一，不过，科学探究能力是一种综合性的"复合"能力，如何厘清其与其他单一能力的关系，如何有效实施、有效达成、有效评价等仍需深入研究。

四、我国中学物理课程情感态度价值观目标的变迁特点

相对"知识目标"和"能力目标"的变迁而言，"情感态度价值观"的变化要大得多。

我国物理课程的"情感态度价值观"目标，带有浓烈的政治色彩和时代烙印。从1952年到2001年，近50年的时间里，所有的教学大纲中关于"情感态度价值观"的要求基本就是"辩证唯物主义教育"和"爱国主义教育"两项，实际上就是政治思想教育。

2001年的《全日制义务教育物理课程标准（实验稿）》代替了以往的教学大纲，提出了7条共400多字的情感态度价值观目标，包括兴趣、求知欲、科学态度和科学精神、交流合作、环境保护等许多方面，关注学

生情感态度价值观的全面和谐发展。

2003年的《普通高中物理课程标准（实验）》则把情感态度与价值观目标定位于"发展好奇心与求知欲，发展科学探索兴趣，有坚持真理、勇于创新、实事求是的科学态度与科学精神，有振兴中华，将科学服务于人类的社会责任感。了解科学与技术、经济和社会的互动作用，认识人与自然、社会的关系，有持续发展意识和全球观念"。这种提法反映了物理课程的本质特点。

2022年4月颁布的《义务教育物理课程标准》中"科学态度与责任"素养目标亦涵盖了上述内容，并进一步要求认识科学本质、具备科学态度、培养社会责任。

下面尝试引入社会学的价值取向方法进行分析。

社会学认为，一个人总有双重品格，一种品格反映个体自身及其生活的全部精神面貌，称之为"个体我"；另一种品格则反映个体所在社会和族群的思想感情观念等，称之为"社会我"。教育的目的，一方面应该培养个体适应社会而生存下来，并进而发展自我，超越现实；另一方面则是向个体灌输本社会、族群共同的价值规范，维护现有的社会秩序。教育的目的总是希望受教育者在行为思想等多方面产生预期的变化和结果，因此，任何课程目标都会体现个人价值取向和社会价值取向。个人价值取向目标又可以分为适应性价值取向目标和发展性价值取向目标，适应性价值取向目标保证个体的适应生存，发展性价值取向目标促进个体超越现实社会，发展自我。例如，尊重科学、实事求是、诚信友善、正义善良等属于适应性价值取向，而科学精神和态度、独立自爱、好奇、志趣、创新等属于发展性价值取向。社会价值取向目标可以分为控制性价值取向目标和协商性价值取向目标，前者保证社会族群共同的价值规范得以维持延续，诸如爱国主义、社会主义等；后者促进维护和谐的社会秩序，诸如自由民主、公平正义、保护环境、可持续发展、全球视野、服务全人类等。

按照上述原理，对各时期大纲和课程标准中的"情感态度价值观"目标进行分类，结果如下表4。分析表中数据，可以发现下列特点：

表4 中学物理课程"情感态度价值观"目标的价值取向

年代	学段	个体价值取向 D 适应条目数	E 适应百分比%	G 发展条目数	H 发展百分比%	I=D+G 个体总目数	社会价值取向 K 控制条目数	L 控制百分比%	N 协商条目数	O 协商百分比%	P=K+N 社会总目数	Q=I+P 总条目数	R=I/Q 个体/总条目%
1952年	高初中	0	0	1	100	1	3	100	0	0	3	4	25
1956年	高初中	0	0	0	0	0	4	100	0	0	4	4	0
1963年	高初中	0	0	0	0	0	1	100	0	0	1	1	0
1978年	高初中	1	50	1	50	2	3	100	0	0	3	5	40
1986年、1990年（1995年）	高初中	0	0	5	100	5	2	100	0	0	2	7	71
1988年	初中	1	25	3	75	4	2	100	0	0	2	6	67
1992年	初中	1	25	3	75	4	3	100	0	0	3	7	57
1996年	高中	1	33	2	67	3	2	100	0	0	2	5	60
2000年	初中	1	20	4	80	5	3	100	0	0	3	8	63
2001年	初中	4	29	10	71	14	3	60	2	40	5	19	74
2002年	高中	1	33	2	67	3	2	100	0	0	2	5	60
2003年	高中	3	43	4	57	7	3	50	3	50	6	13	54
2011年	初中	2	20	8	80	10	3	50	3	50	6	16	63
2017年	高中	3	30	7	70	10	3	50	3	50	6	16	63
2022年	初中	3	27	8	73	11	3	43	4	57	7	18	61

表中数据的说明：

以2003年为例，"适应性价值取向"目标有3条（表中列D），"发展性价值取向"目标是4条（表中列G），则个体价值取向目标共7条（表中列I），那么"适应性价值取向"目标占个体价值取向总条目数的百分数是3/7=43%，即表中的列E。"发展性价值取向"目标占个体价值取向总条目数的百分数是4/7=57%，即表中的列H。表中其他各列类同。

（一）新中国成立后相当长的时期内，我国物理课程目标非常重视社会价值取向，忽视个体价值取向

到了1978年，"文化大革命"结束后的第二年，国家进行"四化"建设，需要大批科技人才，顺应形势，物理课程提出了"为革命刻苦学习"的要求和"爱科学讲科学用科学"的目标，开始让个体价值目标回归。1983年邓小平同志提出教育要"三个面向"，1985年5月，发布《中共中央关于教育体制改革的决定》，在此大背景下，1986年的大纲中大幅增加"科学态度""科学精神""兴趣""物理方法""独立思考"等个体发展性价值取向目标，使得1986年大纲的个体价值取向目标占比达到71%。此后的几部大纲中，个体价值取向目标占比基本保持在60%左右。到了2001年，开始新一轮初中课程改革，大纲被课程标准代替，个体价值取向目标占比达到最高点74%。此后2002年的高中大纲和2003年的高中课程标准、2011年的初中课程标准中，个体价值取向目标所占百分比都保持在60%左右。

（二）我国的物理课程标准中，个体价值取向目标主要集中在发展性目标上，忽视个体适应性价值取向的目标

从1988年开始直到2001年，个体价值目标集中于兴趣、求知欲、科学态度、创新精神、独立思考等个体发展性价值取向上而适应性目标只有"实事求是"一项。2001年后则逐步加强了适应性价值取向目标。这种状态是"我国教育是精英教育"导致的。长期以来，物理教育是为了培养物理精英，而不是提高科学素养，所以长期忽视适应性目标、忽视学生个体的生存适应，也就不奇怪了。

（三）社会价值取向目标中，协商性目标很少，控制性目标占有绝对优势

从1952年到2000年，共13部教学大纲，近半个世纪，我国物理课程的社会性价值取向目标中，只有"辩证唯物主义"和"爱国主义"两个控制性价值取向目标，而没有任何协商性价值取向目标。相当于将"情感态度价值观"目标等同于"辩证唯物主义教育"和"爱国主义教育"。

直到2001年，课程标准替代了教学大纲，才出现"可持续发展""服务于人类""交流合作""环境保护"等协商性价值取向目标。

综上所述，新中国成立以来，我国中学物理教学大纲和课程标准变动

频繁，课程目标的呈现形式、内容、结构等都随之变化，总的趋势是由只注重知识技能的学习转向关注学生的情感态度价值观，从学科本位转向学生本位，从只重视结果转向过程结果并重等，有两个时间节点值得特别注意。

一是1986年大纲，第一次明确提出"培养兴趣""重视科学态度和科学精神""鼓励独立思考和创新精神"。当年是邓小平同志提出教育要"三个面向"后第一次修订大纲，《中共中央关于教育体制改革的决定》也发布不久，教育改革正如火如荼，在这种背景下，教学大纲改变了以往过分政治化、革命化的面孔则是形势发展的必然结果。

二是2001年第一次颁布课程标准。我国废除了使用半个世纪的教学大纲，而代之以义务教育课程标准，第一次提出"知识与技能""过程与方法""情感态度价值观"三维目标，进入21世纪，随着义务教育在全国的普及，"精英教育"向"大众教育"转化，基础教育的目的转向提高国民的科学素养，世界范围内开始了新一轮课程改革，此时，新的课程标准正是顺应了潮流，回归物理教育的本质。

新中国成立以来，我国的教学大纲和课程标准频繁变更，主要有两方面的原因，一是国际国内环境原因，二是对学生需求的研究不够。

从国际国内环境来看，我国国际上早期主要受苏联的影响，苏联的大纲一变化，我们也会跟着变化。后期主要受欧美西方国家的影响，2001年、2003年、2011年的三部课程标准无论在形式还是内容上都深受欧美的影响。国内因素则是新中国成立后国家建设对人才的急需和各种政治运动对教育教学的干扰。对学生的需要和心智水平研究不够，缺少基础数据支持，课程目标定得太高，脱离学生实际，直接导致对大纲不断地修改精简。

五、中学物理课程目标变迁给予资源型备课的启迪与建议

课程目标是教育目的在课程领域的具体表现，课程目标的制定直接影响资源型备课教学内容的选择、教学方法的运用等，是开展资源型备课的第一项基础性工作。

开展资源型备课，应当认识到，物理课程应该坚持以提高学生的科学素养为根本目的，为学生的生存和发展奠定基础，应该走目标多元化、层次化的道路，在全面深入研究学生和社会需求、深入研究物理学科知识的基础上合理确定课程目标。

在现行课程标准中，"知识"和"方法"被分开在"知识与技能""过程与方法"目标中，其实，"方法"本身就属知识的范畴，学习知识，不仅仅是学习物理概念、规律，还应该学习与这些知识相关联的各种方法。

将"过程"规定为课程目标，相对我国当前愈演愈烈的应试教育状况而言是有积极意义的，作为期望改变目前"重结果、轻过程"局面的权宜之计是可以的，但是，"经历体验过程"终究只是实现最终教育教学目标的手段，本身并不是目的。

（一）知识目标的确定应坚持以人为本，促进学生终身发展；应彻底抛弃学科本位，不应追求学科知识的系统性和完整性

在知识目标上，课程标准已明确要学习终身发展必备的物理基础知识和方法技能，但是有两点尚需明确。

一是如何确定哪些"基础知识""方法技能"是终身发展必备的。

我们很多人通常是从物理学科的角度、从有利于学生进入高校深造的角度、从培养物理精英的角度来理解"基础知识"的含义，将所谓体现物理学核心精神、价值的内容规定为必备的基础知识。"物理学的核心内容"和"学生终身发展必备的物理基础知识"是有交集的两个集合，而不是相等的集合。例如，可以比较一下物理学中传统的核心内容"动量"和非核心内容"振动与波"的不同特点。"振动与波"研究的是最常见、最广泛存在的周期性现象，研究周期性现象的基本方法、周期性现象的基本特征等都可以移植到物理学以外的各自然科学、人文学科领域，促进个体对自身、对自然、对社会的认识，一个人将来无论从事什么工作，都会直接或者间接地联系到周期性现象的知识，而"动量"就不具备上述功能特征，它更多的是为将来进一步学习物理学知识做准备，因此，"振动与波"应该属于"终身发展必备的基础知识"，应定为必修内容。高中物理课程标准将其列入选修模块，我省也未曾将其列为高考内容，各地都不学习"振动与波"的任何知识，初中物理也基本不学习"振动与波"，在科技发达的今天，实在是一大憾事。

总之，关于终身发展必备的物理基础知识，应该对各阶层人士进行广

泛细致的社会调查，在此基础上，结合不同年龄学生心智发展水平而确定。

二是应该清晰地将"了解这些基础知识、关联方法技能的发展形成过程及其对社会、对个人、对自然的作用和影响"列为知识目标。而且，与"基础知识"相关的"方法原理"本身就应该属于知识目标的范畴。

（二）能力目标的表述应该简洁清晰，突出传统核心能力和创新能力

能力的范畴太宽太广，能力培养的可操作性也较差，更难以量化，因此，课程标准在进行能力目标的设置时，应先对能力目标的类型、结构层级、水平要求予以界定，提供简洁清晰明了的表述。

"探究能力"不是单一的能力类型，也不等同于实验能力，而是多种能力有机结合的"能力群"，是否需要作为一种能力目标单独提出呢？值得商榷。

能力目标的设置不宜太多、太新、太繁、太散，可以按物理思维能力、实验能力、运用数学处理物理问题的能力、信息收集处理能力、质疑能力、实际应用能力、交流合作能力、创新能力的层级设置，集中表述。其他未列出的能力都可归并在上述能力中。例如，分析综合能力、抽象概括能力、推理能力本来就属思维能力的范畴，数据处理能力则属于信息收集处理能力的范畴，观察、操作能力是实验能力的内容，提出问题能力可划归质疑能力。2011年版初中物理课程标准，对能力的要求是分散在"总课程"目标、"知识与技能"目标、"过程与方法"目标、"情感态度价值观"目标中表述的。在2022年版的初中物理课程标准中，有关能力的要求则是融合在核心素养目标中，种类繁多。如果按照上述层级集中表述是否更加简洁清晰呢？

（三）情感态度价值观目标应加强适应性价值取向和协商性价值取向的内容

如前所述，从价值取向的角度分析我国的物理课程目标，其中社会价值取向的多，个体价值取向的少；控制性价值取向的多，协商性价值取向的少；发展性价值取向的多，适应性价值取向的少。从提高科学素养、有利于终身发展的角度来说，应该适当加强个体价值取向目标中的适应性价值取向和社会价值取向中的协商性价值取向，这样有利于培养具有全球观念、环保意识、适应现代社会的合格公民。

附录：我国中学物理课程目标的变迁一览表

年代	知识目标	能力目标	情感态度价值观目标	呈现形式
1952年，《中学物理教学大纲（草案）》	"按照学生的年龄特征，给他们以系统的和巩固的物理学的基本知识。"	"培养学生把所获得的知识应用到实际问题中去的能力"。"使他们掌握理论与实际相结合的原则"	"培养学生的爱国主义和国际主义思想"；"培养学生观察和研究问题的正确的和科学的态度和方法"；"使学生奠定辩证唯物主义世界观的基础"	在"总说明"中以"中学物理教学任务"的形式表述。共4条目，128字
1956年，《中学物理教学大纲（修订草案）》	适合学生"年龄特征的系统的巩固的物理学的基础知识，即关于物质的机械运动的、关于声音现象的、关于热现象和分子现象的、关于电磁现象的、关于光现象的以及关于原子结构的基本知识"。"认识到物理知识在生产中的应用"	实验技能："学会使用简单的量度仪器和工具的实际技能"。思维能力："教师应该不懈地激发和发展学生的思维活动"。解决实际问题能力：表现在求解物理习题	"以社会主义思想教育学生"；"帮助学生形成辩证唯物主义世界观的基础"；"培养学生对祖国的热爱和准备献身于祖国的社会主义建设的志愿"；"发展他们对劳动和劳动者的尊敬和热爱的感情"	散布在"总说明"中，没有明确表述目标和任务

续表

年代	知识目标	能力目标	情感态度价值观目标	呈现形式
1963年，《全日制中学物理教学大纲（草案）》	"使学生获得关于力学、分子物理学和热学、电学、光学、原子物理的基础知识，了解这些知识在工农业生产和其他方面的应用。"	"培养学生的实验技能和物理计算能力。""运用物理知识解决实际问题的能力"	"培养学生的辩证唯物主义观点。"	以"教学目的"的条目呈现。另以"教学要求"的形式，在知识体系、实验技能、数学能力、解决实际问题能力、唯物辩证观点等方面对初、高中提出不同的要求
1978年，《全日制十年制学校中学物理教学大纲（试行草案）》	"使学生比较系统地掌握进一步学习现代科学技术所需要的物理基础知识，了解这些知识的实际应用。"	"培养实验技能、思维能力和运用数学解决物理问题的能力。"	"培养学生的辩证唯物主义观点"；"教育学生为革命而主动刻苦地学习""为在本世纪内实现我国的四个现代化而奋斗""树立爱科学讲科学用科学的风气"。目标：为国家培养人才	以"物理教学的目的"的条目呈现。并规定物理教学的第一个基本原则是"必须以马列主义毛泽东思想为指导，努力适应四个现代化的需要，正确处理政治与业务，理论与实际的辩证关系。"

续表

年代	知识目标	能力目标	情感态度价值观目标	呈现形式
1986年《全日制中学物理教学大纲》和1990年的《全日制中学物理教学大纲（修订本）》（1995年将其中的高中部分单独印发）	"使学生比较系统地掌握学习现代科学技术和从事社会主义建设需要的物理基础知识，了解这些知识的实际应用。"（《修订本》将上文中"了解"修改为"以及"，对实际应用提高了要求。）	"培养学生的观察、实验能力，思维能力，分析和解决实际问题的能力。"	"要注意培养学生学习物理的兴趣；要重视科学态度和科学方法的教育；要鼓励独立思考和创造精神"；"要结合物理教学进行辩证唯物主义教育和爱国主义教育。"	以"物理教学的目的"的条目呈现。另以"物理教学的要求"的形式，在知识体系、应用、抽象思维和推理论证、分析解决问题能力等方面对初、高中提出不同的要求。高中内容分为必修和选修
1988年，《九年制义务教育全日制初级中学物理教学大纲（初审稿）》	初中："引导学生学习物理学的初步知识，了解物理知识对生活生产、科技发展和社会建设有重要作用"	初中："培养学生初步的观察、实验能力，初步的分析、概括能力和应用物理知识解决简单问题的能力"	初中："培养学生学习物理的兴趣，激发学生的求知欲。""进行爱国主义教育和辩证唯物主义教育，培养实事求是的科学态度"	以"教学的目的"的条目呈现。取消了1986年和1990年大纲中"物理教学的要求"条目。教学内容以行为动词"知道""理解""掌握"三个层次表述要求

43

续表

年代	知识目标	能力目标	情感态度价值观目标	呈现形式
1992年，《九年义务教育全日制初级中学物理教学大纲（试用）》	初中："引导学生学习物理学的初步知识，了解物理知识对生活生产、科技发展和社会建设有重要作用"	初中："培养学生初步的观察、实验能力，初步的分析概括能力和应用物理知识解决简单问题的能力"	初中："培养学生学习物理的兴趣、实事求是的科学态度和良好的学习习惯""进行辩证唯物主义教育、爱国主义教育和品德教育"	同上
1996年，《全日制普通高级中学物理教学大纲（供试验用）》（2000年，发行"试验修订版"，但只是内容变化，目标表述未修改）	高中：学习比较全面的物理学基础知识及其实际应用，了解物理学与其他学科以及物理与技术进步、社会发展的关系	高中：受到科学方法的训练，培养学生的观察和实验能力、科学思维能力、分析和解决问题的能力	高中：培养学生学习科学的志趣和实事求是的科学态度，进行辩证唯物主义教育和爱国主义教育	以"教学的目的"的条目呈现。没有设置"物理教学的要求"条目。分为"必修物理课"和"必修和限选物理课"，高一年级两类物理课内容要求相同，高二、高三则不同
2000年，《九年义务教育全日制初级中学物理教学大纲（试用修订版）》	初中："引导学生学习物理学的初步知识及其实际应用，了解物理学在科学技术和社会发展中的重要作用"	初中："培养学生初步的观察、实验能力，初步的分析、概括能力和应用物理知识解决简单问题的能力"	初中："培养学生学习物理的兴趣、实事求是的科学态度、良好的学习习惯和创新精神""进行辩证唯物主义教育、爱国主义教育和品德教育"	以"教学的目的"的条目呈现。取消了1986年和1990年大纲中"物理教学的要求"条目。教学内容以行为动词"知道""理解"两个层次表述要求

续表

年代	知识目标	能力目标	情感态度价值观目标	呈现形式
2001年，《全日制义务教育物理课程标准（实验稿）》	初中："学习一定的物理基础知识"（物质、运动和相互作用、能量的基础知识及其产生的一些历史背景）。学习简单的物理科学方法	初中："经历基本的科学探究过程，具有初步的科学探究能力"。有初步的实验操作技能，知道简单的数据处理方法，有初步的观察能力、初步提出问题的能力、初步的信息收集能力、初步的信息分析处理能力、初步的分析概括能力、初步的信息交流能力、初步的实际应用能力，"养成良好的思维习惯，在解决问题或做决定时能尝试运用科学原理和科学研究方法"	初中："保持对自然界的好奇，发展对科学的探索兴趣，在了解和认识自然的过程中有满足感及兴奋感"；"具有创新意识，能独立思考，勇于有根据地怀疑，养成尊重事实、大胆想象的科学态度和科学精神"；"关心科学发展前沿，具有可持续发展的意识，树立正确的科学观，有振兴中华、将科学服务于人类的使命感与责任感"；"乐于参与和科学技术有关的社会活动，在实践中有依靠自己的科学素养提高工作效率的意识"	以"课程总目标"的形式呈现，然后分"知识与技能""过程与方法""情感态度价值观"进行详细说明。首次提出将"经历基本的科学探究过程"作为课程目标之一

续表

年代	知识目标	能力目标	情感态度价值观目标	呈现形式
2002年，《全日制普通高级中学物理教学大纲》	高中：学习物理学基础知识及其实际应用，了解物理学与其他学科以及物理学与技术进步、社会发展的关系	高中：受到科学方法的训练，培养观察和实验能力、科学思维能力、分析问题和解决问题的能力	高中：培养学生学习科学的志趣和实事求是的科学态度，树立创新意识，结合物理教学进行辩证唯物主义教育和爱国主义教育	以"教学的目的"的条目呈现。没有设置"物理教学的要求"条目。分为"必修物理课"和"必修加选修物理课"
2003年，《普通高中物理课程标准（实验）》	高中："学习终身发展必备的物理基础知识和技能，了解这些知识与技能在生活、生产中的应用，关注科学技术的现状及发展趋势。""了解科学与技术、经济和社会的互动作用，认识人与自然、社会的关系"（"物理基础知识"应该包括诸如"科学探究"等物理学的研究方法）	高中：科学探究能力（含实验技能）、自主学习能力、实际应用能力、质疑能力、信息收集和处理能力、分析解决问题能力、交流与合作能力、实践能力。（"发展自主学习能力，养成良好的思维习惯，能运用物理知识和科学探究方法解决一些问题。"）	高中："发展好奇心与求知欲，发展科学探索兴趣，有坚持真理、勇于创新、实事求是的科学态度与科学精神，有振兴中华，将科学服务于人类的社会责任感。"具有主动合作、团队合作精神。"有可持续发展意识和全球观念。"	以"课程总目标"的形式呈现，然后分"知识与技能""过程与方法""情感态度价值观"进行具体阐述。将学生经历体验各种过程作为课程目标之一

续表

年代	知识目标	能力目标	情感态度价值观目标	呈现形式
2012年，《义务教育物理课程标准（2011年版）》	初中："学习终身发展必需的物理基础知识和方法"（物质、运动和相互作用、能量的基础知识及其产生的一些历史背景）	初中："经历科学探究过程，具有初步的科学探究能力"。有初步的实验操作技能、知道简单的数据处理方法，有初步的观察能力、初步提出问题的能力、初步的信息收集能力、初步的信息处理和交流能力、分析解决问题能力、自学能力、初步的实际应用能力、初步的分析概括能力。（"养成良好的思维习惯，在分析问题和解决问题时尝试运用科学知识和科学研究方法。"）	初中："保持探索科学的兴趣与热情，在认识自然的过程中获得成就感，能独立思考、敢于质疑、尊重事实、勇于创新"；"关心科学技术的发展，具有环境保护和可持续发展的意识，树立正确的世界观，有振兴中华、将科学服务于人类的使命感与责任感"；"乐于参加与科学技术有关的活动，有运用研究方法的意识"；具有交流合作精神	以"课程总目标"的形式呈现，然后分"知识与技能""过程与方法""情感态度价值观"进行具体阐述。将学生经历体验各种过程作为课程目标之一

续表

年代	知识目标	能力目标	情感态度价值观目标	呈现形式
2020年，《普通高中物理课程标准（2017年版2020年修订）》	形成物质观念、运动与相互作用观念、能量观念等，能用其解释自然现象和解决实际问题	具有建构模型的意识和能力，能运用科学思维方法，从定性和定量两方面对相关问题进行科学推理、找出规律、形成结论；具有使用科学证据的意识和评估科学证据的能力，能运用证据对研究的问题进行描述、解释和预测；具有批判性思维的意识，能基于证据大胆质疑；从不同角度思考问题，追求科技创新；具有科学探究意识，能在观察和实验中发现问题、提出合理猜想与假设；具有设计探究方案和获取证据的能力，能正确实施探究方案，使用不同方法和手段分析、处理信息，描述并解释探究结果和变化趋势；具有交流的意愿与能力，能准确表述、评估和反思探究过程与结果	能正确认识科学的本质，具有学习和研究物理的好奇心与求知欲，能主动与他人合作，尊重他人，能基于证据和逻辑发表自己的见解，实事求是，不迷信权威；关心国内外科技发展现状与趋势，了解物理研究和物理成果的应用应遵循道德规范，认识科学、技术、社会、环境的关系，具有保护环境、节约资源、促进可持续发展的责任感	以"课程目标"的形式呈现，知识、能力、情感态度价值观等均融合在核心素养目标中

续表

年代	知识目标	能力目标	情感态度价值观目标	呈现形式
2022年，《义务教育物理课程标准（2022年版）》	认识物质的形态、属性及结构，认识运动和力、声和光、电和磁，认识机械能、内能、电磁能及能量的转化与守恒；能将所学物理知识与实际情境联系起来，能从物理学视角观察周围事物，解释有关现象，解决简单的实际问题。初步形成物质观念、运动和相互作用观念、能量观念	会用所学模型分析常见的物理问题；能对相关问题和信息进行分析并得出结论，具有初步的科学推理能力；有利用证据对所研究的问题进行分析和解释的意识，能使用简单和直接的证据表达自己的观点，具有初步的科学论证能力；能独立思考，对相关信息、方案和结论提出自己的见解，具有质疑创新的意识。有科学探究的意识，能发现问题、提出问题，形成猜想与假设，具有初步的观察能力和提出问题的能力；能制订简单的科学探究方案，有控制实验条件的意识，会通过实践操作等方式收集信息，初步具有获取证据的能力；能分析、处理信息，得出结论，初步具有对科学探究过程和结果做出解释的能力；能书面或口头表述自己的观点，能自我反思和听取他人意见，具有与他人交流的能力	初步认识科学本质，体会物理学对人类认识深化及社会发展的推动作用；亲近自然，崇尚科学，乐于思考与实践，具有探索自然的好奇心和求知欲，有克服困难的信心和决心；能总结成功的经验，分析失败的原因，体验战胜困难、解决问题的喜悦，严谨认真、实事求是，善于跟他人分享与合作，不迷信权威，敢于提出并坚持基于证据的个人见解，勇于放弃或修正不正确的观点；能关注科学技术对自然环境、人类生活和社会发展的影响，遵守科学伦理，有保护环境、节约资源的意识；能在力所能及的范围内为社会的可持续发展做出贡献，具有实现中华民族伟大复兴的责任感与使命感	以"课程目标"的形式呈现，知识、能力、情感态度价值观等均融合在核心素养目标中

第二节 概念与规律类
初中物理资源型备课中有效提问的思考

"教学过程是一种提出问题和解决问题的持续不断的活动",提问是课堂教学的重要手段,也是开展概念与规律类初中物理资源型备课需要重视的关键之一。备课中设计有效的课堂提问,对于吸引学生注意力、获取反馈信息、启发学生思维、增进师生交流等具有重要的作用。

一、当前初中物理课堂提问中的误区

(一)"满堂问"

新课改以来,课堂教学中的"满堂灌"已经被批判得"体无完肤",似应被彻底抛弃。然而,在"探究教学""自主学习"等口号下,很多物理课堂由"满堂灌"变成了"满堂问"。在最需要认真实验、静心观察、冷静分析、深度思维的物理课堂上,充满了各种各样热热闹闹的提问。我们曾经听一位老师的初中物理课,40分钟的课堂上,教师单独提问学生达32次,整个课堂都是教师的提问和解答。

(二)"惩罚问"

不少教师喜好赋予提问惩罚违纪违规现象的功能。教师将提问作为管理课堂纪律的惩罚措施之一,故意对那些听课不认真、开小差的学生提问。例如,突然故意叫醒课堂上睡觉的学生,要求其回答问题。又如,对那些喜欢出"风头""干扰教师教学思路"的学生,故意提出一些难题,甚至怪题,使学生出洋相。

(三)"急切问"

提问时不给学生足够的思考、分析时间。物理是最需要思维时间的学科。我们很多教师提出问题后,往往不能给予学生足够的思考分析与解答的时间,提问后很快就讲评。有人研究过,一个具有物理思维容量的问题,学生回答的等待时间应该不少于10秒,并且等待时间的增加,能显著改善学生回答的品质。

（四）"傻瓜问"

提的问题没有任何思维容量。将机械地背诵记忆混淆为物理提问。例如，某一个物理概念、规律学习或复习完后，教师立即提问学生，要求其叙述刚刚学习的概念、规律的内容。

根据心理学原理，人的瞬间记忆能力和短期记忆能力是很强的，但是很快就遗忘。因此，这种"即学、即问、即答"式的提问，即使学生的回答是正确的，其有效度也很小。

（五）"统一问"

无层次性、无启发性的统一性提问。例如，我们有些物理课堂，教师安排学生做完一些习题后，要求按题目的次序，每个学生负责一道题，依次叙述每题的解答情况，不管问题的难易程度，也不管学生的个体差异。

（六）"糊涂问"

提问不明确，提问时机不当，提问难度不适当，脱离初中学生认知水平。例如，在一节"汽油机"课堂教学中，一开始教师便提问"同学们，请说说哪些事和汽油机有关？"不知道这样的问题到底要求学生回答什么。

又如，有些教师让学生公开叙述包含了数学计算的物理解题过程，这就是为难学生了。一般说来，稍微复杂的数学公式和计算过程，口头表达起来很不方便，使用时能够正确书写就可以了。

（七）"假提问"

表现为把普通的师生对话混淆为课堂提问。最典型的是教师、学生各说半句，例如，师："我们这节课学习了弹力，是不是？"生："是！"师："弹力的方向是垂直接触面，对不对？"生："对。"

二、提高初中物理资源型备课中提问有效性的思考

"凡善教者，必善问"，怎样才能在资源型备课中，设计善问、巧问的有效性问题呢？

首先，需要厘清物理课堂上提问的作用和功能。主要应有四点，即集中学生学习注意力、获取学生反馈信息、激发学生物理思维、促进师生情感交流。实际上，集中注意力、获得反馈也都是为了促进学生物理思维能

力提高，这也是物理学科有别于其他学科的重要特点。

其次，需要认识到初中学生学习物理的几个弱点。一是抽象思维能力还相对较弱，从形象思维到抽象思维还需要较长的过渡期；二是语言表达能力相对较弱，特别是用物理语言描述物理过程和物理状态的能力弱；三是分析物理过程的能力很弱。需要牢记课堂提问必须围绕课堂教学目标进行设计展开。那些紧密关联课堂教学目标的问题，并通过教师的教学语言在合适的时机呈现给学生时才是有效的提问。

因此，初中物理课堂提问除应遵循诸如启发性、趣味性、目的性等课堂教学提问的基本原则外，开展针对核心物理概念和规律的初中物理资源型备课的有效问题设计，还应特别注意以下几点。

（一）提问应注重差异性和全面性

物理是学生学习差异性很强烈的学科。一方面要根据不同学生的差异，提出适合学生能力水平的问题；另一方面，要尽可能面向班级全体学生，让更多的学生有被提问和主动提问的机会，不能总将提问局限于那些成绩好、听老师话的学生。这就要求教师根据教学内容和学生差异设计多样化的问题。

例如，关于电功率和灯泡亮度，可以设计下列问题。

问题1：将"220V，100W"和"220V，40W"的灯泡并联后接上220V的电压，哪一个实际消耗的功率大？哪一个更亮？

问题2：将"220V，100W"和"220V，40W"的灯泡串联后接上220V的电压，哪一个实际消耗的功率大？哪一个更亮？

问题3：将"220V，100W"和"220V，40W"的灯泡接入220V的电路中，哪一个更亮？

上述3个问题，难度依次增大，可以提问不同层次的学生（对学生的回答，教师应该用实验演示加以验证）。

（二）提问应突出层次性和系统性

针对一个具体的教学内容，提问应该由浅入深、由简到繁、层次递进，形成鲜明的层次。而若干个这种层次鲜明的提问组成一个针对某一具体教学内容的系统。这样既提升学生的学习信心，又突出了问题的启发性、针对性和目的性，大大增强提问的有效性。

以《浮力》的教学为例，可以围绕下列几个层次设计提出递进而系统化的问题。

第一层次，让学生认识理解浮力的存在。

教师演示，用弹簧测力计分别测量同一铁块在空中和在水中时的"重量"。先提问学生读出弹簧秤的示数，并计算两者之差值。然后提问"铁块在空中时受到重力作用，重力的大小等于弹簧秤的读数，而铁块在水中时，弹簧秤的读数变小了，请同学们根据以前学过的力平衡的知识分析，铁块在水中时，除重力外还受到其他力的作用吗？如果有，请确定该力的方向。"

上述提问的表达方式，和直接提问"请分析铁块在水中的受力情况"相比，虽然有点"啰唆"，但是问题更具体、明确，提示更自然到位，目的是引导学生从物体状态判断有一竖直向上的力，而不是从浮力的本质来判断，以培养学生的分析推理能力。这样既降低了学生理解的难度，也复习巩固了力平衡的知识。作为课时内容的开始，务必让更多的学生有信心、有兴趣。

在上述基础上，提问学生，"这一竖直向上的力的施力物体是谁？""根据力的作用效果，给这个力取一个什么名字好呢？"（不能缺少"根据力的作用效果"，否则，学生的思考将不是有效的物理思维。）

第二层次，让学生运用力平衡原理计算浮力的大小。

解决了第一层次的问题后，可以进一步提问，"根据弹簧秤的两次读数，同学们可以计算出浮力的大小吗？"

第三层次，让学生思考浮力的大小与哪些因素有关，引导学生设计探究实验。

这一层次的提问可以有很多，例如，"通过上面的测量，我们可以计算出浮力的大小，请同学们思考、猜想，浮力的大小究竟与哪些因素有关？"学生的回答一定是多样的，甚至五花八门，比如，"与液体密度有关""与固体密度有关""与液体压强有关""与物体重量有关（因为重的物体不容易浮在水面上）""与物体的体积有关""与物体的材料有关"等。作为回应，教师应该针对学生这些回答进行定性的演示实验。

继而提问学生"这么多的猜想，如果一一通过实验进行精确的验证，困难很大，能不能找到它们最本质、最共同的联系呢？请大家思考，所观察到的各种各样的浮力现象中，有没有共同的特点呢？"通过学生自主回答、教师引导应该明确"最大的特点就是，物体放到液体中时都要排开一定体积的液体！"

至此，可以很顺畅地提问学生"如何收集排开的液体""如何测量排开液体的重量""如何记录分析实验数据""如何规范表示实验结论"等具体的实验技巧，进而得出实验结论。

第四层次，让学生从理论上解释实验结论——推导阿基米德浮力计算公式。

以习题的形式提问学生，要求其计算柱状物体在液体中时，上、下表面所受到的液体压力大小、求出两者的差，并与该物体受到的浮力比较。

第五层次，让学生进行浮力知识迁移。

提问："重量相同的铁块和木块放到水中，为什么木块浮在水面上而铁块却沉入水中呢？""为什么小铁块放入水中，立即会沉进水中，而重量巨大的船舶却能浮在水上？""船舶从内河航行到海面上，船舶受到的浮力、排开水的体积、排开水的重量发生变化吗？"

通过以上几个层次递进而系统化的问题的解答，基本上就系统地解决了浮力的教学问题。

（三）少提描述物理过程的问题，多提关于物理状态的问题

物理过程的分析描述需要更多的抽象思维，需要更多规范、科学的物理语言，对初中学生而言，难度较大。但是如果在教师引导分析的基础上，就物理过程中的某个状态，提问学生进行描述，则难度小很多。

例如，"请说说汽油机的工作原理"就是一个需要描述详细过程的问题，不宜在课堂上提问，不宜让初中学生口头回答。可以分解为若干个状态问题。比如，"汽油机有几个工作冲程""汽油机在哪个冲程对外做功""汽油机工作时，什么时候汽缸的容积最小？什么时候汽缸内气体压力最大"等。

（四）所提问题应具有一定的思维容量

根据思维容量的不同，可以将所提的问题分为四类：

判别性问题。例如，选择题、判断题，往往只需要回答"是不是""对不对"，学生的回答很可能有猜测的成分，仅仅根据学生的回答不一定能判断学生对相关知识的掌握程度。

陈述性问题。需要回答"什么是……""……是什么"，属于简单识记

问题。

论证性问题。需要回答"为什么",需要知识的迁移。

发散性问题。可以没有统一的答案,不能用唯一的、简单的答案去解决问题,而是应包含分析解决问题的过程。

课堂教学提问中,"判别性问题""陈述性问题"不宜太多使用,这两类问题更适合编制简单的巩固练习题。提问时,多使用"论证性问题""发散性问题"对提高学生语言表达能力、理解能力、抽象思维能力等具有重要意义。例如,学习完"速度"的概念后,立即提问学生"什么叫速度?"学习完"摩擦起电"后,立即提问学生"丝绸和玻璃棒摩擦时,毛皮和橡胶棒摩擦时,哪一个带正电,哪一个带负电?"这样的提问,没有知识迁移、没有分析判断,没有任何思维容量。这种依靠"短时记忆"的提问是没有什么意义的。

(五)积极引导学生自主提问

通常,我们的物理课堂提问主要是教师提问学生,是一种单向的、封闭性的提问。教学中如果能引导学生自主提出问题,则是更为有效的提问方式。

引导学生提出问题的思路策略很多,其中情景引导是很常见的方法,举例说明如下。

在"摩擦力"的教学中,先播放一段视频,内容大致是汽车深陷泥泞的路中、车轮打滑、往泥路上铺上煤渣(或稻草、木板)后,汽车就能安然通过了。然后要求学生提出与物理有关的问题。

学生一般会提出"为什么打滑""为什么铺上煤渣后汽车能够通过"等简单的"为什么"之类的表面问题。教师要引导学生进一步思考具体的深层次的问题,例如,"摩擦力有积极作用和消极影响吗""在泥泞的路上铺煤渣有什么作用呢""车辆通过与摩擦力的大小有关吗""怎样增大摩擦力"等,在学生思考、提问的基础上逐步归纳总结出反映本课时教学内容的问题"探究影响摩擦力大小的因素有哪些""探究改变摩擦力大小的方法"等。

第三节 实验类初中物理资源型备课中问题串的设计探讨

除需要重视概念与规律类的初中物理资源型备课的有效提问外，实验类初中物理课程中有效问题串的设计，同样是开展初中物理资源型备课需要重视的问题。

然而，在当前初中物理教学实践中，我们发现实验探究教学还存在着许多问题。例如，面对学生提出的有关实验方案的问题，有的教师不知所措，采取置之不理的态度，仍旧按照设置好的方案授课；有的教师疲于回答学生一个又一个问题，被学生"牵着走"，不知如何将学生的讨论引向实验探究活动的核心；有的教师想通过问题引导学生积极思考，但不知如何引导才是有效的；还有的教师对学生在探究活动中生成的问题，急于告知学生实验的结论，不懂得通过对这些问题的深入讨论来逐步发展学生对物理实验的理解。因此，关于在实验探究活动中教师如何设置问题、如何通过一系列问题实施有效引导就成为开展实验类资源型备课十分重要的问题。

设置"问题串"的学习是一种有效的教学方法。在实验探究教学中，利用"问题串"进行教学，就是围绕着探究目标，通过设置一系列有针对性的问题引导学生，教师在识别学生反应的基础上，实施有效指导，促进学生不断达成探究目标。教师通过一系列的"问题串"使学生思维清晰，更深刻地理解正在探究的问题，领悟探究活动的精髓。首先，在利用"问题串"进行探究教学时，教师通过设置一些引导性问题，引导学生主动思考问题、表达对问题的看法。其次，教师利用向学生反馈或者继续提问的方式来识别学生的回答，确认学生对问题的不同理解状态。最后，采取一系列的措施，引导学生反思自己的问题解答，关注并思考他人的观点，对问题有更深的认识，最终达成探究活动的目标。下面结合具体实例进行探讨。

一、构建有效问题串引导进入实验探究主题

初中物理新课程强调一种重要的学习方式，即科学探究。我认为在开

始进行科学探究教学时，设置以下三个问题可以让学生尽快进入研究主题：(1) 你猜想的依据是什么？(2) 这些猜想中哪些属于同一研究方向？(3) 在以上猜想中你认为研究哪一个问题最有价值？第三个问题的设计可使学生的思路尽快进入本节课的重点。

我们认为不管学生日常生活的经验是否有误，培养学生说明猜想的依据是非常重要的，否则就是乱猜、瞎猜。在平时的教学中，我们不难发现有不少教师让学生针对某一问题提出猜想时，总希望越多越好，结果全班是一片热闹而缺乏理性思考，如影响重力大小的因素，学生可能问答有密度、体积、温度、地理位置、质量等因素，有的教师往往这样处理："同学们提得很好，今天我们重点讨论重力与质量的关系，其他因素我们留待课后讨论。"显然，这样的处理方式是不负责任的，因为随着这节课结论的得出，所谓的课后是不复存在的，我们可以告诉学生密度、体积的综合"效果"是质量，我们只要研究重力与质量的关系即可。同样，如果我们再让学生自行设计实验说明物体的重力与物体的温度是否有关就更好了。

下面，再以研究电流与电压、电阻的关系为例谈谈有效"问题串"的设计：

问题1：通过导体的电流的大小与哪些因素有关？(要指明是导体两端的电压)

问题2：你认为电流和电压、电阻之间有什么定量关系？

问题3：你采用什么方法来研究上述问题？(控制变量)

问题4：那么，上述问题变成了几个问题，它们分别是什么问题？

问题5：我们先研究第一个问题，即电流与电压的关系。你认为实验需要哪些器材？实验过程中应该控制什么因素？改变什么因素？

问题6：你认为滑动变阻器在实验过程中的作用是什么？

问题7：你准备选取几组数据进行分析？在研究电流与电压的关系时如何选取电压的具体数值将有助于我们分析数据，得出结论？

问题8：我们再来研究第二个问题，即电流与电阻的关系。在研究电流与电阻的关系时，除以上器材外，实验还需要补充其他器材吗？请你画出电路图加以说明。在实验过程中你应该控制什么因素？改变什么因素？观察和记录什么数据？

问题9：你认为滑动变阻器在该实验过程中的作用是什么？

问题10：你准备选取几组数据进行分析？在研究电流与电阻的关系时如何选取电阻的具体数值将有助于我们分析数据，得出结论？（讨论到此，全班可分两组分别进行以上两个问题的探究）

   问题11：分析数据，同学们得到的结论是什么？表达你的结论时你应该注意什么？

   问题12：你的结论可以用 I＝U/R 表达吗？（说明比例系数取 1 的条件）

   问题13：在探究过程中同学们有没有走过弯路，影响了实验结果？经过思考，你又是如何走出这些"弯路"的？

   问题14：在你实验的过程中你还发现了其他问题吗？回顾你实验的操作过程你觉得还能做哪些改进？

   以上第 5 个问题的设计，使学生将要研究的问题先分成两个小问题逐个讨论（这个问题的设计很重要，否则将两个问题放在一起讨论，容易使学生的思路混乱）。第 8 个问题的设计对前后实验来说起到了承上启下的作用。第 14 个问题的设计则注重学生的个性发展，为能力较强的学生的发展提供了平台。可以说，整堂课通过 14 个问题的设计，使学生在实验过程中目的明确、思路清晰，实验时间又得到了保证。值得一提的是，在课堂教学中，实验前的讨论比实验操作更重要，在时间的安排上，实验前的讨论时间也要比学生实验操作的时间要长。

二、构建问题串理清实验操作思路

   新课程强调探究性学习，而实验研究是探究性学习的主要途径，初中物理在八年级热现象和光现象中有一些实验的步骤较多，实验过程中需要学生注意的问题也比较多，如熔化凝固实验、水的沸腾实验、探究光的反射定律、探究凸透镜成像规律实验等，有的教师在以上实验的教学过程中往往不注意"问题串"的设计，导致学生在实验过程中手忙脚乱，实验的目的性不明确。实际上在学生实验前，教师如能根据学生在实验时可能出现的一些错误设计一些"问题串"作为台阶，这样就可以提高实验教学的有效性。如学生在"探究凸透镜成像规律"的实验过程中可能面临的问题有：(1) 面对光具座，怎么放仪器？(2) 如何找像？(3) 为什么物距要和 2 倍焦距比较？由于以上三个问题的存在，如果教师在实验前不引导，学生实验时就会出现混乱局面。下面以这个实验为例谈谈应该如何设计"问题串"。

教师首先在光具座上演示用凸透镜既可以成放大的像,也可以成缩小的像,同时介绍物距和像距的概念,再按照以下"问题串"设问。

问题1:凸透镜在什么条件下成放大的像,什么条件下成缩小的像呢?要研究这个问题,根据器材我们如何来寻找凸透镜的成像规律呢?(通过实验,记录下凸透镜成不同像时的物距和像距的大小,然后分析数据,寻找规律)

问题2:这些器材如何放置又如何调节会对我们找像有帮助呢?(将光源固定在光具座上最左端,任意选择一个物距,放好凸透镜,只移动光屏直到光屏上出现清晰的像为止)

问题3:同学们有没有兴趣自己来找一个像给老师和其他同学看看?

问题4:找到像后,你应该记下什么内容?(像的性质:大或小、正或倒。此时的物距和像距相等)

问题5:找到缩小像的同学请举手,你们的物距和像距又分别是多少?你发现成缩小像时,这两个数据之间又有什么关系?(根据数据可以看出像距小于物距)

问题6:找到放大像的同学请举手,你们的物距和像距分别是多少?你发现成放大像时,这两个数据之间有什么关系?(根据数据可以看出像距大于物距)

问题7:同学们想一想,会不会有一个等大的像呢?如果有,此时物距与像距之间会是什么关系呢?(肯定有等大的像,此时像距等于物距)

问题8:这个猜想是否正确,需要实验来验证,我们如何才能尽快找到这个像呢?(将凸透镜放在光具座的中间固定不动,再将光源和光屏分别放在最左端和最右端,然后两手分别握住光源和光屏并同时移动,移动过程中要缓慢,始终保持它们到凸透镜的距离相等,直到光屏上出现清晰的像为止)

问题9:找到等大的像后,像距和物距等于多少?我们发现一个固定的凸透镜,对应着一个焦距;当该凸透镜成等大像时也对应着一个物距,这"一个焦距"和"一个物距"之间必然有内在的联系来决定该凸透镜成像的情况。同学们对比这两个数据发现了什么规律?(当物距等于2倍焦距

时，凸透镜成倒立等大的实像）

问题 10：那么，同学们再根据问题 5 和问题 6 的结论，能否再进一步猜想一下凸透镜在光屏上成放大或缩小像的条件是什么？（问题 5 中，只要像是缩小的，物距就大于 2 倍焦距；问题 6 中，只要像是放大的，物距就小于 2 倍焦距）

问题 11：问题 3 以后，同学们在实验过程中有没有出现在光屏上找不到像的情况？此时物距是多少？和焦距之间有什么关系？（大于 1 倍焦距）

问题 12：因此，综合问题 10 和问题 11 的结论，要使凸透镜成倒立放大的实像，其物距应该满足的条件是什么？（物距大于 1 倍焦距小于 2 倍焦距）

以上 12 个问题的设计，使得学生在实验过程中不仅目标明确，而且层次分明，加快了实验操作的步骤。问题 2 的设计解决了找到清晰像的具体操作问题（有的学生一边移动蜡烛，一边移动光屏来找像，结果花费不少时间也找不到一个清晰的像）。问题 9 的设计使"2 倍焦距"浮出了水面。值得一提的是，在寻找等大像时，光源最好用发光二极管做，如用一个发光的"F"字母做光源，找到等大像后，此时可以让学生用刻度尺量一量像和物的对应长度是否相等，使学生确认当物距等于 2 倍焦距时，像和物确实等大。而如果用蜡烛的烛焰做光源时，由于火焰周围有"光晕"，即使当物距等于 2 倍焦距时，学生看上去像和物不等大。

应当看到，应用"问题串"进行实验类资源型教学备课，不仅能够帮助教师更清楚地了解学生的思维状况并为教学活动提供依据，还能有效地促进学生不断地反思自己的思考，逐步构筑自己的知识。当探究目标不断被达成，学生就会产生一种成就感和进取感，这将转化为学生的内部兴趣和动力，激励学生不断探索，使学生在探究活动中不仅学到了知识，同时获得了探究活动的精髓。

第四节　指向能力提升的初中物理资源型备课策略探讨

开展初中物理资源型备课，除重视概念、规律和实验教学中有效性问题的设计外，还需要重视物理学习核心能力的提升问题，包括物理观察、分析和知识应用能力等。俗话说课堂是学习的主阵地，对如何在课堂上培养和提升学生的物理素养，我们根据教学实践总结了一些指向能力提升的初中物理资源型备课策略，阐述如下：

一、初中生物理学观察能力的培养策略

我们认为，要培养学生的观察力，必须从培养学生的好奇心开始，好奇心是科学的种子，每个人都对这个神秘的世界充满了好奇，每个人都有探知未知的本能欲望和冲动，关键是看我们老师如何调动这个隐秘的力量。我们平时上课前就让学生做好课前观察的任务，然后走进课堂，例如，即将讲生活的电能表，可以提前在班里调查有多少人已经在家里看过了电能表，通过举手统计或者班长统计的方式了解学生。然后周末让学生在父母的帮助下再次观察自己家的电能表，或者用手机录一段视频，认真观察电能表上面各种参数，尝试着读数，并观察自己家每个月的电费单，思考一下电费是如何计费的，以问题单的方式让学生课后去观察并记录，在课堂上找同学现场分享自己的观察和体会，还可以把消息发在家长微信群，让家长也知道孩子在家的物理观察任务，给予教学很好的帮助。实践证明，这种课前观察的任务因为具有一定的挑战性，激发了学生浓厚的兴趣，让更多的学生能更加主动自觉地完成老师布置的观察实践任务，并在观察的过程中融入了自主思考、查阅资料、与家长沟通交流等环节，一个小小的观察任务就能培养学生多方面的素养，看来观察力的任务学习不可小觑。经过一段时间的锻炼，我们所带学生对周遭事物的观察敏锐程度有所提高，有些学生还养成了写观察日记的习惯，把日常观察到的各种物理现象都一一记录下来，跟同学讨论，还有的同学通过日常观察还提前预习了初三甚至高中的物理课程内容，发现了许多的物理秘密，真让我们感到欣慰。观察是走进知识世界的窗口，我们必须让学生常把视野的这扇窗户打开，让学生走进生活、融入社会，这样才能真正走进知识无处不在的世界，去发现去体悟去感受物理之趣、物理之味、物理之情，而科学的种子就在观察的那一刻，在孩子的心中悄悄地发芽了，有什么比这个更让人感到欢欣和鼓舞的呢？

二、初中生物理分析能力的培养策略

物理之所以有魅力，还在一个"理"字，我们把它称为"悟理"，我们学习物理就是要做一个真正的"悟理人"，这才达到了我们学习的目的。我们让学生观察也好，质疑也好，如果只看到表面现象，没有引导学生深入细致地分析，找到和发现其背后隐藏的物理之谜，那还是如浮莲一般漂浮在真理的水面，必须拨开莲叶看到池底下隐藏的真理，并用准确科学性的语言表达出来，这对培养学生的思维和表达能力至关重要，但往往很多老师就忽略了这点，对一些问题不愿意深究，错过了许多培养学生思维和创新力的良机。例如，在讲解透镜的分类和作用这个内容时，许多老师对透镜的作用就是通过单纯的演示然后得出三条特殊光线的作图，然后是大量的对作图的练习，结果学生在被动接受了作图训练之后似乎熟练了，但过了一段时间再做此类作图题目的时候，往往就分不清凸透镜和凹透镜的折射光线偏折方向了，还是因为学生没有真正理解为什么凸透镜对光线是会聚作用，而凹透镜对光线是发散作用，他们只是停留在感性的认识层面，只是看过现象，根本就没深入理解其原理。为了改变现状，我们大胆地把这部分内容进行了补充和扩展，宁愿多花些时间从三棱镜折射光线的偏折情况入手分析，然后引导学生观察透镜的形状，把透镜分解成若干个三棱镜，然后引导学生分析每一条特殊光线为什么是这样偏折的，最后对照实验进行验证，这样一来学生恍然大悟，拍案叫绝，从他们欢乐的笑脸上我们看到了他们真正"悟理"的过程，看似浪费了时间，其实恰恰是我们把最宝贵的时间用在了分析物理现象的原理上，才让学生真正地认识了透镜的本质，并且建立了自己理解的物理模型，对光线的偏折情况有了深刻的理解，作图上就会得心应手，不容易遗忘。由此看来，培养学生分析物理问题的习惯，对一个初中生而言是多么地不可或缺，要让学生真正地"悟理"，就必须让学生走一次物理大师的探索之道，深究物理之水，才能知其深浅，探索物理之道，才能真正洞察科学的奥妙，感悟到物理之真谛。

三、初中生物理知识应用能力的培养策略

俗话说学以致用，这是教育之宗旨，当前很多学生都只会纸上谈兵，

中考高分者着实不少，考试题能答辩出来，但现实生活中能真正应用物理知识去解决实际问题的寥寥无几。不仅学生如此，很多物理老师也是如此，为教而教，很少思考物理在生活中到底有哪些方面的应用，有什么样的老师就有什么样的学生，这就导致了很多学生学习只是图个分数，不会很好地运用物理这门工具去解决实际问题，更谈不上什么创新和创造了，这种高分低能的教育现象值得我们物理老师去反思。如何培养初中生物理应用能力，我们有自己的思考和实践，就以电路故障判断为例，现在很多学生在考试题中都能分析电路故障的原因，答题非常完美和规范，但是一到了现场实验操作，许多同学在遇到灯泡不亮、电流表或电压表读数异常等现象时就慌了手脚，不知如何查找原因，不懂得把试卷中的"必考题"迁移到现实生活中来，在实验过程中总是遇到困难就举手找老师解决，结果物理老师一堂课下来光忙乎着检查学生电路故障了。其实不然，如果能很好地抓住这个教育契机，我们就让这些同学聚在一块儿，大家一起分析电路故障，提醒他们把考试中常常遇到的那类"故障考题"现实化，先进行理论分析，然后实际操作，学会用电压表去检查各处的故障，这样一来，既激发了学生的挑战斗志，也培养了学生迁移学习应用知识的技能，而不仅仅是老师包办代替。学会迁移和应用物理知识，才能把课本上的铅字内化成自己的智慧，让物理真正成为一门好用的工具。

  再譬如，讲解到光的反射时，刚好遇上了学生体检，我们灵机一动让他们应用光的反射，自己设计一个装置，自己检查一下自己的牙齿，学生一下子就来了兴趣，跃跃欲试，我们把他们分成若干小组，设置小组长，带领组员一起研究探讨，画出草图，寻找材料制作模型，出乎我们预料的是学生们真的设计了观察自己牙齿的装置（图3-1），恰恰是利用了光的反射，利用多面镜子的不断反射，很巧妙地解决了生活中的棘手问题，我们还鼓励这些学生把作品制作出来并参加了省市的科技创新大赛，最后还获得了广东省少儿创新奖，真的难能可贵。

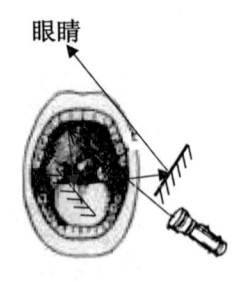

图 3-1

由此看来，大胆地让学生动手实践，不论是正规实验也好还是家庭实验也罢，不论是科技发明也好还是解决实际问题也好，我们让学生带着物理学知识走进生活，尝试着用学过的物理知识去解释各种现象，用学过的物理知识去设计、发明、改进一些东西，解决实际生活中出现的各种困难，不仅有趣更重要的是培养了学生学以致用的知识迁移能力，这对于学生未来的发展将有着巨大的影响。值得庆幸的是，我们带领学生运用物理知识，先后开发出了数十个小发明作品，包括电能表观测仪、智能提醒门锁、矿泉水瓶子便携式提手、气压式轮子吸盘、便携式学生电源等，有十多项作品获得省市级发明奖励，学生开心地戏称我们为"发明引路人"，也让我们更加坚定了培养学生物理之道就是从生活的源头去思考问题，注重实践、注重应用、鼓励创新、鼓励多元化思考和实践，我想这就是创新实践教育，这就是最接地气的教育。

总而言之，课堂是学生学习的主阵地，我们只要充分调动学生学习的欲望和主观能动性，让学生多些观察，多些思考，多动手，就能借助资源型备课与教学，更加全面地培养和提升初中生的物理素养，这不仅为孩子的当下学习提供了帮助，更重要的是为孩子未来的成长和发展打下坚实的基础，同时也让孩子获得了快乐的人生体验，收获成功的喜悦，这正是我们教学的终极目的，也是我们师生共同的追求。

第五节 指向物理学方法领悟的初中物理资源型备课策略探讨

物理学家劳厄曾说:"教育无非是一切已学过的东西都遗忘的时候所剩下的东西。"论物理教学功效,物理知识会随岁月的流逝而被遗忘,而在物理教学中潜移默化给学生的学科方法却使之受用终生。而在现实的物理教学中,物理知识的教学是显性任务,而物理学科方法的教育则是隐性的,虽然更有价值,但因不容易操作,也不方便考查,往往无法落实。

物理学科方法是指物理学科所特有的思维方法和研究方法。物理学是一门自然科学,它首先遵循自然科学的基本研究方法,比如,控制变量法、转换法等。同时它区别于其他学科有自己独特的思维方法,比如,临界点分析法、半定量分析法、等效法、比值法等。而物理学科方法的学习,属于智力技能形成的范畴,它不同于一般知识点的教学,它需要渐进式反复,并落实到学生的眼、口、手、心,才能被学生掌握,这就需要一个长效的载体去落实。考查一下初中物理教学,要想寻找到一个既能落实物理研究方法又能体现物理思维方法的学习过程,很明显,探究性学习是个不错的选择。那如何通过探究性学习这个载体,将物理学科方法这种智力技能落实好呢?

关于智力技能的形成,加里培林将其分为五阶段(活动的定向阶段、物质活动或物质化活动阶段、出声的外部言语活动阶段、无声的外部言语活动阶段、内部言语活动阶段),而冯忠良教授分为三阶段(原型定向阶段、原型操作阶段、原型内化阶段)。根据物理学科方法教学需要,考虑到探究性学习的特点,我们将单个的物理学科方法教学分解为四个阶段(定向、会话、操作、内化),在教学中有目的有计划地实施,形成了初中物理学科方法教学的四部曲,为资源型备课提供了新的参考思路。

一、定向——领会学科方法

定向,就是给学生提供感知智力技能的样本。在智力技能形成初期,通过对样本的讲解和示范,使学生知道做什么和怎么做,从而在头脑里建立起初步印象。学科方法的定向可以借助探究的形式，在探究中通过教师讲解、学生参与、教师示范等形式让学生领会学科方法的要义。

例如，通过密度概念的建立学习比值法定义物理量，整个活动分为七步。第一步，让学生尽量准确地测量一定量的水（各组随机）的质量和体积；第二步，让学生尽量准确地测量自己桌面上的土豆（市场购得同一批）的质量和体积；第三步，让学生尽量准确地测量金属螺帽的质量和体积；第四步，教师用计算机中的Excel协助同学统计一定量水、土豆、螺帽的质量和体积数据；第五步，教师引导学生整理分析数据（排序、观察、总结）；第六步，引导学生做出质量—体积图像并思考图像斜率的意义；第七步，引导学生尝试计算出这几种物质的质量和体积的比值并加以比较。

通过以上活动，学生基本上都可以得到水的质量越大体积越大的结论。关键时刻教师点拨，如果将同一杯水的质量和体积求一下比值，我们会发现什么？在Excel中利用公式能很快求出每杯水的质量和体积的比值，竟然几乎都一样，都接近1；土豆呢？螺帽呢？分别都接近1.2和2.7。学生的好奇心被大大地吊起，教师要求学生思考1、1.2和2.7意味着什么。得到同种物质质量和体积的比值是一样的，比值是1就是水，2.7就是螺母材料。这个比值代表一种物质的性质，我们把质量和体积的比值称为密度，单位就是g/cm^3或者kg/m^3。学生通过在教师创设的探究情景中体验、感悟和应用了一种定义物理量的方法——比值法。

二、会话——总结学科方法

智力技能的形成离不开言语练习。对于一种学科方法的学习，不能仅停留在感知的层面上，必须在感知的基础上及时进行生生对话或师生对话，尽快让学科方法摆脱实物，而代之以外部言语为支持物，该阶段是智力活动形成的一个特殊重要的阶段，它为后期智力活动的抽象化、自动化打下基础，本阶段的言语练习的落实，也使得后期的操作和内化成为可能。

例如，通过密度概念的建立学习比值法定义物理量。在密度概念建立完成后，及时抓住时机，利用几分钟的时间，让学生复述探究过程的要点，总结陈述：当我们发现同种物质质量和体积的比值相同，我们就用质量和体积的比值来引入一个新的概念——密度,密度就是质量和体积的比值,这种定义物理概念的方法叫比值法。学生一旦达到会陈述的地步,说明他对方法的掌握已经不是停留在有意无意、若明若暗的模仿使用的层次上,而是提高到一个新的层次上去了。

三、操作——迁移学科方法

操作就是学生在感知言语学科方法后,将学科方法进行实践操作的过程。学生在此阶段,不仅依据原有的定向映象做出相应的动作,同时使动作在其头脑中得到反映,从而在感性上获得完备的动觉映象,这种完备的感性的动觉映象是智力技能形成及以后内化的基础。在这一阶段,其实也伴随着外部言语的复习和向内部言语过渡的过程,即言行一致的过程,达成学科方法的迁移。

例如,学生在探究重力与质量的关系的实验中,学生通过实验探究会发现,物体的重力和质量的比值也是不变的。教师可以借此机会让学生回顾密度概念的建立过程,温习比值法定义物理量,启发学生尝试定义一个新的物理量,水到渠成又拓展了学生的思维和知识,重力加速度可以脱颖而出。通过反复的物理学科方法的操作训练,会让这一学科方法同化到学生的思维体系中去,成为学生思维的有机组成部分,达到学科方法应用迁移的目的。

四、应用——内化学科方法

应用是知识的自动化的过程,不断的实践可以加速陈述性知识向程序性知识转化。我们在完成学科方法教育前期准备工作后,要抓住一切可能的实际,循序渐进地让学生实践,促进学生学科知识自动化。

狭义的探究性学习是在有限的课堂中,对确定课题的研究,像比值法定义物理量之类的物理学科方法是可以通过不断练习使得学生掌握的,有些通用性法则,比如,控制变量法则是学生活动应用得到的学科方法,学生可以在教师指导下,从自然、社会和生活中选择和确定专题进行研究,加速陈述性知识向程序性知识转化,实现学科方法应用自动化。在这一过程中不仅应用了学科方法,也会拓展学生学习的空间,并在探究过程中主动地获取知识、应用知识、解决问题，提高学生运用知识的能力，促进他们形成积极的学习态度和良好的学习策略，培养其创新精神和实践能力，全面提高学生的科学素养。

当然，物理学科方法的教学绝不是单单以物理教学为中心的，那样必然导致忽视学生全面发展的学科本位主义，而应该是在全面发展学生的前提下的提高学生学习能力的有效组成部分。不仅物理学科需大力开展，其他学科同样要充分重视，形成合力才可以从根本上形成"授之以渔"的教学观念，才可以将学生从浩繁的知识学习中解脱出来，真正成为学习的主人。

另外，各科的学科方法有巨大的差异性，但同时各学科间方法又有相通性。学科教师在注重本学科方法教育的同时，还要注重跨学科方法的沟通，只有教师的通力合作才能使学科方法的教育真正在促进学生全面发展上收到事半功倍的效果。

第六节　指向兴趣激发的初中物理资源型备课策略探讨

德国迈尔教授在《怎样上课才最棒》一书中指出，保护和发展学生的自发兴趣是提高教学有效性的关键。当学生对所学知识自发地产生兴趣时，在学生心底将产生一股不可抗拒的力量，激励其自身主动去探索、思考和实践。深入一线可以看到，当前部分初中学生感到物理难学，产生厌学情绪，往往并不是因为内容难度太大，而更多是因为学生学习物理的兴趣没有得到有效的激发，从而导致学生失去认真投入的动力。因此，如何在初中物理课堂上有效激发学生的兴趣，是我们教学中需要不断反思和探索的课题，我们在实践过程中积累了一些经验，下面结合具体的案例，探讨初中物理资源型备课中可能会应用到的课堂教学激趣策略。

一、集体小实验激趣策略

物理是一门以实验为基础的学科，但凡物理规律、定律无不是前辈大师们在无数次实验的基础上获得的智慧结晶。但是，当前物理课堂实验在教学激趣上存在着两大问题：一是随着网络视频的发展和动画制作水平的不断提高,许多虚拟的物理实验室被搬入了真实的课堂,点击鼠标展现实验过程,看似生动逼真,却是虚拟的世界打造出来的物理情景,并不能较好地激发学生的兴趣;二是教师自己演示实验,学生基本处于观察的角色,这种偏被动的状态在一定程度上也降低了学生的兴趣。针对上述问题,我们提出集体小实验激趣策略,充分利用学生手头的各种文具如橡皮、铅笔、圆珠笔、小刀、作业本等,并根据教学内容要求学生在课外寻找各类生活实验素材如矿泉水瓶、绳子、小灯泡等带到课堂上,围绕相应的知识点全班集体动手开展小实验。

例如,在讲到弹簧的弹力时,让全班同学带一支弹性圆珠笔到课堂上,现场拆卸圆珠笔取出其中的小弹簧进行观察,并利用橡皮、硬币等加在弹簧上,定性探究弹簧伸长与压力的关系;在讲到压强时,让学生用手指同时按着一支铅笔的两端,体验受力面积以及受力大小带来的作用效果的差别;讲解声音特性时,所有学生拿出尺子并伸出课桌一截,亲手探究频率与振幅、频率与响度的关系;讲解杠杆原理时,让学生利用尺子、橡皮等身边的物体自制简易的杠杆并尝试探究杠杆的平衡条件;讲解电路时,让学生每人都从家里带来手电筒,现场拆卸手电筒研究其电路的构成;讲解电动机时,课前布置学生寻找电动小汽车或者小马达,课堂上一起进行观察和实验等。

心理学指出,直觉兴趣和操作兴趣是低年级学生的主要兴趣类型,实践表明,在课堂中引入集体小实验环节,极大地调动了学生参与课堂学习的兴趣,激发了学生学习物理的热情,也潜移默化地培养了学生善于观察、善于思考、热爱动手的好习惯。

二、物理小游戏激趣策略

教材上的物理内容是静止的,如何将静止的知识变成立体的,变得更为生动有趣?基于初中学生喜欢游戏、喜欢魔术的心理特点,我们建议,在课堂教学中可以引入与物理知识对应的物理小游戏,通过现场进行物理游戏、物理魔术、情景模拟等方式,将原本平面的知识变成一种立体的体验,从而激发学生学习物理的兴趣。

例如,在讲解摩擦力时,我们让学生当场做一个纸环(如图2),并神秘地称之为"拉不开的纸环",然后让两位同学互相对拉。因为纸张叠加在一起，对拉的过程中增大了压力也增大了其摩擦力，纸环愈加拉不开，学生们做完了游戏，兴趣浓厚，带着满满的惊奇和疑问进入新课的学习，效果显著。

再如，讲解触电现象时，我们当场拉了两条没有通电的电线，清楚地

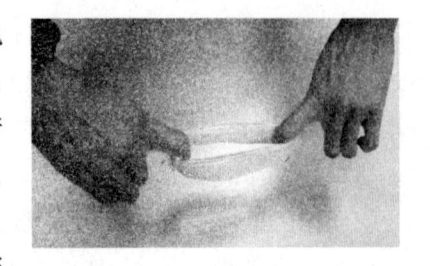

图2

标注上火线和零线，然后请学生代表上来，根据教师的指令，快速表演触电和不触电的几种情景，学生们踊跃非常，在真实的模拟游戏体验中不仅更牢固地掌握了生活用电的相关知识，并且也深刻地感受到了学习物理的快乐，而这种亲身经历过的一些事和悟出的理是记忆深刻的。这种借助物理游戏、情景再现的体验，把知识学习渗透到物理游戏的教学策略，正是我们追求的快乐课堂。

三、物理小故事激趣策略

除集体小实验、物理小游戏外，处于初中阶段的学生对于物理小故事的兴趣也是相当浓厚的。物理教材往往只是单纯呈现了物理知识内容，而没有体现相关知识背后涉及的科学家及其研究。我们建议，每节课尽量都能以片段的形式，引入相对应内容的物理小故事，包括物理学上发生的事件、科学家的故事等，不仅能引导学生了解科学家研究的过程，提高学生对相关内容的兴趣，并且科学家的故事也在潜移默化中传递了科学精神和人生启迪。

例如，在讲解单位制时，我们讲述了美国1999年耗资2.3亿美元的火星探测器，升空后毁于一旦，其罪魁祸首居然是科学家们犯了公制单位与英制单位混用的低级错误，从而使原本枯燥的单位制的学习内容变得丰厚起来，在学生的惊讶和惋惜中也深刻认识到了哪怕是小小的单位也绝不容忽视。在讲授初中电磁学时，每节课我们都讲一段相应物理学家的小故事，包括安培、焦耳、伏特、法拉第、奥斯特等，例如，焦耳小时候偷偷拿了家里的气枪研究回声，结果火药装得过多引发爆炸把头发都烧焦了，科学家那种从小探索科学的精神，便在笑声中深入了每位同学的心中。在讲解牛顿定律时，除了讲牛顿的光辉事迹，也讲述牛顿身为英国皇家学会

的会长，为了抢夺与胡克发现万有引力规律的优先权对胡克的妒忌和打压的故事，让学生了解到科学家也是真实的人而不应一味盲目地崇拜。实践证明，在教学中穿插物理小故事片段，并不会耽误常规的教学，却能够较大程度地提高学生对课堂教学的关注度，有效激发学生对物理学科的浓厚兴趣，值得尝试。

四、物理歌谣激趣策略

初中物理部分规律的相应内容较为繁杂，易于混淆，在一定程度上增加了学生的记忆负担，也降低了学生的学习兴趣。基于此，引入自编的物理歌谣是我们在实践中探索出的另外一类物理课堂教学激趣策略，即利用打油诗的形式阐述物理规律和物理现象，学生在生动有趣的诗歌中较快地掌握和记忆相应的物理知识。

例如，在教授八年级物理中的凸透镜成像规律时，一般情况下是通过做实验总结出一张凸透镜成像规律表格，然而，我们在实际教学中发现，学生对于这张表格列出的物距像距大小关系及成像特点往往易于混淆。为此，我们在该表格基础上绘出凸透镜成像规律示意图（如图3所示），并将实验规律浓缩改编成几句通俗好记的物理歌谣，与图配在一块儿，如下所示：

物距大于2倍焦，成像倒立且缩小；

2f 以内像变大，屏上实像倒一倒；

一倍焦内接不着，放大虚像正立瞧。

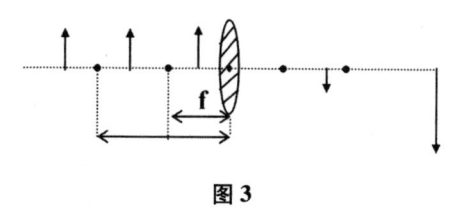

图 3

在教学中引入上述物理歌谣发现，学生对此歌谣很感兴趣，歌谣读起来朗朗上口，方便记忆，很快就帮助学生们掌握了凸透镜成像规律，学生们乐此不疲，课后还时常念叨，许多原本不太爱学习的学生也跟着哼唱着，兴趣来了自然学习劲头就足，许多学生也更加喜欢上物理课。此外，我们还根据所学知识，分力、热、光、电几部分分别编写了长短不一的物理歌谣，并将快板带到了课堂上现场打着节拍念物理歌谣，这种教师在课堂上"露一手"的策略，让学生们感受到文学与物理的联袂之作给课堂带来的无限生机，增添了不少学习乐趣，可谓一举两得。

上文结合具体案例，探讨了物理集体小实验激趣策略、物理小游戏激趣策略、物理小故事激趣策略和物理歌谣激趣策略，这四类激趣策略相辅相成，可以灵活应用于不同的教学环节。应当看到，学生的兴趣是不断发展的，需要不断引导和挖掘，从而逐步从学生的直觉兴趣到操作兴趣一直发展到理论兴趣。而作为一线教师，我们需要不断去思考学生兴趣背后的东西，针对不同时期学生的兴趣特点，建立起激发学生学习兴趣的机制，并结合相应的知识内容，创设更多有利于激发学生学习兴趣的情境，从而促使学生更多地参与课堂，在乐中学，在学中思，真真切切地提高初中物理课堂教学的有效性。

第四章

区域共享型初中物理模块化教学资源库建设探索

构建新型备课模式、青年教师培养、自主学习、小组合作学习、探究学习、研究性学习等各种新教学模式的推广使用都需要大量有效的学科资源支撑。

那么，物理教学资源库的现状如何呢？长期以来，国内外对课程资源建设的理论问题，诸如课程资源建设的必要性、重要性、课程资源的形态种类、课程资源开发的途径策略等研究较多。近年来，国内也出现很多基于课标和教材的"教学资源包"和"教学资源网站"形态的资源，但大多不系统、不完善，内容不丰富，数据之间没有逻辑关联，实用性差。虽名为"教学资源"，却只是各种没有教学特性、缺乏逻辑关联的数据素材的堆积和罗列，没有挖掘展现各种"素材"间内在的教学联系，没有任何教学特性，要想在教学中使用，还需要教师花费大量的精力筛选、改造。因此，这类资源库仅仅是"数据素材库"，只是一些缺乏逻辑关联的数据素材的堆积，而非"教学资源库"。

如果根据教学原理将各种原材料式的素材整理成一个可以完成一定教学功能的模块，若干个模块组合后可完成更大更多的教学功能，许多这样的模块便可构成功能强大的教学资源库。因此，将现行"数据素材"式资源库改造升级为模块化教学资源库，使之科学化、规范化、标准化、系统化、实用化，具有极为重要的现实意义。

因此，本课题期望将资源库建设和备课模式紧密联系，通过开发建设模块化教学资源库，构建起新型的资源型备课模式，进而拓宽青年教师培养途径，为推进新的教学模式提供资源支撑。

第一节 关于资源库的概念界定

一、传统资源库

传统资源库是视频、动画、图表、文本等相互间没有明显逻辑关联的各种素材、数据的集合。注意，它们是否具有教学特性还要取决于教师如何对其进行加工改造。

二、模块

本课题中"模块"的含义是"能够实现某一教学目标、具备一定教学功能的基本单元"，这类基本单元通常是由视频、文本、课件、图表、动画等元素遵循教学原理组合而成的集合，其中视频则是教学过程的实录。上述"元教案"只是模块的组成部分。

本课题中的"模块"有三种：

一是物理微课模块，基于初中物理某单一知识点的模块。有时亦称为模块微课，是不能再拆分的功能性基本模块。

二是物理课时模块，基于一节完整物理课堂的模块，其中的视频是一节完整物理课堂的实录（录屏或是该节课堂教学的完整录像）。注意，本报告中所说的"物理课时模块"因基于一节完整的物理课，故本身也是一个不能再拆分的基本模块，并不是由"物理微课模块"组成的（实际应用时，一节完整的课堂可以使用若干个物理微课模块，但本报告中的"物理课时模块"并不包含此种情形）。

三是物理单元模块，基于初中物理中某一单元全部知识内容的模块（大体对应教材中的章），或者是基于物理学科的某一思想、方法、专题内容等特定主题的模块（含中考复习专题）。通常由若干个物理课时模块组成。

三、初中物理模块化教学资源库

初中物理模块化教学资源库是指"初中物理模块化精品课程库"和

"初中物理模块化微课库",其含义分别界定如下。

一是初中物理模块化精品课程库,由"物理单元模块"依据教学原理集合而成。

二是初中物理模块化微课库,由"物理微课模块"依据教学原理集合而成。

由上述可以概括模块化教学资源库和传统资源库的区别:

第一,资源库的元素完全不同。组成传统资源库的元素是视频、文本、动画等简单数据(素材),元素本身不具有教学特性。组成模块化教学资源库的元素是各种能够实现一定教学目标、具有特定功能的模块,是包含了多种简单数据的系统,是复杂数据系统。

第二,资源库的功能作用不同。传统资源库只能为教学备课提供没有教学特性的"原材料",必须经过加工改造才能具有教学功能。而模块化教学资源库中的数据——模块,无须加工改造即可用于教学。

第二节 初中物理模块化教学资源库建设探索

经过几年的开发建设,"初中物理模块化教学资源库"现已初具雏形,基本建立起"结构合理、内容丰富、系统全面、实用方便、检索快捷"的模块化教学资源库,由"初中物理模块化精品课程库"和"初中物理模块化微课库"两子库组成。

一、初中物理模块化精品课程库建设探索

参照(但不局限于)人民教育出版社的义务教育阶段物理教材的体系结构,以物理学科的知识单元为基本模块(单元模块),每个模块内含若干个完整的课时模块,课时模块由教学视频、教学设计、课件、习题(检测题)以及相关的拓展资源等元素组成。

已入库 23 个单元模块,共计 300 余个单元模块,课时模块数量则多达 1300 多个,覆盖了初中物理的全部内容,并且大多数知识单元均有若干个不同的单元模块相对应。

确定物理微课模块的内容主题前,我们根据物理课程标准的要求,结合教学实际、学科实际、学生实际对初中物理的全部内容进行全面深度分析解读，从中提炼出190余个"微课主题"，并对每个微课主题所含的物理思想方法进行挖掘整理，这一工作对备课的行为方式、备课效果、备课手段、备课策略方法等产生了极为重要的影响。

这190余个微课主题中，每个主题开发若干个微课模块，共计开发了400多个微课模块，每个微课模块含有教学视频、教学设计、课件、习题等元素。这些微课模块之间既有相对独立性，可以单独使用，又相互关联，可以由教师根据不同情况进行组合装配，成为一节完整的课时教案。

所建成的科学性、规范性、系统性、实用性的模块化教学资源库为整个中山市物理教师提供了非常有用的半成品式的模块化备课资源，深受一线物理教师的欢迎。

传统备课模式中，教师要花费大量的时间精力搜寻教学素材，再根据学科知识点、学生实际和教学环节对"素材"进行甄别选择、加工改造，然后再根据教学原理进行组合，才能成为一堂完整的课时教案。这个过程可以概括为"搜寻素材—甄别选择—加工改造—组合装配"四个环节，我们知道，"搜寻素材""甄别选择""加工改造"三个环节很费时费力，而模块化微课资源库以知识点为单元进行微课设计，已建成的微课模块一方面可以代替教师完成"搜寻素材""甄别选择"和"加工改造"三个环节，从而极大地节省了教师的时间精力；另一方面由于同一知识点有多种可选择的微课模块作品，教师仍然可以在选择微课模块和装配组合环节发挥各自的创造性作用。这种"模块化"的备课模式代替传统的"素材模式"后，极大地提高了备课效率和备课质量。

二、研制各模块作品的呈现规范

根据调研结果，项目组提出了设立初中物理模块化"精品课程库"和"微课库"两大教学资源库框架，并结合中山市的教学实际，研制了《中山市初中物理精品课程结构体系规范》和《中山市初中物理微课标准》，分别对精品课程库中"单元模块""课时模块"的内容构成和体系结构，以及对微课库中微课的时长、视频格式、内容组成等均做出了严格的规定。

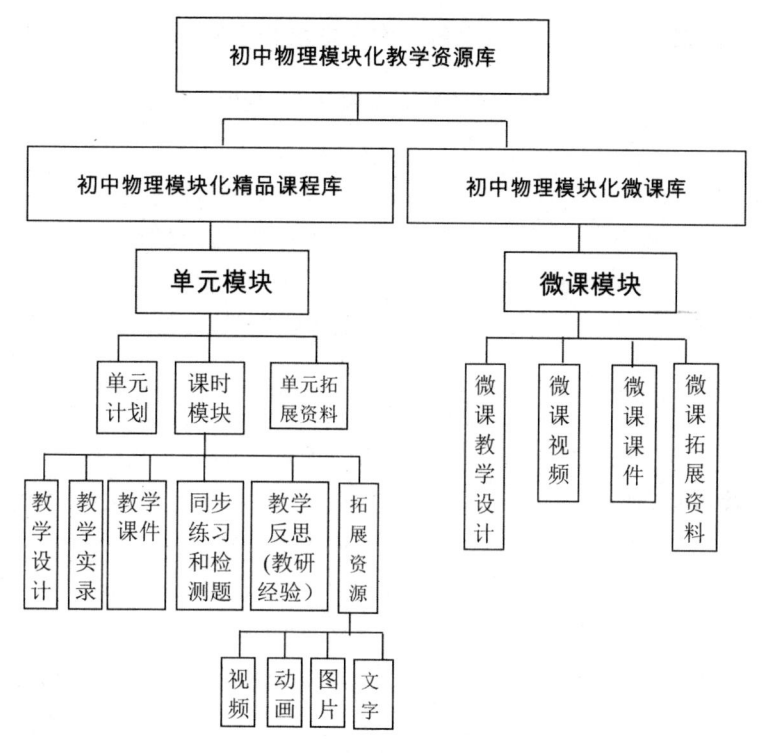

图1　初中物理模块化教学资源库的系统结构

为了确保两大资源库的系统、全面、实用，项目组进一步对资源库的内容主题做出全面细致的规划，如下表所示。

表1　初中物理模块化"精品课程库"和"微课库"的内容主题规划

"精品课程库"的内容主题规划	"微课库"的内容主题规划
1. 以现行人教版教材的体系为蓝本，每一章为一个单元模块。 2. 个别内容相近的章也可以合并为一个模块。 3. 也可以是反映某一重要思想方法的主题单元模块，以及复习教学的专题单元模块。 4. 共计30个左右的推荐主题	1. 将初中物理的全部内容分解成190余个知识点，亦即190余个微课主题。 2. 每个知识点制作一个或多个微课，要求微课内容是独立的。 3. 微课作品完全可以脱离具体的教材版本而独立使用

在此基础上，进一步明确资源库内容主题的分布情况，如表2所示。

表2 初中物理资源型备课-微课建设规划（节选）

编号		微课主题	类型	具体要求	包含的科学方法
一、机械运动	110101	测量长度	实验	1. 理解测量长度的基本原理，掌握常用长度单位、常用刻度尺用法。 2. 对不同物体长度建立数量级的感性认识	单位的物理本质，测量的基本方法：比较
	110102	测量时间	实验	1. 理解测量时间的基本原理，掌握常用时间单位、常用测时工具的用法。 2. 对不同物理过程持续的时间有数量级的认识	测时基础：稳定的周期性的过程
	110103	参照物	概念	1. 认识参照物的作用意义。 2. 理解不同参照物下物体的运动不相同	比较法
	110104	描述物体运动快慢的方法	概念、规律	1. 理解描述物体运动快慢的方法原理。 2. 认识速度、平均速度的物理意义、单位。 3. 理解匀速直线运动的概念。 4. 了解一些物体运动的速度大小	比值法
	110105	速度的计算	应用	1. 能利用 v＝s/t 及其变形进行计算。 2. 掌握速度计算中的单位换算方法。 3. 了解一些物体运动速度的大小（数量级）	
	110106	测量平均速度	应用实验	掌握测量平均速度的方法原理、实验步骤	间接测量和直接测量

通过上述全面严谨的资源开发框架及要求，较大程度上确保了资源库的系统性和实用性，为后续正式开发资源奠定了重要的基础。

三、探索区域协同开发机制，全市参与，打造共享型教学资源平台

项目组提出并设立了"培训—评优—交流—共享"教学资源区域协同开发制度，如图2所示。

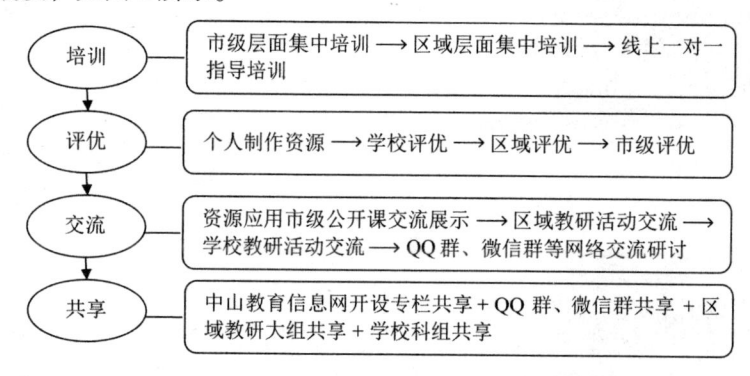

```
培训  → 市级层面集中培训 → 区域层面集中培训 → 线上一对一
              指导培训
 ↓
评优  → 个人制作资源 → 学校评优 → 区域评优 → 市级评优
 ↓
交流  → 资源应用市级公开课交流展示 → 区域教研活动交流 →
        学校教研活动交流 → QQ群、微信群等网络交流研讨
 ↓
共享  → 中山教育信息网开设专栏共享 + QQ群、微信群共享 + 区
        域教研大组共享 + 学校科组共享
```

图2 初中物理教学资源区域协同开发制度体系

依据上述初中物理教学资源区域协同开发制度体系，近年来已成功举办全市性的精品课程评优活动7次、微课评优活动5次、论文评比活动8次。基于模块化资源库的全市性公开课、观摩课30余次、开展全市性的精品课程研用结合经验交流活动每年平均超过2次，区域层面的集中培训每年平均超过10次，基于模块化资源库的全市性物理教学竞赛3次。全市初中教师参与率超90%。

历时5年建成共享型课程库和微课库，立足中山教育信息网开设专栏，成为全市物理教师共享教研平台，代表性的截图如图3所示。

图3 中山教育信息网上的初中物理模块化"精品课程库"和"微课库"代表性截图

第三节 区域共享型初中物理教学资源库建设成果概览

一、建成初中物理模块化精品课程库

参照（但不局限于）人民教育出版社的义务教育阶段物理教材的体系结构，以物理学科的知识单元为基本模块（单元模块），每个模块内含若干个完整的课时模块，课时模块由教学视频、教学设计、课件、习题（检测题）以及相关的拓展资源等元素组成。

已入库23个单元模块，共计300余个单元模块，课时模块数量则多达1000多个，覆盖了初中物理的全部内容，并且大多数知识单元均有若干个不同的单元模块相对应。

二、建成初中物理模块化微课库

科学合理地确定了190余个微课主题，每个主题开发若干个微课模块，共计开发了400多个微课模块，每个微课模块含有教学视频、教学设计、课件、习题等元素。这些微课模块之间既有相对独立性，可以单独使用，又相互关联，可以由教师根据不同情况进行组合装配，成为一节完整的课时教案。

三、编撰了《初中物理微课教学设计精选》

精选了40余篇优秀微课的教学设计，分2册印刷成书。

四、编撰了《初中物理微课开发建设论文集》

几年的开发建设中，参与开发的教师们针对各种问题撰写了大量的论文，或发表在各级各类刊物上、或获得了各种奖励，项目组精心选择其中的60篇，结集成2册印刷成书。

五、开发了微信公众号"初中物理模块化教学资源"

配套两大教学资源库，借助微信平台，开发了微信公众号"初中物理模块化教学资源"，通过公众号向更广阔的区域推广本成果。

上述各类资源的集合做到了"课程内容+区域教师"双覆盖，即覆盖初中物理全部内容，使用范围覆盖全市600多位初中物理教师。

六、探索出替代传统备课的基于区域共享的初中物理教学资源型备课策略

项目组创造性地提出基于区域共享的物理教学资源型备课策略，如图4所示。

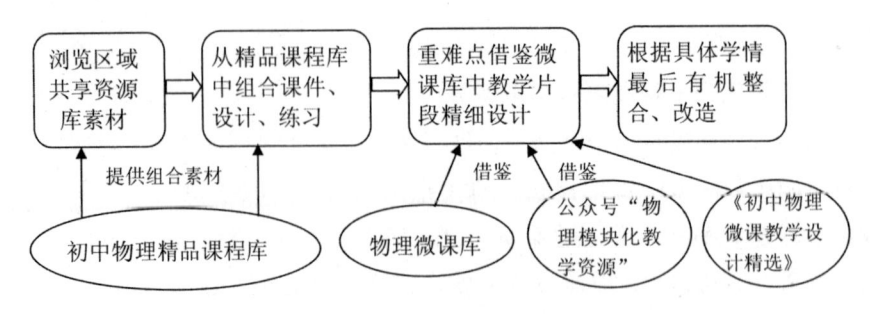

图4 基于区域共享的初中物理教学资源型备课策略

基于上述教学资源型备课策略，将教师从传统备课"搜寻素材—甄别选择—加工改造—组合装配"流程最为费时的前三个环节中解放出来，借助区域共享型教学资源库，从精品课程库中组合课件、设计、练习等教学要素，针对重点难点部分，参考资源库进行精细化的教学设计，最终再根据自己所在学校学生的学情，对各类素材和教学策略进行有机整合和改造，从而极大地节省了教师的时间精力；另一方面由于同一知识点有多种可选择的课程和微课模块作品，教师仍然可以在选择素材方面发挥各自的创造性作用，实践表明，这种"模块化"的备课模式代替传统的"自检索模式"后，极大地提高了备课效率和备课质量。

七、成果发表

围绕成果，发表论文16篇，其中核心期刊13篇，中文核心期刊《物理教学》2013年第8期以专栏形式介绍本成果。

第四节 区域共享型初中物理教学资源库的辐射与影响

近年的初中物理模块化教学资源库经过开发建设与推广应用，取得了较广泛的影响力。

第一，有效促进了区域内初中物理教师的专业发展，涌现出一大批优秀骨干教师。

无论是开发教学资源库，还是研讨改进教学资源，抑或是推广应用资源库开展资源型备课的系列教研活动，实践表明，全市参与率都超过

90%，并且所有参与的教师都非常投入，这也反过来促进了教师们的专业发展，涌现出一大批优秀骨干。例如，在整个中山市初中物理教师中已培养出省特级教师 1 人、正高级教师 1 人、省市名教师 2 人、市学科带头人 2 人、市骨干教师 10 多人、南粤优秀教师 4 人、中山市优秀教师 30 多人，全市初中物理教师中具有高级职称的教师所占百分比由 18%上升至 30%。

又如，本成果开发应用以来，我市青年教师积极参加全国、全省、全市的教学比赛，有 4 人获得全国一等奖、1 人获全国二等奖、3 人获得省一等奖，有 4 批共 42 人获得市教学竞赛一等奖、80 余人获得市教学竞赛二等奖。

再如，近年来，我市物理教师主持的省市级教科研课题有 30 余项，参与科研课题研究的物理教师 300 多人。近年来，据不完全统计，我市初中物理教师有 50 多人应邀在市内外、省内外开设讲座报告 150 余场。

此外，初中物理教师论文写作水平也在教研培训中得以提高，近年来，仅课题组成员发表的论文就有 26 篇，全市物理教师发表和获奖的论文 250 多篇，专著、教辅书籍 10 余种。

第二，显著提高了全市初中物理教师备课质量和效率，推动了全市物理学科成绩在全省名列前茅。基于区域共享的初中物理模块化教学资源库的建设与应用，以及资源型备课策略的提出和推广，显著提高了全市初中物理教师备课的质量和效率，最终落实到学生身上，促进了学生学科成绩的有效提升。

例如，近五年来，全市中考物理成绩逐年提高，在使用全省统一试卷的 16 个地级市中，我市物理中考平均分名列第 2 位，为我市高考物理成绩在全省名列前茅奠定了基础。在 2018 年国家基础教育质量督查中，我市物理学科成绩在全省名列前茅，成为中山市的优势科目。

第三，有效促进了区域学校初中物理教研组的建设，省级优秀教研组数量全省排名第一。

初中物理模块化教学资源库的共建与推广使用过程，也正是区域学校物理教研组建设发展的过程，同时由于整合了全市的智慧，因而对所有科组成员都有良好的促进作用。

在此影响下，我市已有纪念中学、中山一中、华南师大中山附中、小榄华侨中学、小榄一中、开发区一中、启发中学 7 所学校的初中物理教研组被评定为"广东省优秀物理示范性教研组"，数量居全省各地级市第一。

第五章

资源型备课支持下的初中物理创造型教学案例

作为前述研究成果的应用，本章针对初中物理的具体内容开发了25个创造型教学设计案例。这些教学设计案例的创新点是什么呢？我们先说明一下解释型教学模式和创造型教学模式的含义。

一、解释型教学

教师以讲授、演示、实验等手段进行讲授解释，使学生理解物理概念、掌握物理规律和思想方法、认识实验器材装置、应用物理知识的教学过程。

例如，教师通过展示实物、演示等手段详细解释滑动变阻器的原理、结构、功能、连线方法、使用注意事项等，可以达到学生熟练使用滑动变阻器的目的。

又如，教师通过演示电路连接向学生详细解释什么是串联电路和并联电路，讲解串、并联电路的定义、特征等。

也许有人会产生疑问，课堂上学生做了分组实验还是解释型教学吗？不是进行了实验探究吗？并非所有的学生分组实验都具有探究功能，那种在教师的指导下机械地按照教师、书本给定的步骤进行实验操作的情况依然只是"灌输"，属于解释型教学，对培养创造性思维能力毫无积极意义，甚至起了阻碍作用。

解释型教学模式下，以教师为中心，向学生讲授"是什么""为什么""做什么"。教师是主动方，学生是被动接受的一方。

解释型教学尽管在效果上可以使学生获得知识，但本质上属于灌输式教学。这种教学模式下的学生，不能主动建构物理知识，不能创造性地学习，不具备创新思维能力，难以养成良好的学习行为习惯。

二、创造型教学

设置真实的问题情境，引导学生通过经历解决实际问题，从而构建物理概念、总结发现物理规律、掌握物理思想方法、设计制作物理器材装置等。

例如，教师提供器材（包含诸如长直电阻丝、铅笔芯等"可变电阻元件"），设置问题"利用所提供的器材，改变小灯泡的亮度"，引导学生利用"导体电阻和长度成正比"这一原理设计制作变阻器，通过解决"长直导线变螺旋曲线""如何合理有效设置接线端""如何方便地改变长度—滑动头设计"等一系列问题，最终使得学生对滑动变阻器有一个全面准确的认识。

又如，创造型教学模式下的串、并联电路教学，教师不是直接让学生理解串、并联电路的定义，而是先提供器材，设置问题"利用所提供的器材连接电路，让两只小灯泡发光"，引导学生分析比较各小组所连接电路的异同，总结其特征，最后能够归纳出"全班所连接的电路，形式上看起来五花八门，形状各异，但实际上可以分成两类"的结论，让学生在有实践体验和感性认识后，再根据特征给这两类电路命名。

问题驱动、思维引领、实践探究、情境设置是创造型教学的基本特点，注重让学生经历从基本原理出发解决实际问题的过程，培养学生的实践意识、应用意识，激发深度思维，促使学生体会从原理到应用、从理论到实践、从科学到技术的过程中展现的思想方法和情感价值。

本章开发的24个教学设计，其创新之处便是将解释型教学改造为创造型教学。每一个教学设计中，均先针对解释型教学实例的弊端进行分析，探讨将解释型教学转变为创造型教学的策略方法，并在此基础上，给出了完整规范、体现创造性要求的物理教学设计。

第一节　初中物理力学创新教学设计案例

一、声音的产生与传播

（一）传统教学中常见问题分析

声现象是自然界中最普遍的现象之一，也是日常生活中最为人熟悉的现象。从最熟悉的生活现象开始学习物理，有助于降低初中物理学习的台阶，激发学生的兴趣和信心，为后续的物理学习奠定基础。

关于声音的产生与传播，常规的课堂教学过程如下：

1. 教师课堂引入：用多媒体展示一组我们周围声音的视频或图片：古筝演奏、海浪声、鸟鸣声等。声音对我们来说再熟悉不过了，但你知道声音是怎样产生的，又是如何被我们听到的吗？

2. 教师演示：利用准备的器材进行实验，让它们发出声音，并提醒学生找出它们的共同特征。

3. 教师分析：人的发声（声带振动），笛子、唢呐、二胡、锣鼓、小提琴等乐器的发声。

4. 教师提问：人们听到声音时往往距发声的物体有一定的距离，那么声音是怎样从发声的物体传播到远处的呢？

5. 教师演示：把正在响铃的闹钟放在玻璃罩内，逐渐抽出其中的空气，提醒学生注意听声音的变化。再让空气逐渐进入玻璃罩，提醒学生注意听声音的变化。

6. 教师分析：当玻璃罩内没有空气，无法听到声音，也说明声音可以在空气中传播。根据生活常见现象：岸上的脚步声吓走了鱼、隔墙有耳等事例说明声音也可以在液体、固体中传播。进一步总结得出声音的传播需要介质。

7. 教师说明：结合书本的图片，说明声音在空气中以波的形式传播。

8. 教师提问：声音在不同的介质中传播的速度是多少呢？

9. 教师说明：说明声音在空气中的传播速度，并总结声音在固体、液体和气体等介质中传播速度的快慢比较。

……

上述课堂教学以教材为出发点，基本上是"教师语言引导→实验演示（事例分析）→总结规律"的知识传授模式，表面看有知识引导、有实验演示、有思维推理、有归纳总结等学习环节，且重难点突出，但这样的课堂教学仍属于教师讲解、学生记忆的解释型教学模式。这种模式下，学生没有主动发现问题、主动探寻解决问题的方法，随着物理学习的推进，学生习惯于接受教师的各种安排，对物理学科的学习兴趣不断下降，学习动机逐渐减弱。

八年级学生刚接触物理，激发学生的学习兴趣，让学生成为学习的主人，让他们通过自己的思考和探究去解决感兴趣的问题，在探究中体验成功的乐趣，才是教学成功的关键，也是物理教学的重要任务。

"声音的产生和传播"宜设计成"实践探究型课"。教师在教学活动中，应相信学生的思维能力，相信学生的集体智慧，决不能将教师思考的结果强加给学生，剥夺学生动脑的权利。应注重培养学生"发现问题、提出问题与动手解决问题"的能力。

（二）创新教学设计

1. 教学目标分析

声音是人们交流信息的重要渠道，是日常生活中经常接触到的物理现象，该单元学习的是一些与学生的生活和学习关系密切的声学初步知识。这部分内容在整个初中物理中虽不是重点，但对于培养学生的问题意识、信息意识、研究意识、创新意识和合作意识以及科学探究精神都有积极的、不可替代的作用。本节声音的产生与传播，从知识和技能上应该掌握声音是如何产生的、声音的传播需要介质和声音的快慢三个问题。为了体现"物理是生活中的物理"和"物理现象就在我们身边"的课程理念，教材中设计了一些探究实验。

八年级学生正处于发育成长阶段，活泼好动，善于质疑是他们最大的优点，对新的物理知识有极强的求知欲，期望动手实验，企盼获得成功的欢乐。学习本课前，学生对日常生活中的声音有一定的感性认识，但是这种认识具有一定的肤浅性、片面性，没有上升到理性认识，还不能构成科学的知识体系。

另外，创设情景，通过让学生倾听、"制造"各种声音，把学生引入声的世界，从产生兴趣到提出问题，激发学生的学习兴趣。培养学生的问题意识，使学生善于发现和提出问题。接着围绕声音的产生和传播，设计几个学生活动。通过开展探究和讨论，让学生在产生声音的过程和较多的现象中归纳出结论。通过讨论生活中有趣的发声现象，比如，动物的交流方式等，深化对"声音是由物体振动产生的"的理解。对于声音的传播，通过学生讨论生活事例、设计在固体和液体中传声的小实验，让学生在实践活动中体会声音的传播需要介质。教师通过真空罩实验演示声音在真空中不能传播。教学中注重让学生经历从自然到物理、从生活到物理的认知过程，从而激发学生的求知欲望，发掘学生分析问题解决问题的灵感，培养学生分析方法的多样性，提高学生解决问题的能力。

2. 教学策略选择与设计

声音的产生和声音的传播需要介质是本节教学的两个中心环节，教学中采用教师演示实验、质疑、引导学生分组实验探究等实验探究的方法，启发引导学生认识声音是由物体的振动产生的，气体、固体、液体都能传声，而真空不能传声。俗话说"真理越辩越明"，对于声速、回声的知识，采用先提出问题，学生分组讨论，得出初步的猜想或者判断，设立悬念、激疑，在学生中营造各持己见、百家争鸣的讨论氛围；然后以"信息平台""信息快递"等板块形式向学生提供相关的知识信息，再让学生分组讨论提出的问题，学生结合提供的信息进行讨论交流，肯定或者否定了自己原来的想法；最后再选出代表发言在全班交流，在教师的引导下总结归纳出问题的正确答案。这样既加深了学生对于这些问题、观点的认识，又通过这些观点的形成过程，锻炼学生的思维素养和合作交流的科学精神。因此本节教法设计为实验探究法、质疑诱导法、自学讨论法相结合，组织学生获取和掌握相关知识，同时培养学生的实践能力和创新意识。

3. 教学重难点处理

声音的传播是本节课的一个重点内容，教材安排了探究活动，在进行探究时，可以向学生介绍探究物理问题所经历的过程，即提出问题→猜想与假设→实验检验→得出结论，然后让学生沿着这个思路开展探究活动。让学生在猜想、讨论的基础上，多参与一些探究活动，尽可能地发挥学生的主动性。在获取知识的同时，也激发起学生学习物理知识的兴趣，初步培养学生动手实验、观察比较、归纳总结的能力和探究意识、创新意识。

（三）声音的产生与传播创造型教学设计

【教学目标】

鉴于对教材的分析和课程标准的要求，结合学生的认知水平，确定了以下教学目标：

1. 结合身边的声现象，了解声音是由物体的振动产生的，声音的传播需要介质。

2. 通过探究"声音是如何产生的、如何传播的"的实验，锻炼学生初步研究问题的能力，培养运用物理知识解决实际问题的能力。

3. 结合本课的学习，进一步激发学生学习物理的兴趣，培养学生合作探究的精神，认识到物理知识在实际生活中的广泛应用。

【教学重点】

本节课的重点是声音产生的原理和声音的传播需要介质。对于声音的传播需要介质，学生联系生活会有一些肤浅的认识，而对于声音在不同的介质中传播速度不同，学生可能知之甚少。所以实验探究声音的传播条件和不同介质中声速不同是本节的一个关键。

【教学难点】

本节课的难点是引导学生观察、探究声音传播的条件以及解释生活中的声传播现象。所以本节课堂组织教学的过程应突出体现本节课的教学重点和难点，最终实现本节教学的核心目标。

【教学器材】

多媒体课件、橡皮筋、钢尺、音叉、乒乓球、口琴、气球、闹钟、接有抽气机的玻璃罩等。

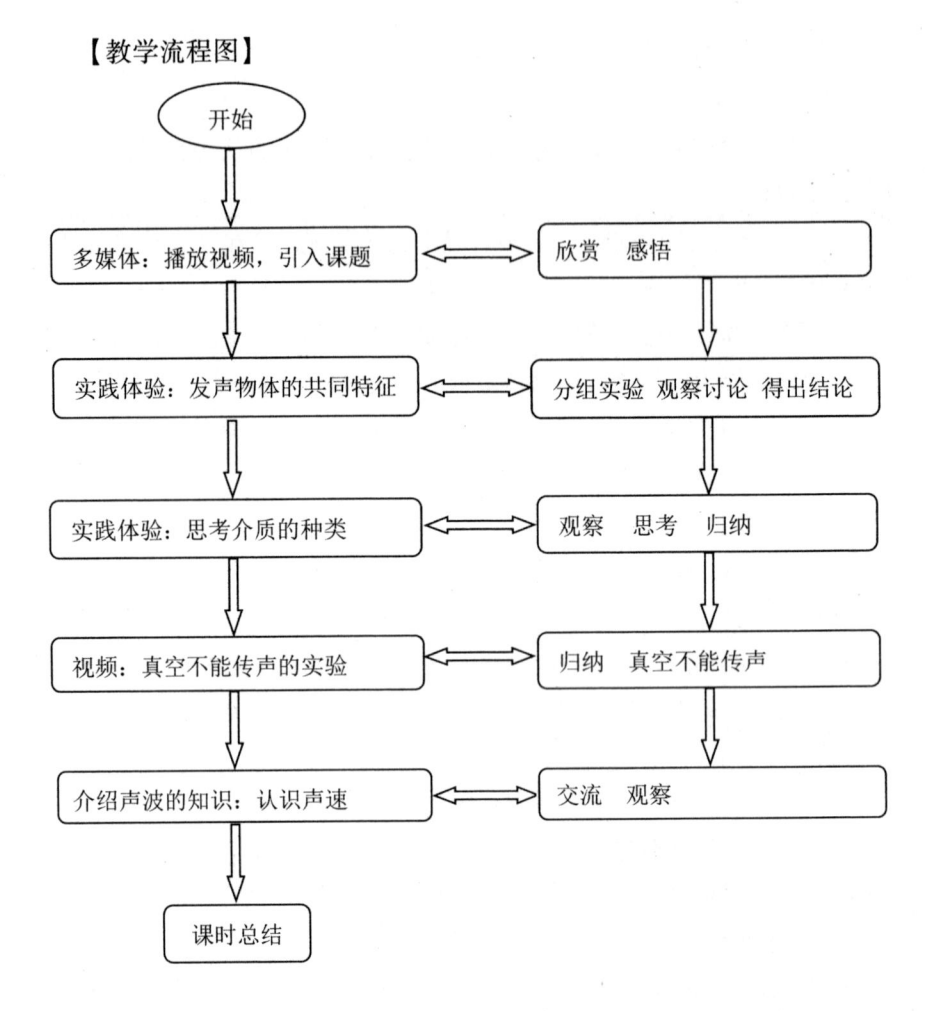

【教学流程图】

```
                        开始
                          ↓
         多媒体：播放视频，引入课题  ⇄  欣赏 感悟
                          ↓
         实践体验：发声物体的共同特征  ⇄  分组实验 观察讨论 得出结论
                          ↓
         实践体验：思考介质的种类    ⇄  观察 思考 归纳
                          ↓
         视频：真空不能传声的实验    ⇄  归纳 真空不能传声
                          ↓
         介绍声波的知识：认识声速    ⇄  交流 观察
                          ↓
                       课时总结
```

【教学过程】

教学环节	教师活动	学生活动	说明
导入新课	媒体播放：优美的歌声、琴声、锣鼓声、神奇的超声波等。 引导提问：声音是怎样产生的呢？为什么会有各种各样、千差万别的声音呢？ 导入课题：我们听到的如此优美的乐曲及大千世界里如此丰富多彩的声音是怎样产生的，又是怎样传播的呢？我们今天就来学习《声音的发生和传播》	欣赏，思考	从学生熟悉的实例入手，引出物理问题，体现从生活到物理的课程理念。激起学生学习的兴趣

90

续表

教学环节	教师活动	学生活动	说明
新课教学	一、声音的产生 利用准备的器材进行实验：音叉、薄纸片或乒乓球、橡皮筋、梳子、刻度尺、水盆等，让它们发出声音，并探究物体发声时的共同特征。 方案1：让学生用橡皮筋做实验。两人一组，一人将橡皮筋拉长拉紧，另一人用手拨动橡皮筋，观察橡皮筋。 (1) 能听到声音吗？此时橡皮筋处于什么状态？ (2) 当橡皮筋停止振动的时候，还能听到声音吗？ 方案2：让学生用刻度尺做一个简单的实验。使刻度尺的三分之二伸出桌面，一只手将其另三分之一紧压在桌边上，另一只手拨动伸出端，观察尺子在发声时的现象，并用语言描述现象。 (1) 能听到声音吗？此时尺子处于什么状态？ (2) 当尺子停止振动的时候，还能听到声音吗？ 方案3：先将纸屑或泡沫塑料颗粒放在不发声的鼓面上，纸屑或泡沫塑料颗粒静止在鼓面上。然后敲击鼓面，纸屑或泡沫塑料颗粒在鼓面上跳动；鼓面停止发声，纸屑或泡沫塑料颗粒停止跳动。 方案4：将悬吊着的乒乓球接触不发声的音叉，球并不跳动；将音叉敲响，再使球接触音叉，球跳动。 通过实验对比，思考问题：橡皮筋、尺子、纸屑、泡沫塑料颗粒在什么情况下跳动，在什么情况下停止跳动？ 归纳总结得到结论：声音是由物体的振动产生的，振动停止，物体就停止发声。 交流探究：物体的发声现象真是太多了，你能解释物体的发声原理吗？ (1) 用手摸着喉头发出声音，这时手有怎样的感觉？人是怎样发声的？ (2) 击打音叉，使发声音叉的尖端接触面颊，你有什么感觉？把发声音叉的尖端触及水面，仔细观察会发现水面有什么变化？ (3) 弹拨吉他的一根琴弦后，立即把你的手轻放在琴弦上，手有怎样的感觉？乐器是怎样发声的？	观察到什么实验现象，得出物体发声时的共同特征是什么？ 让学生通过观察认识到：橡皮筋在振动时才发出声音。 学生观察到的现象是：橡皮筋、尺子振动时，能发出声音；橡皮筋、尺子不振动时，不能发出声音。 面颊有发麻的感觉，振动的音叉接触水面会激起水花，形成水波。 弦乐器是通过弦的振动发声的	对于橡皮筋、尺子的振动，学生能直接看见，它们发出的声音学生能直接听见，在此处让学生自己实验，观察和体验有利于学生理解振动的概念，建立声音和振动之间的联系。 学生虽然没有直接看到鼓面、音叉的振动，但可以从纸屑或泡沫塑料颗粒和球是否被弹起判断发声的鼓面、音叉是否在振动。通过亲身体验，增强"声音是由物体的振动产生的"意识

续表

教学环节	教师活动	学生活动	说明
新课教学	二、声音的传播 思考：花样游泳运动员，当她们的耳朵在水中时还要靠音乐的节奏，才能使自己的动作和其他队员保持协调一致，声音是如何传到耳朵的？宇航员在太空中近在咫尺为什么还要靠无线电波而不直接交谈呢？ 提示：声音是怎样从发声体传播到远处人的耳朵里的，是否需要什么媒介？有物体在振动我们就一定可以听到声音吗？太空比地球表面缺少了什么？ 可以将学生分成几个小组，分别探究固体、液体、气体能否传声。 实验1：气体传声实验（演示） 我们可以听到身边同学的讲话，可以听到美妙动听的音乐，打雷时我们和雷电没有接触，但我们却能听到隆隆雷声。说明此声音是由空气传播。进一步猜想：如果连空气都没有呢？声音能不能传播呢？ 把正在发声的电铃放在玻璃罩内，电铃和罩的底座之间垫上柔软的泡沫塑料。逐渐抽出罩内的空气，你听到的电铃声音会有什么变化？再让空气逐渐进入罩内，电铃声音又怎样变化？电铃和罩的底座之间为什么要垫上柔软的泡沫塑料？ 现象一：抽出部分空气后，听到电铃的声音明显变小； 现象二：当空气全部抽出后，听不到电铃的声音； 现象三：当空气逐渐进入罩内，听到电铃声逐渐变大。 结论：声音传播需要介质。声音不能在真空中传播。 声音在空气中如何传播呢？ 多媒体演示水波的运动。水滴使水面振动，发出声音，以水波的形式传播。 音叉振动时，附近空气随音叉振动，形成一系列疏密相间的形状向四周传播，这就是声波。 结论：声以波的形式传播着，我们把它叫作声波	学生思考。 学生观察、聆听。 学生观看，并试着说出	为探究声音的传播需要介质做好铺垫。 通过对比让学生了解玻璃罩里空气的多少影响声音的传播。 与水波类比，有利于学生理解声波概念

续表

教学环节	教师活动	学生活动	说明
新课教学	实验2：液体传声实验 将能发声的物体（如音乐卡、手机、闹铃等）放在密封的塑料袋中，塑料袋浸没在水里后，仍能听到发声体发出的声音，说明液体能够传声。 也可以在水槽里装水，然后在水里敲打石头，耳朵贴在容器壁上听。 结论：声音可以在液体中传播。 实验3：固体传声实验 （1）两个学生合作，同学甲在长条桌的一端用铅笔在白纸上用力均匀地写字，同时同学乙在桌子的另一端把耳朵贴在桌面上听。 （2）同学乙将耳朵离开桌面（注意调整耳朵与笔的距离，保证与上次实验时耳朵与笔的距离相同），同学甲在相同的条件下继续写字，与上次实验进行比较，有什么不同？说明了什么？ 师生归纳总结，得出结论： (1) 声音传播需要物质，声音不能在真空中传播，传播声音的物质可以是固体、液体、气体。 (2) 物理学中把能传播声音的物质叫介质	学生进行实验。 两次听到的声音不同，一次是通过桌面传来的，一次是通过空气传来的，这说明固体可以传声	在实验的基础上总结得出的结论，学生易于接受
新课教学	三、声速 发生雷电时，总是先看到闪电，后听到雷声；田径比赛时，远处的人先看到发令枪的烟雾，后听到发令枪的声音。这些现象说明声音的传播需要时间。 我们把声音在每秒传播的距离叫声速。 声音在固体、液体、气体中传播的速度是否一样快？学生阅读一些介质中的声速表。熟悉声音在空气、水、钢铁中的传播速度。 小结： (1) 声音在不同介质中的传播速度一般不同。 (2) 声速与介质的温度有关。15℃时的空气中的声速为340 m/s。 (3) 声音在固体中的传播速度最快，其次是在液体中，在气体中传播的速度最慢	学生阅读、思考并回答	培养阅读和获取信息的能力

续表

教学环节	教师活动	学生活动	说明
课堂小结	通过这节课你学到了什么？学生回答或与同学们进行交流，老师做好总结	梳理本节课知识内容，把自己所学到的知识与老师同学交流，最后总结出本节课的知识结构图	培养学生总结归纳的能力。同时也可以帮助学生记忆

【板书设计】

第一章　声现象

第一节　声音的产生与传播

1. 声音是怎么产生的？

（1）实验

（2）结论：声音是由物体振动产生的

2. 声音是怎样传播的？

（1）实验

（2）结论：声音靠介质传播，真空不能传声

3. 声波与声速

15 ℃空气中的声速是 340 m/s。

二、重力

（一）重力教学中常见问题分析

重力的教学，通常被界定为概念教学，以下是常见的教学程序之一。

1. 视频引入：观看一段物体自由下落的视频，提出问题：为什么物体运动状态改变？

2. 教师演示实验：演示小球等物体自由下落。

3. 教师给出重力概念以及重力产生的原因，介绍重力符号、单位。

4. 复习力的三要素，对照力学的三要素逐一研究。

5. 教师提问："重力也有大小，用什么工具测量重力大小呢？它与质

量有什么关系呢?"

6. 教师演示：用天平和弹簧测力计分别测量质量和重力，记录数据并绘制图像。

7. 教师分析数据和图像得出物体受到的重力大小跟它的质量成正比的关系。

8. 给出重力公式 G=mg，讲解各个物理量的含义然后运用该公式进行计算，强化训练。

9. 直接给出重力方向和重心的概念，做几道练习巩固。

10. 大量的习题训练：重力的计算以及重力方向的判断。

……

上述教学过程，对于学生的学科核心素养的培养有什么影响呢？

这可能是大部分老师经常采取的教学方式，是典型的解释型教学。表面上有图片或者视频进行课堂教学引入、有实验、讲练结合，但给人的感觉就是教师是课堂的主角，学生只是被动接受，从头到尾学生都是被老师牵着鼻子走，没有突出培养学生独立的科学思维能力。

第一，虽然学生已经学习了力的三要素，但重力作为一种非接触力，对初始接触力学的初中学生而言，理解起来还是很抽象，教师直接给出重力的来源以及重力的概念，难免让学生有种生搬硬套的感觉。

第二，传统的教学模式一般是为了节省时间，多训练重力公式的运算，教学只做演示实验甚至不做实验，学生基本没有动手的机会，学生对重力的理解缺乏真实的体验，不利于重力概念的建构和理解。

第三，传统的教学模式中教师直接给重力三要素"下定义"，不符合初中这个年龄阶段学生的认知规律，对初中学生而言，亲身体验的积累，才能帮助学生搭建由现象到本质的桥梁，这样才有助于抽象概念的建立。

从"三维目标"的角度分析，传统的教学模式从教学理念到教学的实施过程都一直停留在传授知识的层面，教学目标也停留在"使学生掌握重力的计算和作图"，没有让学生亲身观察身边的物理现象，培养学生科学思维，更没有任何情感、态度和价值观的培养。

从学科核心素养目标的角度分析，传统的教学模式是直接给出重力的概念，没有通过概念的学习体现科学思维、科学探究等素养的培养。教师只是通过讲解将"重力"的概念直接硬塞给学生，没有让学生经历物理概念从生活现象到本质的思维过程，没有引导学生认识引入物理概念的必要性，没有引导学生体会概念建立的过程，没有让学生经历实验操作体验科学探究的步骤和乐趣。

学生并没有真正地建立起重力的概念，他们对于重力的理解很大程度来自老师直接下的文字定义以及老师的口头解释，以致对重力的理解会存在偏差，对于日后深入学习其他类型的力容易出现混淆和误判。

概念教学不应只停留在对概念进行口头解释，应创设源于生活的真实情境，探索创造型教学模式，积极引导学生亲历实验过程，让学生通过动手体验直观地感受重力在生活中的应用，并结合自身经验逐步抽象出重力这个物理概念，让概念的形成过程是自内而外的、从现象到本质的，而不是教师硬塞给学生一个陌生的苍白的名词。

（二）创新教学设计

1. 重力教学中的核心素养目标分析

重力在力学的学习中具有基础性的地位。通过这部分内容的教学可以培养物理学科的哪些素养呢？

物理观念：

（1）了解重力产生的原因，重力是基础性的核心概念，准确深刻地理解其内涵；

（2）知道重力的方向和重心的概念；

（3）知道重力的大小与质量成正比，并能用公式 $G = mg$ 计算有关问题。

科学思维：

（1）通过观察和实验，感知重力的存在，培养观察思考、分析问题的能力；

（2）通过探究重力和质量的关系，分析实验数据，学习信息处理方法。

科学探究：

（1）经过重力大小与质量的关系探究，能对实验过程进行合理的分析和评估；

（2）由实验感知重力的方向并能运用结论对实际问题做出分析，培养学生分析、概括和运用物理知识解释简单生活现象的能力；

（3）设计家庭实验探究活动。利用身边的物品器材，让学生自主动手实验并以视频方式上交作品，并对自己和他人实验视频进行比较鉴别，这些过程便已包含了操作、证据、解释、交流等各个要素的训练提升。

科学态度与责任：

（1）通过课堂上的观察分析活动，学生养成善于观察思考的良好习惯和提高辩证地分析物理知识的意识；

（2）通过了解生活实际中物理知识的应用，增强学习物理、学习科学知识的兴趣；

（3）培养学生交流意识、团队协作精神以及实事求是的科学态度和勇于创新精神。

2. 教学重难点分析

（1）教学重点：重力概念的建立以及探究重力与质量的关系。

（2）教学难点：对重力方向的理解。

3. 教学模式和方法的改进

本节内容是学生建立了力的概念后进一步学习的第二种力。为丰富学生的实践体验，在原有演示实验的基础上增加学生课堂实验、物理游戏以及家庭实验等环节，让学生用日常生活、学习用品做实验，感受到科学的真实性，感受到物理就在身边、科学就在眼前，激发学生学好物理的兴趣和愿望。在探究实验中放手让学生自主探究：猜想、操作、记录、分析论证、交流评估，让学生成为课堂的主角，并注意加强对学习方法的指导。从根本上改变学生的学习行为，实现培养学生物理学科核心素养的目标。

本教学设计的创新点有：课堂实验的设计和选择，生活化和情景化，学生身边的物品是教学中很有价值的资源。杜威指出"学生应该从生活中学习，源于生活的学习可以无处不在"。因此实验教学各个环节的设计要从学生生活体验出发，创设学生所熟知的生活化问题情境，激活学生原有知识、观念及认知经验，激发学生的学习兴趣。在本节课中，可以设计"立扫把""斜立易拉罐"等生活中常见的情景让学生感受重力的方向、重心等抽象的物理概念，并获得更加直观切身的体验，有助于拉近学生与物理规律的距离。

另外，可以大量利用身边的物品，自制实验装置，开展物理趣味小实验，使学生体会学习物理的乐趣和神奇，感受到物理就在我们身边。用家庭中的物品进行小实验，取材方便，制作简单，现象明显，具有良好的推广性，人人可以做实验，并且可重复实验，学生们可以充分展示自己的个性。

还可以要求学生对实验依据的物理原理进行讲解，每个人都可以表达自己的观点，引导学生探索如何才能说得清楚、说得正确，这对学生逻辑思维能力和表达能力的提高大有裨益。

总之，无论是演示实验还是学生自主实验都注重学生的"科学思维"训练，在整个实验教学过程中都渗透"物理观念""科学态度与责任"的教育，使学生感受从理论到实践、从科学到技术的过程中展现的物理学科魅力。

（三）重力的创造型教学设计

下面以人民教育出版社初中八年级教科书第七章第三节为基础进行讨论。根据上述分析，该节内容可安排 1 课时，将概念课转设为实验探究课，教学目标、教学重难点、教学过程等如下。

【教学目标】

1. 理解掌握重力的概念。

2. 用日常生活、学习用品做实验，激发学生学习物理的兴趣和愿望。

3. 通过学生自主探究，培养问题、猜想、操作、记录、分析论证、交流评估等科学探究和科学思维素养。

4. 通过实践探究等促使学生乐于思考、勤于实践，培养克服困难的信心和决心。

【教学重点】

通过创设情境和自主探究，学生深入了解重力的概念，并提炼归纳出重力的本质特征。

【教学难点】

引导学生自主对实验现象进行分析综合、推理、论证，从而建立重力的概念，理解重力与质量的关系和区别。

【教学器材】

实验仪器：扫把、重物、细绳、铅笔、叉子、钩码、弹簧测力计。

多媒体：PPT 课件、图片、视频资源。

【教学流程图】

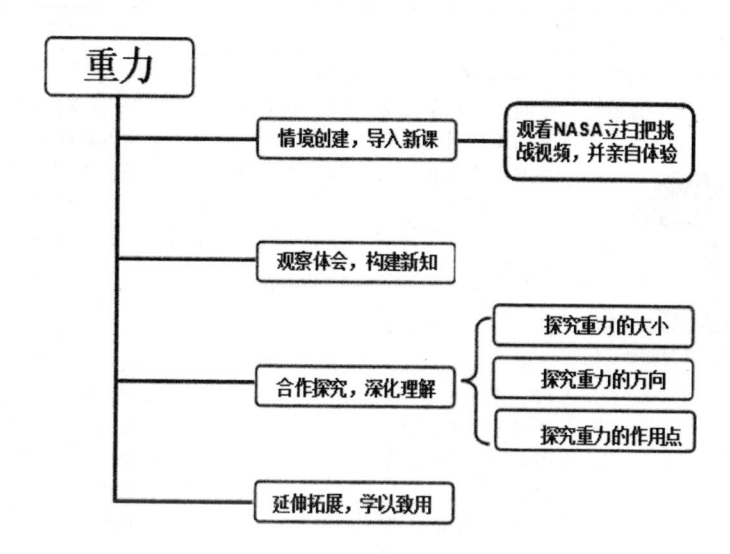

```
重力
 ├── 情境创建，导入新课 ──→ 观看NASA立扫把挑战视频，并亲自体验
 ├── 观察体会，构建新知
 ├── 合作探究，深化理解 ──┬── 探究重力的大小
 │                      ├── 探究重力的方向
 │                      └── 探究重力的作用点
 └── 延伸拓展，学以致用
```

【教学过程】

教学环节		教师	学生	说明
趣味导入 引出课题	[课前任务] 《地心引力》电影 [趣味实验演示] NASA立扫把挑战	提前在粤教翔云上传电影《地心引力》视频，并发布讨论，谈你对gravity的看法。 [讨论] 什么是地心引力，如果没有地心引力会出现什么现象？ [设置情景] 网传"NASA称因地球重力角度特殊仅2月10日可使扫帚独自竖立"引发全网发起"NASA立扫把挑战"，扫把能够立起来是否与重力有关呢？	[讨论] 地心引力就是重力。没有地心引力东西就不会往下掉，会往天上飞。 [回答]有关。 [体验] 立扫把挑战	1. 物理观念 知道重力概念的形成，了解重力产生的原因。 2. 科学思维和科学探究 采用风靡朋友圈的立扫把实验，吸引学生的注意力，引发学生的好奇心，让学生体会到原来物理就存在于每天的生活当中，培养学生的动手操作能力，感受物理与生活的紧密联系

99

续表

教学环节		教师	学生	说明
趣味导入 引出课题	实验器材：扫把 [温故引新，提出问题] 牛顿被苹果砸中	[故事分享] 传闻，坐在苹果树下的牛顿爵士被掉落的苹果砸中，提出一个问题：为什么苹果是往地上掉而不是往天上飞呢？ [思考提问] （1）苹果为什么往下掉？ （2）大家思考一下哪里的东西掉落后不是往下掉落的，为什么？ [播放《地心引力》视频片段，引出概念] 重力：由于地球的吸引而使物体受到的力。 电影的英文名称是 gravity，因此，重力通常用字母 G 表示	[回答] （1）苹果往下掉是因为重力。 （2）太空里的东西掉落后不是往下掉的，电影里就是这样的	3. 科学态度与责任 "生活即教育"，培养学生对科学应有的正确态度以及责任感，培养其判断力及探索精神，通过耳熟能详的故事拉近学生与物理的距离。 将电影和旧故事联系起来，观看过视频，学生在脑海中有一个形象认识，加深印象，使重力概念的建立具象化，而不是空洞的
实验探究 得出结论	大量的生活经验告诉我们，质量不同的物体所受的重力不同，举起他们的感受也不同。 质量 m/kg 重力 G/N	[观看视频，提出问题] 我们如何找出地球附近的物体所受的重力跟它的质量之间的关系？	[实验探究，得出结论] 物体受到的重力大小跟它的质量成正比	1. 实验探究 增强学生的动手能力、分析能力、数据处理能力。 2. 科学态度与责任 尊重客观数据，实事求是

续表

教学环节		教师	学生	说明
实验探究 得出结论	[创设情境，提出问题] 悬挂的小球 [设计实验，验证猜想] 悬挂的重物 实验器材：纸盒、铅笔、细线、纸团。 实验现象：细线在竖直方向上被拉紧	[提出问题] 被绳子悬挂的小球固定在水平面静止时如（a）所示，如（b）所示，若与水平面成一定角度时绳子的方向正确吗？ [思考提问] 如果不正确，你认为正确的应该是怎样的？ [实验操作] 如图悬挂的重物所示，观察绳子的方向，剪断绳子，观察物体下落的情况。利用身边的各种物品，任意抛出，观察物体自由下落时候的方向。 [得出结论] 物体下落是因为受到重力的作用，这个下落的方向是竖直向下的，即重力的方向是竖直向下的	[回答] 正确。好像不怎么正确…… [猜想] 正确的应该是像（a）一样的，绳子应该是竖直的。 [学生家庭实验] 悬挂的橡皮擦 观察悬挂物体的线自然状态时的方向。 橘子的下落 [回答] 物体抛出后最终均沿竖直方向下落。所以，重力的方向是竖直向下的	1. 物理观念 知道重力的方向和重心的概念及铅垂线的应用。 2. 科学思维和科学探究 为学生创设实验情境，提出问题，引发思考。设计易于用身边物品进行验证的实验，增加学生动手的机会，培养学生的观察能力和学习迁移能力。 3. 科学态度与责任 强调以实践（实验）为基础的猜想，而不盲目臆想

续表

教学环节	教师	学生	说明
学以致用 加深理解	[铅垂线的原理] 铅垂线测量比萨斜塔 实验器材：硬质纸片、细线	[视频解说] 建筑工人在砌墙时经常利用铅垂线来确定竖直的方向，以此来检查所砌的墙壁是否竖直。它的原理是利用重力的方向是竖直向下的。 [实验操作] 利用细线和纸片制作的铅垂线检验比萨斜塔的倾斜程度	[学生家庭实验] 铅垂线测量墙壁、书本是否竖直 利用铅垂线检查墙壁是否竖直；利用铅垂线检查书本是否摆整齐	1. 物理观念 知道重力的方向及铅垂线的应用。 2. 科学思维和科学探究 让学生使用铅垂线检查墙壁。通过实践活动，可以培养学生运用知识解决实际问题的能力和习惯
趣味实验 引出概念	笔尖立叉子 实验器材：露出笔尖的铅笔、吃蛋糕用的叉子	[观看视频，提出问题] 为什么叉子可以立在笔尖上？如何操作可以更快速地使叉子稳定地立起来？ [视频讲解，引出概念] 地球吸引物体的每一个部分，产生的效果就好像作用在某一点上，这个点被称为物体的重心。叉子可以立在笔尖的这个点就是重心所在的位置，重力的作用点即为重心。 [思考提问] 如何寻找重心呢？	[回答] 哪边重了就往轻的那端移动一点。 [学生家庭实验] 装了一定量水的易拉罐稳定地立在桌面上	1. 物理观念 知道重力的方向和重心的概念及应用。 2. 科学思维和科学探究 鼓励学生利用身边的物体进行尝试，提出问题，引发学生思考，培养学生动手能力以及透过物理现象找规律的能力。 3. 科学态度与责任 趣味实验展示，激发学生探索的兴趣和热情

续表

教学环节	教师	学生	说明
学以致用 加深理解 悬挂法找重心 实验器材：硬质纸片、细绳。 实验结论：两次悬挂的交点即为物体的重心	[视频解说] 以形状不规则的薄板为例，在物体上找一点用绳子悬挂起来，物体稳定后，画出绳子所在的直线。另外再找一点悬挂，画出绳子所在的直线，两次直线的交点即为不规则薄板的重心。悬挂法也利用了重力的方向是竖直向下的这一特点	[学生家庭实验] 悬挂法找三角形板的重心 物体三个位置固定了细线，学生通过悬挂其中的两点，找物体的重心	1. 科学探究 运用本节课所学的知识进行课后扩展家庭实验探究活动，并在"今日交作业"小程序上传分享自己的实验视频，视频里运用科学的语言概括总结实验原理及设计意图，并进行成果交流。 2. 科学态度与责任 学生可以自行设计任意形状的纸板，利用悬挂法寻找物体的重心，培养学生理论联系实践生活的应用思想，能提高学生的成就感和激发学生探索的欲望

【板书设计】

重力

1. 重力：物体由于地球吸引而受到的力叫重力

2. 施力物体：地球

3. 方向：竖直向下

4. 重力大小：$G=mg$　（$g=9.8N/kg$）

5. 重心：重力在物体上的作用点

三、质量

(一) 质量教学中常见问题分析

质量的教学,通常被界定为概念教学,以下是常见的教学程序之一:

1. 教师提问引入:一个铁锤和一个铁钉由同种物质组成,所含的物质一样多吗?

2. 教师给出质量的定义:物体所含物质的多少叫质量。

3. 教师讲解质量的单位及其换算:质量的基本单位是千克(kg),$1t = 10^3 kg$,$1kg = 10^3 g$,$1g = 10^3 mg$。

4. 教师展示及介绍:展示并介绍生活中测量质量的工具:电子秤、台秤、杆秤等,着重介绍托盘天平的构造和各部件的作用。

5. 教师讲解及演示:教师边讲授天平的使用方法、注意事项与操作步骤,边进行实验演示。

6. 学生实验:学生进行实验,测量小金属块的质量。

7. 教师提问:如何测量液体的质量呢?

8. 教师讲解及演示:教师讲解测量液体质量的操作步骤,并进行实验演示。

9. 学生实验:学生进行实验,测量液体的质量。

10. 教师讲解:质量是物体的固有属性,物体的质量不随物体的形状、位置、状态和温度的改变而改变。

笔者认为上述教学过程中,存在一些问题:

虽然整个教学过程中有提问式的教学引入、有教师的讲解分析、有演示实验,也有学生的实验探究等,但其依然是典型的解释型教学。

第一,课程内容缺乏创新,大多是按照课本内容按部就班,教师灌输的部分比较多。

第二,质量概念的得出来自教师的"解释灌输",缺乏引导学生从经过实验探究到得出物理概念的思维过程。

第三,学生对天平的使用方法、注意事项与操作步骤的认识,主要是建立在教师讲解的基础之上的,缺乏自己的思考。这就导致学生通过实验测量固体和液体的质量的过程,主要是学生机械性地练习熟练天平的使用方法,不利于学生对其工作原理的理解,也不利于培养学生的实验探究能力和创新能力。

从"三维目标"的角度分析，上述教学过程尚停留在知识讲授的层面。教学目标仅仅是让学生知道质量的概念及天平的使用方法，并让学生动手实验，熟悉"测量固体和液体的质量"这个实验的操作过程。缺乏学生经过自主学习、思考、探究、理解的过程，不利于学生思维方法和情感态度价值观的培养。

从学科核心素养目标的角度分析，上述教学过程直接"灌输"质量的概念和天平的使用方法，学生实验也只是天平使用方法的熟练过程，不利于学生科学思维、科学探究等素养的培养，也不利于培养学生的科学态度和责任。

概念教学不能仅仅是讲授概念内涵的解释型教学，而应该转变为创造型教学。教师应该为学生创设科学探究的情境，激励学生进行探究活动，学生遇到问题后，通过思考、交流、论证等解决问题，逐步理解质量的概念，掌握天平使用的方法。这样有利于培养学生的学习思维、科学探究的精神和责任意识。

（二）创新教学设计分析

1. 质量教学中的核心素养目标分析

质量是整个物理学中最基础性的内容，通过这部分内容的教学可以培养物理学科的哪些素养呢？

物理观念：准确深刻地理解质量概念的内涵和外延，既是"三维目标"中"知识技能目标"的要求，也是促使学生形成物理观念、理解密度知识的基础和前提。

科学思维：概念课的教学，也可以培养学生的科学思维。我们可以创设探究学习情境，抛出问题"物体的质量是否会随物体的形状、位置、状态和温度的改变而改变？""为什么物体要放在左盘，可以把它放在右盘吗？"以学生先小组讨论，后进行实验验证的方式，促进学生理解质量是物体本身的属性，培养学生建模、推理、论证等科学思维能力。

科学探究：引导学生分小组进行实验，测量金属块的质量，再讨论并总结得出天平的使用方法，再分小组测量液体的质量，使学生进一步掌握托盘天平的使用方法，这样能培养学生提出问题、寻找证据、解释交流等科学探究素养。

科学态度与责任：通过小组讨论、实验探究、问题解决等方式，在让学生理解质量是物体本身的属性，掌握托盘天平的使用方法的同时，也能激发其学习兴趣、好奇心和求知欲，培养学生严谨认真、实事求是的科学态度。

2. 教学重点分析

上述教学示例中的教学重点是"让学生知道质量的概念和天平的使用方法"，应该将教学重点转变为"通过质疑、小组讨论和实验探究，促使学生理解质量是物体本身的属性，并掌握托盘天平的使用方法"。学生经历讨论和实验的过程，从自身实践体验和感悟出发，更容易理解质量本质。

3. 教学模式和方法的改进

为创设真实的探究学习情境，丰富学生的课堂体验，将教师讲授改为教师引导、学生讨论总结，将演示实验改为学生实验，将"讲授型+演示+练习"的教学模式转化为"小组讨论+自主分析归纳+实验探究+实践巩固"的模式，将传统的解释型教学改造为创造型教学。将学生变为课堂的主体，让学生进行小组讨论、实验探究，能更好地激发学生的学习兴趣，培养学生的科学思维和科学探究的能力；也能培养学生严谨认真、实事求是的科学态度。

具体做法是：教师先请学生对一些物体进行分类并提出问题让学生讨论，引出质量的概念、单位；然后学生估计一名中学生、一瓶矿泉水与一盒泡面的质量，加深理解；再提出问题"物体的质量是否会随物体的形状、位置、状态和温度的改变而改变"，让学生讨论，促使学生理解质量是物体本身的属性；再引导学生看课本了解托盘天平的结构、各部分的作用及其使用前后的注意事项；然后分小组进行实验，测量金属块的质量，并总结操作过程；再播放使用托盘天平测量金属块质量的实验演示视频，请学生归纳出调节天平水平平衡的步骤，并讨论"为什么物体要放在左盘，可以把它放在右盘吗？"学生理解天平使用方法后，再让学生分小组测量液体的质量，加深理解；再请学生总结本节课的内容并完成课堂练习；最后提出问题"如何用天平测一张纸的质量、一卷细铜线的长度？"以进行应用提高。

（三）质量的创造型教学设计

下面以 2012 年人教版《义务教育教科书·物理八年级上册》第六章第一节《质量》为基础进行讨论。根据上述分析，该节内容可安排 1 课时，用学生小组讨论与实验代替教师的讲授，教学目标、教学重难点、教学过程等如下：

【教学目标】

1. 认识质量的概念及其单位。

2. 通过学生小组讨论的方式，学生理解质量是物体本身的属性，培养学生建模、推理、论证等科学思维能力。

3. 通过引导学生进行实验、讨论并总结天平的使用方法，学生更好地掌握托盘天平的使用方法，也能培养学生提出问题、寻找证据、解释交流等科学探究素养。

4. 通过小组讨论、实验探究、问题解决等激发学习兴趣、好奇心和求知欲，培养学生严谨认真、实事求是的科学态度。

【教学重点】

学生分小组进行实验并讨论，促进学生掌握托盘天平的使用方法，理解质量是物体本身的属性。

【教学难点】

引导学生自主对实验过程进行分析、论证、质疑、交流，使学生掌握托盘天平的使用方法。

【教学器材】

托盘天平和砝码、金属块、水、铁钉、铁夹子、大烧杯、小烧杯、塑料刻度尺、矿泉水、泡面等。

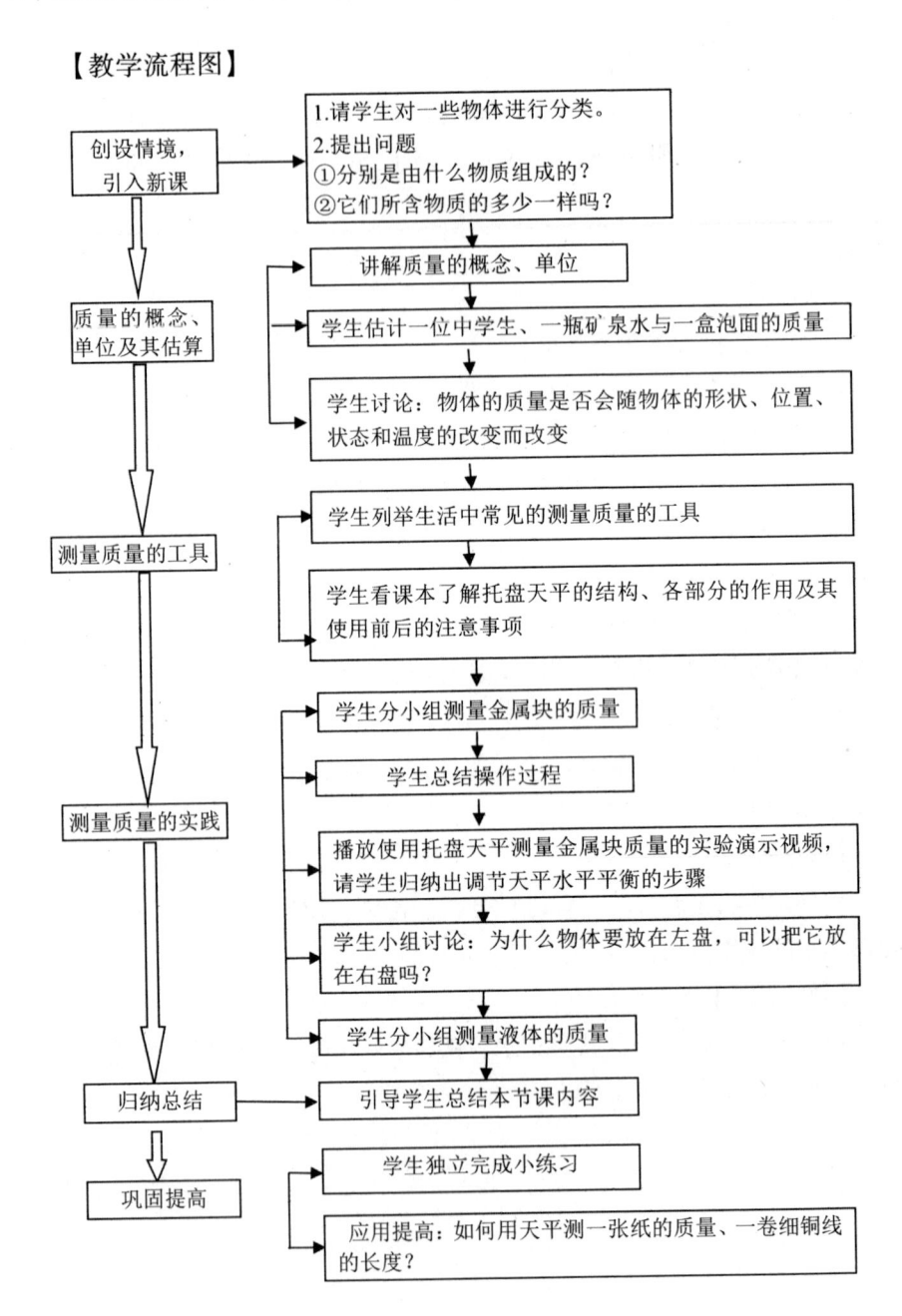

【教学流程图】

```
创设情境，      1. 请学生对一些物体进行分类。
引入新课    →  2. 提出问题
                ① 分别是由什么物质组成的？
                ② 它们所含物质的多少一样吗？
    ↓
质量的概念、   → 讲解质量的概念、单位
单位及其估算       ↓
              → 学生估计一位中学生、一瓶矿泉水与一盒泡面的质量
                   ↓
              → 学生讨论：物体的质量是否会随物体的形状、位置、
                状态和温度的改变而改变
    ↓
测量质量的工具 → 学生列举生活中常见的测量质量的工具
                   ↓
              → 学生看课本了解托盘天平的结构、各部分的作用及其
                使用前后的注意事项
    ↓
测量质量的实践 → 学生分小组测量金属块的质量
                   ↓
              → 学生总结操作过程
                   ↓
              → 播放使用托盘天平测量金属块质量的实验演示视频，
                请学生归纳出调节天平水平平衡的步骤
                   ↓
              → 学生小组讨论：为什么物体要放在左盘，可以把它放
                在右盘吗？
                   ↓
              → 学生分小组测量液体的质量
    ↓
归纳总结    → 引导学生总结本节课内容
    ↓
巩固提高    → 学生独立完成小练习
              → 应用提高：如何用天平测一张纸的质量、一卷细铜线
                的长度？
```

【教学过程】

教学环节	教师	学生	说明
创设情境、引入新课	1. 请学生对铁钉、铁夹子、大烧杯、小烧杯、塑料刻度尺、矿泉水瓶等物体进行分类。 2. 提问 ①分别是由什么物质组成的？ ②它们所含物质的多少一样吗？	1. 各小组进行分类。 2. 跟着老师的问题一步步思考、回答	用学生熟悉的物体引入，让学生区分"物体"和"物质"的概念，将问题简单化，使其通俗易懂，这样能充分调动学生学习的积极性，加强学生学习的信心，培养学生学习的兴趣
质量的概念、单位及其估算	1. 由引入得出质量的概念。 2. 讲解质量的国际单位，并引导学生说出他们知道的一些质量的常用单位，再让学生做两个小练习。 3. 请学生说出自己的质量，再估计一位中学生、一瓶矿泉水与一盒泡面的质量。 4. 请学生讨论"如下情况，物体的质量会改变吗？" 得出：质量是物体的固有属性。 再针对这部分内容出一个选择题，看学生是否理解了该部分内容	1. 记笔记，并理解质量的概念与质量单位的换算关系，理解后迅速做出小练习的答案。 2. 踊跃说出自己的质量，并估计矿泉水和泡面的质量。 3. 学生讨论并分析得出：物体的质量不随物体的形状、位置、状态和温度的改变而改变。 4. 很快得出自己的答案	通过练习巩固学生对质量单位换算的理解。 通过对学生熟悉的人和物的质量的估算，联系生活实际，提升学生的学习兴趣。 在讨论交流中，加深学生对质量概念的理解，培养学生利用所学知识分析问题、解决问题的能力，培养学生的科学思维和科学态度
测量质量的工具	1. 请学生说出他们所知道的测量质量的工具。 2. 列出生活中常见的测量质量的工具：杆秤、案秤、磅秤、电子秤等。 3. 请学生看课本了解托盘天平的结构、各部分的作用及其使用前后的注意事项	1. 说出自己知道的测量质量的工具。 2. 看课本，并思考、记忆托盘天平各部分的名称、作用和使用前后的注意事项	将教学内容与生活实际紧密联系起来，将生活融入物理，将物理还原于生活。 通过自主学习，加强学生对托盘天平的认识，并理解其各部分的作用

续表

教学环节	教师	学生	说明
托盘天平的使用	1. 让学生分小组测量金属块的质量。 2. 请学生说他们小组的操作过程。 3. 请其他小组的学生纠正或者补充。 4. 播放使用托盘天平测量金属块质量的实验演示视频，请学生学习标准的操作过程，并归纳出调节天平平衡的步骤。 5. 提出问题："为什么物体要放在左盘，可以把它放在右盘吗？"先让学生小组讨论得出答案，学生分享后进行补充讲解。 6. 提出问题："如何测量液体的质量呢？"让学生分小组讨论后得出测量液体质量的方法，再进行测量	1. 分小组进行实验，测量金属块的质量。 2. 思考并讲述本小组的操作过程。 3. 纠正其他小组的问题或者补充说明。 4. 观看调节天平平衡的视频后，归纳出调节天平平衡的步骤。 5. 思考、讨论、回答、理解。 6. 先通过讨论得出测量液体质量的方法，再进行分组实验	培养学生动手实验的能力、小组协作的能力及科学态度与责任。 看视频有利于提高学生的学习兴趣，使其能更专注于课堂学习的内容；对视频内容进行归纳，能提高学生对问题的分析、处理的能力，能加深学生对知识的理解。 拓展学生的思维，起到举一反三的效果。培养学生质疑与创新的能力和科学的态度。 培养学生动手实验的能力、小组协作的能力及科学态度与责任
归纳总结	请学生说说这节课学到了哪些知识，再得出本节课的小节框架，并与学生一起将它补充完整	分别说出自己学到的知识，再在老师的引导下完成小节框架图	让学生总结所学的知识，使其对知识有系统性的认识，加深对知识的理解，还能提高学生对知识进行总结、归纳的能力
巩固提高	1. 请学生独立完成小练习。 2. 提出问题： ①如何用天平测出质量较小的物体的质量呢？如一张纸、一枚大头针等。 ②如何用天平测出一卷细铜线的长度呢？	1. 根据所学知识，认真审题，得出自己的答案。 2. 看题、思考并讨论	检验学生是否会使用天平，加深学生对如何使用天平的理解。 将知识应用于实际生活，拓展学生的思维，提高学生利用所学知识解决实际问题的能力

【板书设计】

质量（m） 1. 定义：物体所含物质的多少 2. 质量的单位：千克（kg） 1t = 1000kg　1kg = 1000g　1g = 1000mg 3. 质量是物体的固有属性 不随物体的形状、位置、状态和温度的改变而改变	4. 质量的测量 天平的使用 （1）调平：平放、游码归零、调节平衡螺母 （2）测量："左物右砝"，加减砝码先大后小 $m_{物} = m_{砝} + m_{游码示数}$

四、密度

（一）密度教学中常见问题分析

密度知识是力学的基础知识之一，是理解压强与浮力的基础。以下是常见的教学程序之一：

1. 教师创设情景："买的金戒指是不是纯金做的"，判断相同外观的物体是不是同种物质组成的或是哪种物质组成的。从而引出探究问题——密度。

2. 教师演示实验：探究同种物质的质量与体积的关系。3个形状规则、大小不一的实心铁块，用刻度尺量出长、宽、高，计算出体积；然后用天平测出质量，并记录数据。

3. 根据实验数据，列出表格，分析可以得出：铁块的体积增大几倍，它的质量也增大几倍，3次实验中铁块的质量与对应体积的比值相等，即同种物质的质量跟体积成正比。再用直角坐标系绘制质量—体积的图像，图像正好是正比例函数图像。

4. 老师提问：换另一种物质，会不会得到同样的结论？不同物质之间又会有什么不同？接着选用3个形状规则、大小不一的实心铝块做实验。同样用表格和直角坐标系图像进行分析。

5. 比较铁与铝两组数据：发现不同物质的质量与对应体积的比值是不同的。综合两次实验即可得出结论：同种物质的质量和体积成正比例关系，比值是一定的；不同物质的质量和体积的比值一般是不同的，所以这个比值反映了物质的一种特性。

6. 给出物理概念：物理学中，我们把"某种物质组成的物体的质量与它的体积之比叫作这种物质的密度"，从而得出公式：$\rho = \dfrac{m}{V}$。

7. 讲解密度的单位及其换算。学会查密度表，了解各物质的密度。

8. 密度的应用：计算物质的质量、体积，鉴别物质。

9. 巩固练习。

……

上述教学过程，存在什么问题呢？

表面上有创设问题情境引入课题、有演示实验、有利用数学知识进行数据分析、有从同种物质到不同种物质的两个层次的递进思维、有学生的课堂训练巩固等，但本质上依然是教师主导的灌输和强势的解释，没有起到培养学生的学科素养和创新能力的作用。

首先，对初中学生而言，密度是一个崭新的物理概念。虽然生活中有很多与密度相关的现象与事实，但学生对这些现象与事实的认识只是停留在表面的认知。况且学生对物体与物质两个名词还没有深入地理解，一开始就提出鉴别物质的问题，并不能使没有提前预习过的学生直接想到"密度"。

其次，在原来的生活经验中，对同种物质的质量与体积的关系还没有深入分析；而且其知识体系中根本就没有与"密度"相关的认知，没有丰富的感性体验，难以真正理解密度的物理意义。

再次，数学图像和比值知识比较抽象，而且有非常丰富的外延，没有直观的感性认识，没有扎实的数学知识，没有确切的推理分析，不可能在短时间内有效地把数学意义转化为物理知识，更不可能真正从"比值"角度理解密度概念。

从"三维目标"的角度分析，上述教学过程反映的教学理念尚停留在传授知识的层面。教学目标仅仅是"使学生理解密度的概念""从物理现象和实验中归纳科学规律"。没有使学生真正经历从生活经验、物理现象中概括、抽象的过程，没有真正掌握科学思维方法。

从学科核心素养目标的角度分析，上述教学过程一开始就强势"灌输"密度概念，没有体现物质观念、科学探究、科学思维等素养的培养。

上述教学过程本质上仍是"灌输"，教师仅仅是告诉学生有"密度"这个崭新的概念。没有引导学生从生活现象深入思维过程；没有引导学生认识引入密度这个概念的缘由；没有引导学生体会由事物的本质特征抽象出物理概念的思维方法。

上述教学示例中，学生对密度的认识并不是来自学生自己形成的物质观，在实验现象、实验数据分析的基础上也没有深入地思考，这导致很多学生对密度的本质特征没有科学的认识，对形式多变的相关物理现象与事实无法正确判断。

概念教学应该转变为创造性教学模式。应该创设物理情境，引导学生在情境活动中直观地认识到崭新的概念，从而打开认识世界的、新的科学之门。

（二）创新教学设计分析

1. 密度教学中核心素养目标分析

密度在力学的学习中具有基础性的地位。通过这部分内容的教学可以培养物理学科的哪些素养呢？

物理观念：密度是基础性的核心概念，准确深刻地理解其内涵，熟练掌握其外延与应用，是促使学生形成物理观念的基础和前提。

科学思维：我们应该创设学习探究情境或引入生活实践情境，让学生获得自己观察到的真实现象和真实数据，利用基本的数学知识进行数据处理，并科学推理，把反映出来的数量关系转化为物理知识，并抓住其本质特征构建模型，从而归纳出密度的概念。同时，可以利用密度的本质特征进行推理论证，正确地分析相关的现象与事实。

科学探究：从基本的事实和现象出发，发现问题，并提出猜想，提供器材，让学生自主推理，与同伴以及各组之间合作交流，进行质疑讨论，并得出结论。这些过程便已包含了问题、证据、解释、交流等各个要素的训练提升。

科学态度与责任：科学思维和探究的过程中，促使学生勤于思考、乐于实践，激发好奇心和求知欲，培养克服困难的意志力和信心。

2. 教学重点分析

上述教学示例中的教学重点是"使学生理解密度的定义"。应该将教学重点转变为"通过实际问题探究和科学推理，提炼归纳出本质特征，形成密度概念，并认识到引入密度概念的意义"。

3. 教学模式和方法的改进

为了让学生深刻地认知一个新的物理概念，首先提出实际问题，引出并复习前一节的知识点：物体和物质，为构建密度概念做铺垫。以最常见的水作为例子，通过直观的现象创设真实的学习情境，丰富学生的真实体验，从而引出物质的2个基本特征：质量和体积。并进一步分析，提出合理的猜想，再通过实验验证猜想，总结出本质特征，从而构建崭新的物理概念。

将传统的解释型概念课改造为创造型的概念构建课，将"演示+讲授型+练习"的教学模式转化为"问题解决+实验探究+自主科学推理+实践巩固"的模式，将单纯的密度知识转化为认知"鉴别物质"这一实际问题，将学生被动接受转化为学生的自主探究学习，实现解决问题、激发好奇心、培养科学思维能力、促进素养养成的学科目标。

具体做法是，提出实际问题，从物质与物体的关系出发，以鉴别外观相同的不同物体和最常见的水为例子，引出物体的两个基本特征，并根据现象提出猜想。要求学生分组利用提供的器材进行实验，分析各个小组的数据，并验证猜想。然后顺理成章地进一步去探究不同物质的质量和体积有什么特点。在分析的过程中引导学生抓住数学意义深入推理，最终归纳总结一个本质特征，从而引出密度概念。最后引入一个常见的现象进行类比，把本质特征形象化，进一步促进学生形成物质观，从而准确、科学地构建起密度概念。

总之，在原有知识的基础上，通过生活现象发现问题，引导实验探究，激发科学思维。促使学生体会从现象到原理、从原理到应用、从理论到实践、从科学到技术的过程中展现物理思想方法和情感价值。真正将解释型教学转化为创造型教学。

（三）密度的创造型教学设计

下面以2013年人教版《义务教育教科书·物理九年级全一册》第六章第二节为基础进行讨论。根据上述分析，该节内容可安排1课时，将概念课转设为实验探究课，教学目标、教学重难点、教学过程等如下。

【教学目标】

1. 理解密度的内涵，能利用密度知识解决简单实际问题。

2. 通过创设学习探究情境，引导学生从生活现象中发现问题，通过实验探究和科学推理，提炼归纳出本质特征，形成密度概念，并认识到引入密度概念的意义。培养学生模型建构、科学推理、论证等能力。

3. 通过创设学习探究情境，引导学生提出问题、寻找证据、解释交流，培养科学探究素养。

4. 通过实践探究、论证验证等促使学生主动思考、乐于实践，激发其好奇心和求知欲，培养其克服困难的信心和决心。

【教学重点】

通过创设情境和活动，使学生提炼归纳出本质特征，形成密度概念，并认识到引入密度概念的意义。

【教学难点】

引导学生提炼归纳出本质特征，构建密度概念。

【教学器材】

16套实验器材，每套器材含天平一台、两个外观一样的铝块和铁块、体积成倍数关系的铝块3个、体积成倍数关系的铁块3个、刻度尺1把。

【教学流程图】

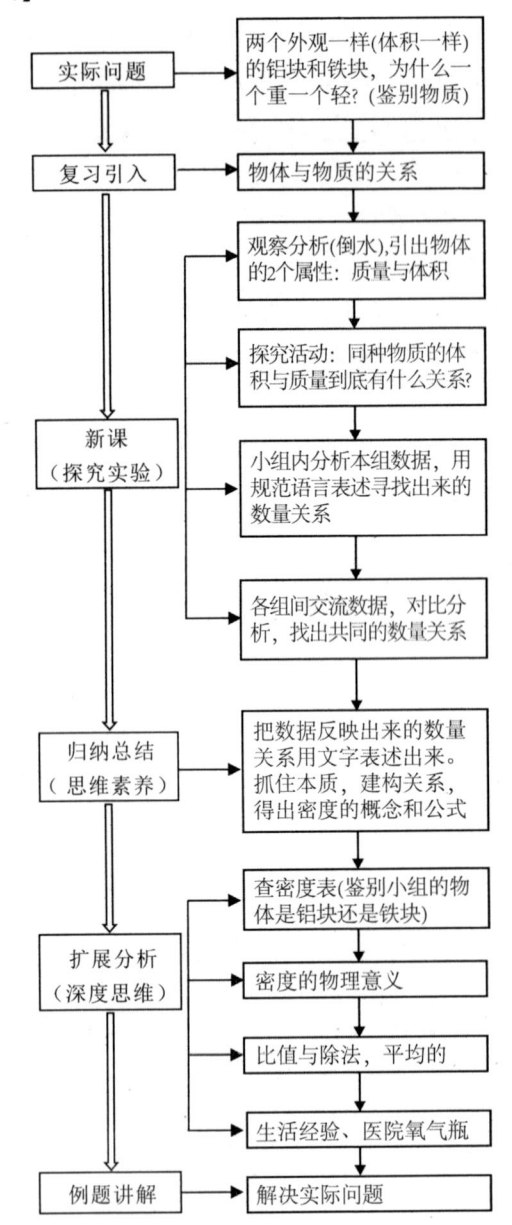

```
实际问题 → 两个外观一样(体积一样)的铝块和铁块,为什么一个重一个轻?(鉴别物质)
   ↓
复习引入 → 物体与物质的关系
   ↓
         → 观察分析(倒水),引出物体的2个属性:质量与体积
         → 探究活动:同种物质的体积与质量到底有什么关系?
新课
(探究实验) → 小组内分析本组数据,用规范语言表述寻找出来的数量关系
         → 各组间交流数据,对比分析,找出共同的数量关系
   ↓
归纳总结  → 把数据反映出来的数量关系用文字表述出来。抓住本质,建构关系,得出密度的概念和公式
(思维素养)
   ↓
         → 查密度表(鉴别小组的物体是铝块还是铁块)
扩展分析  → 密度的物理意义
(深度思维) → 比值与除法,平均的
         → 生活经验、医院氧气瓶
   ↓
例题讲解 → 解决实际问题
```

【教学过程】

教学环节	教师	学生	说明
实际问题	两个外观一样（体积一样）的铝块和铁块，为什么一个重一个轻？	是不同物质组成的	发现问题，引起思考
复习引入	物体和物质是什么关系？	物体是由物质组成的。同种物质可以组成不同的物体	多举例子，丰富感观认识
观察分析	一杯水，再倒一些水，什么变了？什么没有变？	1. 物质没变。水这种物质多了（质量大了）；体积变大了。 2. 推理分析：同种物质的体积与质量到底有什么关系？	引出物体的宏观性质：质量、体积
新课：探究实验	1. 每组提供的器材：天平一台、体积成倍数关系的铝块3个（另5组提供：体积成倍数关系的铁块3个），刻度尺1把。 2. 记录哪些数据？怎样设计表格？	1. 活动一：分组探究 2. 数据分析 3. 回答教师提问 4. 活动二：对自己组的数据进行分析	利用实验操作复习前面学习的内容，同时为后续实验探究活动做好准备
小组内质疑、分析	分析本组数据，用规范语言表述寻找出来的数量关系	1. 同种物质，体积增大几倍，质量也增大几倍。 2. 联系数学知识，寻找数据中数量变化关系。 3. 画直角坐标图，进一步验证。 4. 发现不变的数量关系：质量除以体积的值不变。	训练学生数据处理能力和科学思维能力
小组间交流、讨论	各组间交流数据，对比分析，找出共同的数量关系	1. 发现不同种物质的体积与质量的数量变化情况。 2. 对比分析。 3. 分情况讨论：同种物质，质量与体积的比值相同。不同物质，质量与体积的比值一般不同。	引导学生从本组走出去与其他小组交流实验成果

续表

教学环节	教师	学生	说明
归纳总结 模型建构	质量与体积的比值反映了一种物质的属性。得出密度的概念。指出"比值定义法"。	把数据反映出来的数量关系用文字和直角坐标图表述出来。 转化为规范的物理语言。	密度=_____ 字母表达式：_____ 单位：
扩展分析 深度思维	1. 查密度表，鉴别小组的物体是铝块还是铁块。解决下列问题： (1) 自己小组的物体是什么物质组成的？ (2) 从三个表中你能发现固体、液体和气体在数值上有什么关系？ 2. $\rho_水 = 1.0 \times 10^3 \, kg/m^3$ 的物理意义是什么？ 3. 比值与除法。 4. 举例：10个苹果5个人分，除法得到的是"1个人2个苹果"。 除法有平均的数学意义	1. 质量除以体积，得到的是一个单位体积的质量是多少。 2. 密度的意义是指一个单位体积的某种物质的质量。 3. 解决实际问题	通过深度思维进一步明确密度的物理意义。 通过阅读，培养学生获取信息的能力。进一步学习查表寻找规律的方法，并在这一过程中进一步理解密度的概念
逻辑思维与 形象思维相 互促进	分析生活经验： (1) 教室里再进来20个同学，与现在对比有什么感觉？ (2) 教室中坐的是同样多的幼儿园小朋友，与现在对比有什么感觉？ (3) 医院里，病人吸掉氧气瓶里的一部分氧气后，瓶内氧气的密度有什么变化？	理解疏密程度： (1) 形象理解相同体积的铝块和铁块的质量不一样。 (2) 回答问题，用规范语言形象解释密度的变化。	从形象思维的角度理解密度这个概念。 逻辑思维促进形象思维的形成，形象思维反过来又推动逻辑思维的发展与深入，两种思维方法紧密交织、相互促进，一起建构起科学概念
巩固提升 例题讲解	P115例题		通过例题讲解，解决实际问题
课后作业	总结归纳	1. 根据今天的学习内容，完成教材第116页1、4、5题。 2. 估算：教室里空气质量、自己的体积	学生对密度概念的理解还要进一步加强，课后作业宜简单。 生活中与密度有关的现象比较多，而且解决实际问题时需要较强的数学基础。先让学生尝试着去做习题，在下节课还要进行归纳总结

【板书设计】

密度

1. 密度：物体质量与体积的比值

2. 密度 ρ = m/v

单位 kg/m^3 g/cm^3 $1g/cm^3 = 10^3 kg/m^3$

3. 水的密度：$ρ_水 = 1.0×10^3 kg/m^3$

含义：$1m^3$ 水的质量是 $1.0×10^3 kg$

五、压强

（一）压强教学中常见问题分析

压强的教学被界定为概念教学，通常教学程序如下：

1. 教师用铅笔来演示实验，两根手指同时分别按压一端削尖的铅笔的两端，让学生说出两根手指的感受有什么不同，同时观察两根手指的凹陷程度的不同。上面这些现象都与我们今天要学习的内容有关，从而引入新课压强。

2. 让学生翻开课本第一节压强29页的一幅图，茫茫白雪中的两个人对雪地的压力是差不多的，但是一个同学陷下去了，而另一个却没有。这凹陷下去的程度不一样，可能和什么因素有关？教师提出疑问，学生思考。

3. 由于学生给出的答案不一，老师接着又举出另外一个实例，小小的蚊子能轻而易举地用口器把皮肤刺破，沉重的骆驼却不会陷入沙中，又是为什么呢？从而引出本节课的重点实验探究影响压力作用效果的因素。

4. 教师用实验器材海绵、桌子、砝码来做演示实验。一种情况，两个桌子都是桌子腿朝下，一个上面放砝码，另一个上面不放，两个桌子腿陷入海绵的程度不同是什么原因造成的；另一种情况是两个桌子一个桌腿朝下，一个桌面朝下，上面都放一个砝码观察陷入海绵的程度，两种情况陷入海绵的程度不一样。随后老师引导学生总结得出受力面积和压力大小都会影响作用效果。

5. 由压力的作用效果与压力大小、受力面积大小有关，通过分析得出"压强"的概念、计算公式及其物理意义，压强就是压力与受力面积的比值。根据课本的例题让学生练习公式的利用。

6. 应用压强知识解释生活现象、解决实际问题。例如，让学生解释：为什么沙地上骆驼留下的脚印更浅？为什么公交车上的救生锤一端是尖尖的？为什么火车轨道都要铺枕木……

上述教学过程，存在什么问题呢？

上面压强的教学方式为典型解释型教学，虽然用视频引入新课，教师引导学生提出问题，然后再通过演示实验引导学生分析得出结论，然后再组织学生对应公式进行练习，但本质上还是解释型教学，这种解释型教学对初中生物理核心素养的培养是没有意义的。其具体原因如下：

第一，在学习压强这一节内容时，我们是用压力的作用效果来表示压强的，要想让学生理解压力作用效果，就必须使学生先理解压力及压力作用效果这两个概念，但是现在的初中生是根本不理解这两个概念的。上面的解释型教学就少了这方面的有效教学。

第二，虽然在课堂中有压力作用效果的演示实验，但只是教师操作没有学生动手操作，学生对压力作用效果缺乏真实的体验。

第三，教师在常规教学中只是一步一步提出疑问，学生跟着老师的思路去思考，对压力和重力的关系不理解，对压力作用效果没概念，最后老师总结出来压强和受力面积、压力面积有关，得出压强 $P=F/S$ 的公式，在这种情况下，学生只是死记住压强与压力、受力面积有关。学生在学后做题时，总是把压力和重力混在一起，总是不能把压力的作用效果和压强对等。

从"三维目标"的角度分析，上述教学过程在教学生压力这个概念时，只停留在概念层次，学生不能真正理解区分压力和重力的不同，没有让学生自己亲身经历压力作用效果与哪些因素有关的实验，没有注意学生情感态度的体验和价值观的培养。

从初中物理核心素养目标的角度分析，本节课重在引导学生通过实验探究活动，体验科学探究的乐趣，感受科学的真实性，使学生产生强烈的求知欲望，乐于参与科学实践活动，锻炼科学实践能力，体验探究问题成功时的喜悦，领略探究过程的美好与和谐，增强科学的情感，培养科学素质。上述教学过程直接"灌输"压强的概念，没有通过概念的学习体现科学思维、科学探究等素养的培养。

上述教学过程依然是解释型的"灌输"式教学，教师在此仍是主体，通过引导提出疑问，通过实验探究压力作用效果与哪些因素有关，然后再将"压强"的概念"解释清楚"并灌输给学生，没有引导学生经历引入物理概念的思维过程，没有通过探究性物理学习活动，使学生获得成功的喜悦，培养学生对参与物理学习活动的兴趣，提高学习的自信心。

上述教学示例中，学生对压力作用效果内涵的认识并不是来自学生自己的实验操作和在实验现象、实验数据基础上进行的科学思维，而是来自外部——教师的"解释灌输"，这导致很多学生对压强的本质特征没有直观感性的认识，对"非标准形状"的压强实验的描述无从判断。

现在物理核心素养强调的是：任何形式的教学都不是仅仅只教学生知识，而是还要教给学生一些学习的方法，通过学习把学生自己所学的知识内化，从而使学生具有与时代相匹配的终身发展的能力。也使解释概念内涵的解释型教学模式向创造型教学模式转变，应该创设科学探究的情境，激励学生进行情境活动，让学生通过情境活动直观地认识到引入"压强"概念是认识世界、进行科学研究的需要，并不是教师硬塞给学生一个抽象名词。

之所以出现以上现象，原因是教师对物理教学的目的与宗旨缺乏准确的认识。

（二）压强创新教学设计分析

1. 压强教学中的核心素养目标分析

压强一节内容是初中物理教学中有关力学知识的一次较大的综合，这一节的教学是培养和提高学生科学思维能力和学习科学方法的重要环节。通过这部分内容的教学可以培养物理学科的哪些素养呢？

物理观念：压强是基础性的核心概念，通过这一节课的学习能准确深刻地理解压强的内涵，并在头脑中使压强这个概念得到提炼与升华，这是"三维目标"中的"知识技能目标"；另外，会从物理学视角用压强解释自然现象和解决实际问题，这是三维目标中的"过程与方法"的要求。

科学思维：创设学习探究情境，构建物理模型，通过实验搜集数据，让学生真正经历大脑思想火花的碰撞，从而理解压力与重力的区别，并通过压力作用效果与哪些因素有关的实验，分析归纳，并提炼出自己的观点，能用所学知识解释生活中的基本现象。

科学探究：学生通过疑问设计压强探究活动，经历探究的主要环节，学习控制变量法，培养学生的观察能力、信息处理和分析能力，最后通过比较理解压强的物理意义；通过对日常生活、生产中改变压强现象的解释及实际动手、实践如何改变压强，真正培养学生动手实践能力。

科学态度与责任：在探究压力作用效果与什么因素有关的实验过程中，会出现各种各样的问题，这些问题正能促使学生乐于思考、勤于实践，激发学生学习兴趣、好奇心和求知欲，培养学生克服困难的信心和决心。

2. 教学重点分析

压强这一节教学的重点是：通过简单实验理解区分压力与重力的不同，通过实验探究压力的作用效果与哪些因素有关，让学生经历探究的主要环节、学习控制变量法、亲身经历各种情况，最后通过与同学合作分析得出结论，从而培养学生的观察能力、信息处理和分析能力。

3. 教学模式和方法的改进

由解释型教学到创新型教学的转变主要是让学生自主通过探究实验不断摸索总结得出学生通过大脑内化的结论，将其提升为自己的内化的知识，并会应用这些知识解释生活中的物理现象，而不是只停留在知识表面的记忆。这种教学模式主要是通过实验探究让学生自主分析归纳，然后再加上实践巩固，这样就可以使学生被动接受转化为学生的主动学习，从根本上改变学生学习行为的方式，实现激发兴趣、掌握知识、培养能力、形成素养的学科目标。

针对压强这节课的具体做法是：由铁丝切黄瓜引入新课；然后引导学生区分压力与重力的关系及不同；最后用海绵、桌子、砝码来做实验，引导学生将桌子分别正放与反放，桌子上分别放与不放砝码，观察桌子陷入海绵的程度，引导学生分析归纳得出压力作用效果与压力大小、受力面积有关，再通过单位面积内的压力为压强，得出压强的公式 $P=F/S$，再通过课本例题练习公式的使用从而来巩固知识。在这节课的最后，让学生讨论搜索大量的与压强有关的生活实践，让学生分别解释其是通过改变压力大小还是受力面积来改变压强的。

总之，通过将解释型教学转化为创造型教学，设置问题情境，进行实践探究，激发学生的深度思维。促使学生体会从原理到应用、从理论到实践、从科学到技术的过程中展现的物理思想方法和情感价值。

（三）压强的创造型教学设计

2013年人教版《义务教育教科书·物理八年级下》第九章第一节压强安排1课时，将概念课转设为实验探究课，教学目标、教学重难点、教学过程等如下：

【教学目标】

1. 理解区分压力与压强的区别及联系。

2. 通过创设学习探究情境，引导学生通过探究实验归纳总结，压力作用效果与压力大小、受力面积大小有关，再认识压力作用效果与什么因素有关的过程中进行科学思维活动，培养学生建模、推理、论证等能力。

3. 在进行探究活动中引导学生提出问题、寻找证据、解释交流，培养学生科学探究素养。

4. 实践探究、问题解决等促使学生乐于思考、勤于实践，激发学生学习兴趣、好奇心和求知欲，培养学生克服困难的信心和决心。

【教学重点】

1. 通过创设情境、分析实验活动，学生理解压力与重力的区别与联系；

2. 通过探究实验，引导学生归纳总结得出影响压力作用效果的因素。

【教学难点】

引导学生自主对实验现象进行分析综合、推理、论证，从而认识压强大小的决定因素及所得原理在生活中的应用。

【教学器材】

12个电子测力计，25套学生探究器材，每套器材包括2个海绵、2个小桌和1个砝码盒。

【教学流程图】

```
用视频引入新课 → 师：视频里小小的纸牌为什么能把黄瓜切断？
                 师：学习完压强这节内容就可以解释这一现象。
              → 活动：教师引入新课趁热分析书本中两个中学生踏雪的图片，引导学生提出疑问，凹陷的效果和重力及受力面积有关。

用电子天平分析重力与压力的关系 → 由学生的错误认识，即重力不同引起凹陷程度不同，让学生直接用电子天平测人的重力，来区分重力与压力。
              → 用生活中的电子秤分析重力、压力的关系非常直接，然后教师呈现重力、压力关系的三幅图，再次使学生加强对压力、重力的关系的理解。

压力作用效果（思维素养） → 引导学生根据课本踏雪的图片提出的疑问：学生陷入雪的程度与什么因素有关。
              → 引导学生大胆猜想凹陷的程度与什么因素有关。
              → 针对问题，引导学生归纳捋顺提出的猜想原因。
              → 学生猜想捋顺影响压力作用效果的过程也是学生主动学习的过程
              → 学生设计压力作用效果与什么因素有关的实验。
              → 讨论得知压力的作用效果与压力、受力面积两个因素有关，如果两个因素都改变，怎么分析是谁在影响压力的作用效果，怎样去进行研究呢？强调控制变量。
              → 引导学生用现有的器材设计实验证明自己的猜想结论
              → 学生在操作验证的过程中会出现各种各样的问题，在此过程中老师都是让学生自己去解决，交换验证。

归纳总结：影响压力作用效果的因素 → 以实验小组的形式展示自己小组的实验并归纳出相应的结论
              → 强调结论，用压强来表示压力作用效果。
              → 引导学生思考如果两个因素都不一样如何表示压力的作用效果，得出公式。
              → 课后练习巩固公式 P=F/S 的应用

巩固提高 → 引导学生用压强解释引入新课用的实例。
         → 创设生活情景，分组讨论增大和减小压强的方法；
```

≪ 第五章 资源型备课支持下的初中物理创造型教学案例

【教学过程】

教学环节	教师活动	学生活动	说明
引入课题 (3分钟)	师：视频里小小的纸牌为什么能把黄瓜切断？ 师：学习完压强这节内容就可以解释这一现象	生：观看视频回答问题	吸引学生迅速进入课堂，激发学生学习的兴趣
	师：教师根据桌面上的实验器材，把小桌放在海绵上，提问学生观察到什么、是什么原因造成的这种现象	生：观察到桌腿陷入海绵中。 生：因为海绵受到重力	
新课（压力、重力的关系）(5分钟)	师：由引课学生的错位回答引出压力的学习。 师：让学生体验下图，把秤正放在地面测体重与把秤放在斜面上再称体重，两次结果有明显差别，引导学生得出压力是由重力引起的，但是压力不等重力。 做完体验活动，学生知道压力与重力的区别，然后教师让学生分析压力与重力的关系，最后总结出物体只有在水平放置时压力大小才等于重力大小	生：由三幅图共同的特点总结得出压力的概念，并练习画压力的示意图。 生：课堂体验，在两种情况下测自己的体重，自己总结得出压力和重力的不同。 生：分析三幅图，得出只有物体在水平放置时，压力大小才等于重力大小	1. 老师利用自制教具进行演示，让学生观察、思考后，自己总结出压力与重力在什么情况下大小相等。很好地突出了重点，突破了难点。 2. 为接下来学生的设计探究实验提供依据，做好知识铺垫

125

续表

教学环节	教师活动	学生活动	说明
新课（科学思维训练）（17分钟）	1. 播放视频：骆驼在沙地行走及人在沙地行走的画面。展示骆驼和人在沙地上留下的深浅不同的脚印的照片。问学生看过之后有什么想法？ 2. 引发学生思考并启发学生提出问题：凹陷的程度与哪些因素有关？ 3. 启发学生猜想。 4. 提供实验仪器。让学生自己动手做实验，这次过程中教师不予评价，只是把不同组有代表的做法拍照，投影到大屏幕上，让学生分析哪组的做法才能比较出压力的作用效果。 5. 让学生代表上台展示实验过程及结论。 6. 投影学生实验记录表格并分析	观看视频及照片，由两个深浅不同的脚印发现压力的作用效果不同，从而引发思考并提出问题：压力的作用效果与什么因素有关？根据日常生活经验和两个脚印的启发，展开合理猜想。小组讨论完成实验设计，并利用教师提供的仪器进行分组实验，完成实验表格的填写。学生代表上台展示实验方案。其他学生认真聆听，并对上台同学的操作及结论做出评价	1. 通过视频让学生主动提出疑问：压力作用效果与什么因素有关？ 2. 让学生代表上台展示实验过程及结论。加深学生对实验的理解。同时，在师生共同探讨的过程中，也就完成了交流与评估这一环节
压强概念、公式、单位介绍（7分钟）	1. 总结两个实验结论。 2. 提出问题：如果压力和受力面积都不同，如何比较压力的作用效果？ 3. 分析：刚才实验研究的情况比较特殊，现在遇到一个较为普遍但又是未知的问题，即压力与受力面积不相同，如何比较压力的作用效果？ 4. 引导学生想出如何将普遍情况转化为特殊情况，将未知问题转化为已知结论。 5. 根据学生回答进行分析、说明：根据人们思维常规，习惯用大的表示明显的，所以物理学中用压力除以受力面积表示压力作用效果，并定义为压强。介绍比值定义法并回顾建立速度、密度概念所用的相同方法。 6. 介绍压强符号、公式、单位	通过小组讨论，想出比较压力作用效果的两种方法，即 F/S 和 S/F。（学生已有知识：建立速度、密度概念时曾经学习过的比值定义法）引导学生最终选择 F/S	1. 引导学生体验知识的形成过程。 2. 介绍两种比较压力作用效果的方法，在加深学生对压强概念理解的同时，也提高了学生的思维层次

续表

教学环节	教师活动	学生活动	说明
运用压强知识解释生活现象、解决实际问题（5分钟）	1. 让学生解释：为什么沙地上骆驼留下的脚印更浅？ 2. 提出思考题：一砖块放在水平地面上，要求切掉一部分，并且只能切一刀，如何切，能分别使它对地的压强变小、不变及变大？ 3. 课堂小结	思考并回答问题：分别求出二者的压强并进行比较。理解人们对骆驼"沙漠之舟"的美称。 应用所学压强的公式对老师提出的问题展开思考讨论	1. 让学生用压强公式解释关于两个脚印的疑问，理解骆驼"沙漠之舟"的美称。 2. 应用知识的同时也渗透了对增大、减小压强的初步探索，为下节课做好铺垫
巩固练习（4分钟）	教师提出两个典型练习题 在探究"压力的作用效果与哪些有关"的实验中，小明和小华利用所提供的器材（小桌、海绵、砝码、木板）设计了图甲、乙、丙、丁四个实验。 (1) 通过观察图_____后可以得出的结论是"压力一定时，受力面积越小，压力的作用效果越明显"。他们是根据_____来比较压力的作用效果的。 (2) 小华把小桌挪放到一块木板上，发现小桌对木板的压力效果不够明显，如图 c 所示，通过对图_____的比较又得出"压力一定时，受力面积越小，压力的作用效果越不明显"的结论。造成前后的两个结论不一致的原因是_____。 (3) 设图 b 中，小桌对海绵的压强是 p_b，图 c 中小桌对木板的压强是 p_c，则 p_b _____ p_c（选填"<""="">")	学生思考讨论回答练习试题	加深学生对知识的理解

【板书设计】

1. 压力：垂直作用在接触面上的力叫压力

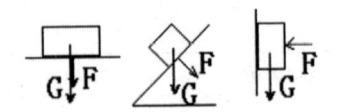

2. 压力作用效果影响因素：

$\begin{cases} 压力大小 \\ 受力面积 \end{cases}$

3. 压强 P：表示压力的作用效果

单位 Pa（帕斯卡）　　1Pa = 1 N/m²

4. 增大和减小压强的方法：

六、浮力

（一）浮力教学中常见问题分析

以下是浮力教学中较为常见的教学程序之一：

1. 教师提问引入：将木块或塑料球放在水中，木块或塑料球为什么会浮在水面？实际上该物体受到了浮力的作用。那么，浸没在水中的物体（如铝块）是否也受到浮力作用？

2. 教师演示：在弹簧测力计下悬挂一铝块，然后将铝块浸没在水中，让学生观察弹簧测力计示数的变化情况。

3. 教师分析：当铝块浸没在水中时，弹簧测力计的示数变小了，从而得出浸没在液体中的物体也受到了浮力的作用。

4. 给出浮力的定义和方向。

5. 教师提问：为什么浸在液体中的物体会受到浮力作用？

6. 教师分析：PPT 展示人教版教材中的图 10.1-3（水对长方体上、下表面的压力不同），理论分析长方体各表面的受力情况，最终理论推导出浮力产生的原因。

7. 教师提问：教师罗列出一系列的生活例子：如"木头会浮在水面上，但铁块在水中会下沉""人在清水中会下沉，但在死海中却能浮在水面上"等，让学生对影响浮力大小的因素进行猜想。

8. 教师分析：因本节课内容多且难度大，故教师会有意地引导学生得出影响浮力大小的因素只有物体浸在液体中的体积和液体密度。

9. 演示实验或学生实验：探究浮力大小跟物体浸在液体中的体积和液

体密度的关系。

10. 总结实验结论：物体在液体中所受浮力的大小，跟它浸在液体中的体积有关，跟液体的密度有关。物体浸在液体中的体积越大、液体的密度越大，浮力就越大。

……

上述教学过程，存在什么问题呢？

这是典型的解释型教学。表面上有提问式课堂教学引入、有演示实验、有教师的讲解分析、有学生的探究活动等，但本质上依然是教师的灌输，对培养学生的学科核心素养和创新能力毫无意义。

第一，本节是在综合应用液体压强、压力、二力平衡和密度等知识的基础上展开的，对初中学生而言难度较大。学生往往认为漂浮在液面的物体一定受到浮力的作用，而沉入液体中的物体就不受浮力的作用。教学中，应该以此为切入点，开展必要的体验性实验活动：如将乒乓球、铝块和木块等放入水中，观察发生的现象，并在此基础上开展测量铝块浸没在水中所受的浮力的学生分组实验，让学生通过实验来验证浸没在液体中的物体也受到了浮力的作用。

第二，在分析浮力产生的原因时，都是通过结合液体内部深度越大，压强越大的结论，引出浮力产生原因的定性说明。这种做法对于逻辑思维较弱的初中生而言难度较大，很难让学生完成对浮力本质的认识。

第三，在引导学生对影响浮力大小的因素进行猜想和组织学生探究实验的教学片段中，由于课堂的时间问题，常常很难留出充足的时间让学生试错、犯错、修正错误，导致学生机械性地记住了影响浮力大小的两个因素，却不知道如何灵活应用浮力解决生活中的实际问题。

从"三维目标"的角度分析，上述教学过程反映的教学理念尚停留在传授知识的层面。教学目标仅让学生知道什么是浮力、浮力的方向和决定浮力大小的因素，没有让学生感知浮力的存在、完成对浮力本质的认识、掌握思想方法，学生更没有情感态度的体验和价值观的养成。

从学科核心素养目标的角度分析，上述教学过程直接"灌输"决定浮力大小的因素是物体浸在液体中的体积和液体密度，没有引导学生从生活体验中提出问题及猜想。在猜想过程中，也没有引导学生根据原有知识储备和经验合理推测，并鼓励学生积极思考，剔除不合理的猜想，以及开展有针对性的实验探究活动，更没有体现出对学生利用科学方法梳理问题能力的培养。

上述教学过程本质上仍是"灌输"，教师仅仅是将"浮力"的概念和影响其大小的因素"解释清楚"并灌输给学生，没有引导学生经历引入浮力概念的思维过程，没有引导学生体会由事物的本质特征抽象出物理概念的思维方法，没有引导学生通过开展有针对性的实验活动去体验探究活动的步骤和乐趣。

上述教学示例中，学生对浮力产生原因及影响浮力大小的因素的认识并不是来自学生自己的实验操作和在观察实验现象、分析实验数据基础上进行的科学思维，而是来自外部——教师的"解释灌输"，这导致很多学生对浮力产生原因及影响浮力大小的因素没有直观感性的认识，对比较不同物体所受浮力大小和判断物体所受浮力变化情况无从下手。

（二）创新教学设计分析

1. 浮力教学中的核心素养目标分析

"浮力"是流体静力学中非常重要的一类基础知识，也是初中物理力学体系中非常重要的组成部分。但是"力学"模块物理知识本身有很强的抽象性、实践性、综合性，增加了学生学习这部分物理知识的难度。通过这部分内容的教学可以培养学生的哪些物理学科素养呢？

科学思维：应创设学习探究情境，让学生通过体验性实验活动对自己观察到的物理现象和获得的真实数据进行分析、论证、归纳总结，归纳出浮力成因和影响浮力大小的因素，从而提升学生利用科学方法解决问题的能力。

科学探究：探究影响浮力的大小跟哪些因素有关，引导学生根据原有经验和知识提出问题、猜想，并引导学生剔除不合理的猜想，设计实验数据记录表格和制订实验步骤，利用教师所提供的器材，组织不同小组对某一猜想进行分组实验。分组实验后，组织各小组派代表在全班汇报本小组的实验操作、分析数据的过程，以及得出的实验结论。这些过程便已包含了提出问题、分析问题、解决问题和合作交流等各个要素的训练提升。

科学态度与责任：探究影响浮力的大小跟哪些因素有关的过程中，可能出现的问题及其解决方法促使学生乐于思考、勤于实践，激发学生学习兴趣、好奇心和求知欲，培养学生克服困难的信心和决心。

2. 教学难点分析

在上述浮力的教学过程中，其教学难点是"浮力"产生的原因。应该将教学难点转变为"通过实验探究"来增加学生对浮力的感性认识。首先，把乒乓球（直径略大于瓶口直径）放入两端开口的圆锥形容器内并注红墨水，看到有少量水从瓶口流出，此时乒乓球静止，然后用手堵住容器下端瓶口，一会儿乒乓球浮起来了。其次，利用自制教具演示浮力产生的原因：将一个圆柱体放入其中，圆柱体的两个底面有橡胶模，将圆柱体浸入水中的过程中可以很好地通过U型管液面高度差直观感受到浮力的产生，这样做既照顾到初中生以形象思维为主的学情，又可以很好地将微小的物理现象放大，让学生感受到物理的神奇，从而使学生对浮力产生的原因有本质的认识。

3. 教学重点分析

在浮力的教学过程中，其教学重点是"探究浮力的大小跟哪些因素有关"。首先，应重视引导学生对提出的猜想进行分析和剔除不合理的猜想的过程。该过程一方面对实验探究活动起导向作用，另一方面，有利于提升学生利用科学方法梳理问题的能力。其次，对学生实验探究活动的合理性和规范性给予指导。最后，教师和学生一起归纳、总结，得出结论。

4. 教学模式和方法的改进

为创设真实的学习探究情境，丰富学生的实践体验，将传统的演示型和解释型课例改造为创造型的分组实验探究课，将"演示+讲授型"的教学模式转化为"引导+演示+学生实验探究+自主分析归纳"的模式，将学生被动接受转化为学生的主动学习，根本上改变学生的学习行为方式，实现激发兴趣、掌握知识、培养能力、形成核心素养的学科目标。

总之，通过将解释型教学转化为创造型教学，设置问题情境，进行实践探究，激发深度思维。促使学生体会从原理到应用、从理论到实践、从科学到技术的过程中展现的物理思想方法和情感价值。

（三）浮力创造型教学设计

【教学目标】

1. 认识浮力，理解浮力产生的原因和影响浮力大小的因素。
2. 深化对控制变量法的理解掌握。
3. 通过探究实验，培养操作、观察、分析实验现象以及交流合作的能力，培养实验探究素养。

4. 培养学生实事求是，坚持真理的科学精神。

【教学重点】

1. 通过大量经验事实，认识浮力的存在；
2. 通过实验探究决定浮力大小的因素。

【教学难点】

通过实验和分析的方法认识浮力产生的原因。

【教学器材】

电教器材：电脑、投影仪；

教师演示实验器材：水槽、浮力产生原因演示器、弹簧测力计、食盐、木块、鸡蛋等；

学生分组实验器材：烧杯、弹簧测力计、橡皮泥、铜块、铁块等。

【教学流程图】

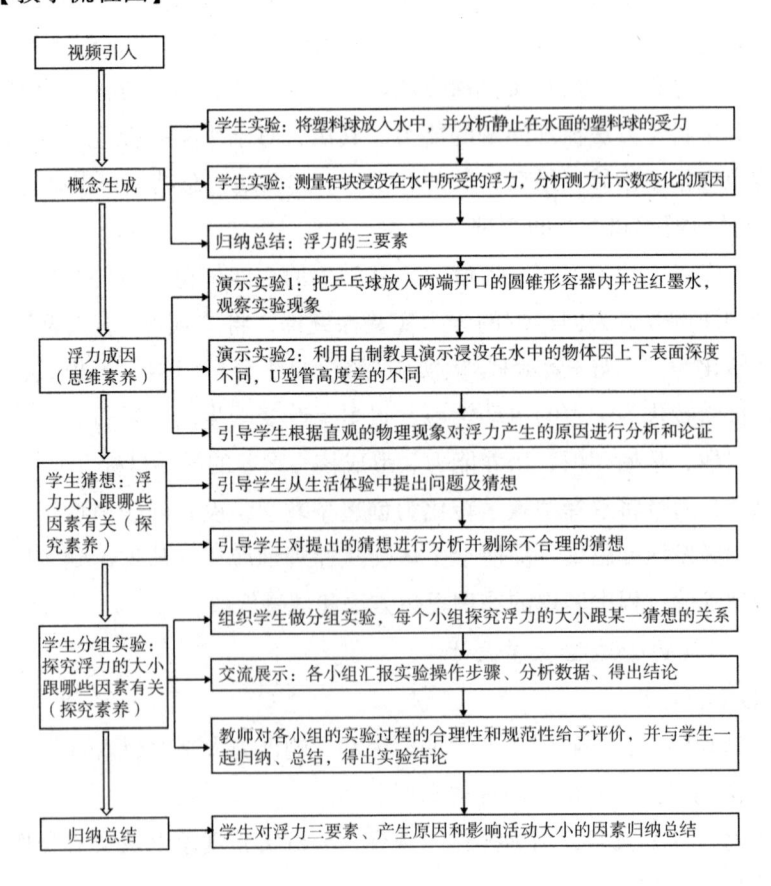

```
视频引入
   │
   ▼
概念生成 ──── 学生实验：将塑料球放入水中，并分析静止在水面的塑料球的受力
         ├── 学生实验：测量铝块浸没在水中所受的浮力，分析测力计示数变化的原因
         └── 归纳总结：浮力的三要素
   │
   ▼
浮力成因 ──── 演示实验1：把乒乓球放入两端开口的圆锥形容器内并注红墨水，观察实验现象
（思维素养）├── 演示实验2：利用自制教具演示浸没在水中的物体因上下表面深度不同，U型管高度差的不同
         └── 引导学生根据直观的物理现象对浮力产生的原因进行分析和论证
   │
   ▼
学生猜想：浮力大小跟哪些因素有关（探究素养）
         ├── 引导学生从生活体验中提出问题及猜想
         └── 引导学生对提出的猜想进行分析并剔除不合理的猜想
   │
   ▼
学生分组实验：探究浮力的大小跟哪些因素有关（探究素养）
         ├── 组织学生做分组实验，每个小组探究浮力的大小跟某一猜想的关系
         ├── 交流展示：各小组汇报实验操作步骤、分析数据、得出结论
         └── 教师对各小组的实验过程的合理性和规范性给予评价，并与学生一起归纳、总结，得出实验结论
   │
   ▼
归纳总结 ──── 学生对浮力三要素、产生原因和影响活动大小的因素归纳总结
```

≪ 第五章 资源型备课支持下的初中物理创造型教学案例

【教学过程】

教学环节	教学活动		说明
	教师活动	学生活动	
新课引入	*视频设疑，引入新课 1. 人在清水中游泳的浮沉（生活经验） 2. 人在死海中游泳的情景（认知冲突） 归纳总结： 这就是我们今天所要研究的"浮力" 板书：10.1 浮力	观看视频内容	从学生熟悉的喜欢的游泳情境入手。再通过学生不曾体验过的现象激发学生的认知冲突引入新课，帮助学生转变错误的"前概念"。 实现"寓教于乐"的第一高潮，学生们跃跃欲试，为接下来学习浮力的概念做准备
概念生成	*概念生成，环环相扣 观看实验现象： 将塑料球放入水中，球浮在水面上。 引导思考： 球为何会浮在水面上？ 深度提问：通过前面的学习我们已经知道力的三要素，那浮力的方向又是怎样的呢？	得出结论： 球受到了浮力的作用。 分析结果： 浮力的方向应该是竖直向上的	学生已经学过二力平衡知识，知道对静止在水面的小球进行受力分析，让学生自主找出浮力的方向。 通过提问、实验、分析归纳等教学手段带领学生完成从"浮在水上的物体受到浮力—浮在水上的物体受到竖直向上的浮力—浸没在水中的物体受到竖直向上的浮力—浮力的定义"的认知过程。这样自下而上地生成概念，从具体现象到抽象概念，更加符合实际的科学发展过程，有利于培养学生的物理创造性思维

133

续表

教学环节	教学活动		说明
	教师活动	学生活动	
概念生成	深度提问： 浮在水上的塑料球受到浮力的作用，那么此时如何测量该力的大小？如果给你一个弹簧测力计和一杯水，如何测量物体浸没在水中受到的浮力大小？	学生回答： 用弹簧测力计把物体掉在空气中，测量重力的大小，再将其放入水中，观察弹簧测力计的读数大小，再由二力平衡的知识可知 $F_{浮}=G-F_{拉}$	通过测量浸没在水中的物体受到浮力的大小，从而完善对浮力的认知。生成概念的过程层层递进，环环相扣。简单复习弹簧测力计正确使用方法，增强物理教学的严谨性
深度分析	*深入分析，突破难点 过渡提问： 浸在液体中物体一定会受到浮力的作用？ 演示实验： 把乒乓球（直径略大于瓶口直径）放入两端开口的圆锥形容器内并注红墨水，看到有少量水从瓶口流出，此时乒乓球静止，然后用手堵住容器下端瓶口，一会儿乒乓球浮起来了	学生思考浮力产生的原因。 学生回答： 向容器中加水的过程中，乒乓球一直被紧紧压在下面无法浮起来；用手堵住下端瓶口，水不会流出，乒乓球的下表面会慢慢接触水有了向上的压力，从而产生了浮力。 学生观察 U 型管高度差的变化。	通过复习压强、液体压强的知识，进而引导学生分析浮力产生的原因，可以有效做到"瞻前顾后"。使学生从感性认知上升到理性认知，从而突破难点

续表

教学环节	教学活动		说明
	教师活动	学生活动	
深度分析	引导思考：为何圆锥形容器中加水的过程中乒乓球没有浮起来，而用手堵住瓶口的过程中，乒乓球下表面接触到水时就浮起来了？ 演示实验：利用自制教具演示浮力产生的原因。	通过 U 型管高度差的变化，将微小的形变放大，学生能够感受到物体在各个方向上受到的压力，U 型管高度差不同的现象体现出了"压力差"	为了让学生更加直观地看到压力的作用效果，将一个圆柱体放入其中，圆柱体的两个底面有橡胶模，将圆柱体浸入水中的过程中可以很好地通过 U 型管液面高度差直观地感受到浮力的产生，这样做既照顾到初中生以形象思维为主的学情，又可以很好地将微小的物理现象放大，使学生感受到物理的神奇，从而实现"寓教于乐"的第二高潮
科学探究	*科学探究，深入认识浮力 引导探究： 情境1：塑料球浮起来，小铁块下沉 情境2：鸡蛋在清水中下沉，在浓盐水中浮起来 情境3：逐渐按压漂浮在水上的乒乓球，感觉越来越吃力 情境4：球形橡皮泥沉，小舟形橡皮泥浮	猜想1：浮力可能与液体的密度有关 猜想2：浮力可能与深度有关 猜想3：浮力可能与物体的密度有关 猜想4：浮力可能与物体的重力有关 猜想5：浮力可能与物体的体积有关 猜想6：浮力可能与物体的形状有关 猜想7：浮力可能与排开液体的体积有关	新课标的教学过程中注重学生进行探究性实验，而研究影响浮力大小的因素是很典型的探究性实验，通过实验能培养学生的合作能力和科研能力。设计实验要体现"控制变量法"的思想

续表

教学环节	教学活动		说明
	教师活动	学生活动	
科学探究	让学生对所有的猜想——探究,让每个小组从中选择感兴趣的一种进行猜想并进行探究,最终全班共享结果	学生自主探究: 设计实验1 探究浮力与物体体积的关系 实验步骤: (1)将同一物体放入装有清水的烧杯之中; (2)比较两种情况下弹簧测力计的读数,并利用称重法测出浮力的大小。 实验1结论:浮力的大小跟物体的体积无关。 设计实验2 探究浮力与物体重力的关系 实验步骤: (1)将重力不同的两个物体放入装有清水的烧杯之中; (2)比较两种情况下弹簧测力计的读数,并利用称重法测出浮力的大小。 实验2结论:浮力的大小跟物体的重力无关。 设计实验3 探究浮力与液体密度的关系 实验步骤: (1)将同一个物体分别放入装有清水和浓盐水的烧杯之中; (2)比较两种情况下弹簧测力计的读数,并利用称重法测出浮力的大小。 实验3结论:浮力的大小跟液体的密度有关	通过探究实验让学生了解到物体所受的浮力大小与物体的体积无关。 通过探究性实验让学生了解到物体所受的浮力大小与物体的重力无关。 通过探究性实验让学生了解到物体所受的浮力大小与液体密度有关。

续表

教学环节	教学活动		说明
	教师活动	学生活动	
科学探究		设计实验4 探究浮力与物体形状的关系 实验步骤： （1）把同一块橡皮泥捏成几种不同形状，分别用弹簧测力计测其浮力； （2）比较两种情况下弹簧测力计的读数，并利用称重法测出浮力的大小。 实验4结论：浮力的大小跟物体的形状无关。	通过探究性实验让学生了解到物体所受的浮力大小与物体的形状无关。
		设计实验5 探究浮力与物体密度的关系 实验步骤： （1）将密度不同的物体分别放入装有清水的烧杯之中； （2）比较两种情况下弹簧测力计的读数，并利用称重法测出浮力的大小。 实验5结论：浮力的大小跟物体的密度无关。	通过探究性实验让学生了解到物体所受的浮力大小与物体的密度无关。
		设计实验6 探究浮力与排开液体体积的关系 实验步骤： （1）将体积不同的物体分别放入装有清水的烧杯之中； （2）比较两种情况下弹簧测力计的读数，并利用称重法测出浮力的大小。 实验6结论：浮力的大小跟排开液体的体积有关	通过探究性实验让学生了解到物体所受的浮力大小与物体排开液体的体积有关。

续表

教学环节	教学活动		说明
	教师活动	学生活动	
科学探究		设计实验7 探究浮力与深度的关系 实验步骤： (1) 把物体放入清水中，观察测力计的读数； (2) 改变物体在水中的深度，再观察测力计的读数； (3) 比较两次的读数。 实验结论：浸没后浮力的大小跟深度无关	通过探究性实验让学生了解到物体所受的浮力大小与物体在液体中所处的深度无关

【板书设计】

浮力

1. 浮力

(1) 定义：浸在液体中的物体受到液体施加的向上的力

(2) 方向：竖直向上

(3) 大小：$F_{浮} = G - F_{拉}$

(4) 产生原因：$F_{浮} = F_{向上} - F_{向下}$

2. 影响浮力大小的因素：

(1) 物体浸在液体中的体积

(2) 液体的密度

七、探究影响浮力大小的因素

(一) 探究影响浮力大小的因素教学中常见问题分析

探究影响浮力大小的因素的教学，以下是常见的教学程序之一：

1. 教师提问引入：鸡蛋为什么在水中下沉而在盐水中漂浮呢？本节课我们就一起来探究浮力的大小可能与哪些因素有关。

2. 教师演示：演示鸡蛋分别放入水中和放入盐水中的状态。

3. 教师提出问题：浮力大小可能与哪些因素有关呢？你的猜想依据是什么？

4. 学生猜想并小组讨论：同学们根据自己的猜想并讨论选择哪些实验器材。

5. 实验器材：弹簧测力计、圆柱体、盛有水和浓盐水的容器各1个。

6. 教师演示：

(1) 按照图1所示，用弹簧测力计测出圆柱体所受的重力。

(2) 如图1（b）所示，将圆柱体逐渐浸入水中，直到浸没，观察并记录弹簧测力计的示数。

(3) 如图1（c）所示，改变圆柱体浸没在水中的深度，观察并记录弹簧测力计的示数。

(4) 如图1（d）所示，将圆柱体浸没在盐水中，观察弹簧测力计的示数，并与圆柱体浸没在水中时弹簧测力计的示数进行比较。

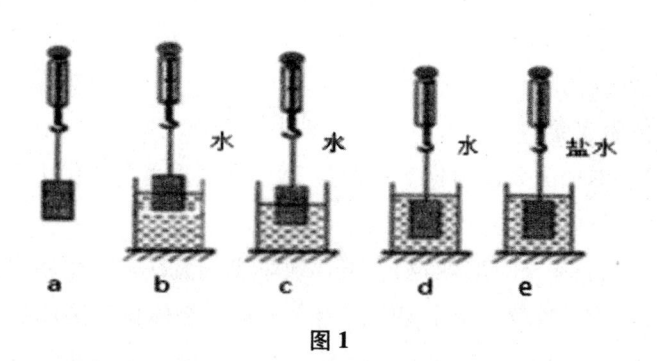

……

图1

上述教学过程，存在什么问题呢？

此实验编者意图首先让学生根据已有知识和生活经验提出猜想，再通过实验探究出浮力的大小与哪些因素有关，看似能够达到目的，但在实际操作中，还是有不足之处，没有达到使学生理解的目的，反而增加了学生的疑惑，可能会对学生的科学探究性造成不严谨的问题。此教学过程存在以下不足之处：

第一，（2）（3）实验步骤不能达到实验目的。

实验中的图1（b）（c）两个图，目的是让学生探究出浮力的大小与"物体排开液体的体积"的关系，由图1（b），在圆柱体逐渐浸入水中的过程中，弹簧测力计的示数确实是逐渐变小的，说明浮力逐渐变大，由图1（c），改变圆柱体浸没在水中的深度，弹簧测力计的示数不变，说明浮力的大小不变。那么在这里学生会误认为，浮力的大小与物体进入水中的深度有关，因为学生根据实验很容易得出："浸没前，深度增加，浮力增大，浸没后，深度增加，浮力不变"的结论。而浮力大小与"物体排开液体的体积"有关这一因素，在学生的已有认知里，很难想到，即使有些学生因提前预习过，知道了浮力的大小与"物体排开液体的体积"有关，但只是通过图1（b）（c）还是很难理解这一因素的真正含义。所以这两步对学生而言还是不能达到探究的目的，还需要教师分析后，将实验结论强加给学生，这就违背了以学生为主体，教师为辅的教学宗旨。

第二，（3）（4）两步对比效果不明显。

实验中，（c）（d）两步，目的是让学生知道浮力的大小与液体的密度有关，理论上实验方法是正确的，但在现实实验中，学生发现物体在水中和在盐水中的浮力变化不是很明显，甚至看不到浮力的大小变化。原因就是盐水的密度和水的密度相差不是太大，但如果增大盐水的密度，常温下，由于溶解度的限制，浓盐水的密度最大是 $1.2g/cm^3$，如果我用体积为 $40cm^3$ 的物体做实验，其在水中和在盐水中所受浮力大小也就相差 $0.08N$，而一般实验室弹簧测力计的分度值为 $0.2N$，那么浮力的变化小于弹簧测力计的分度值，所以，实验效果不佳。

从"三维目标"的角度分析，上述教学事例欠缺对学生错误认识的判断步骤，该实验过程仅让学生探究浮力大小与"物体排开液体的体积"和"液体的密度"这两个因素有关，而学生的其他猜想在判断实验中并没有被提及，如何针对学生提出的其他猜想，有效地进行实验探究，这是老师必须考虑的。

（二）创新教学设计

1. 探究浮力大小的影响因素的教学中的核心素养目标分析

物理核心素养包括：物理观念、科学思维、实验探究、科学态度与责任。

实验探究主要包括：问题、证据、解释、交流。问题要求学生具有科学探究意识，能在不同情景中提出可探究的物理问题，合理猜测和假设，具有发现问题、提出问题的能力；证据要求学生能正确设计和实施物理实验探究，正确使用各种科技手段和方法收集信息，具有设计物理实验探究和获取证据的能力；解释要求学生会使用不同方法和手段分析、处理信息，能描述、解释实验探究结果和变化趋势，具有分析论证的能力；交流要求学生具有合作与交流的意愿与能力，能准确描述和评估反思实验探究过程与结果。

实验是理论的源泉，是检验理论的手段。在研究物理现象时，实验的任务不仅是观察物理现象，更重要的是根据现象寻找物理量之间的数量关系，找到它们的变化规律。任何一个物理量的建立，都必须根据可靠的实验数据。

2. 教学重点分析

本节课探究浮力大小的影响因素是下节课得到阿基米德原理的基础和前提，认识影响浮力大小的因素需要学生进行实验和体验，其内容抽象、综合性强，是学生学习的重点和难点。

3. 教学模式和方法的改进

本节课教学设计渗透了从感性到理性、从生活体验到科学探究的认识过程，在激发学生学习兴趣的同时引导学生对现象产生疑问、提出问题，进行科学探究，达到提升学生科学素养的目的。有以下三点需要特别说明：

第一，在探究浮力大小与物体排开液体的体积有关这一问题时，改进后采用长方体铝块竖放和横放，对应进行比较的方法，实验现象明显，更容易使学生通过分析得出浮力大小与物体排开液体体积有关这个因素，符合初二学生的认知规律。

第二，在探究浮力大小与"液体密度的关系时"，将食盐水换为密度更大的蔗糖水，浮力差别更大，客观性更强了。

第三，学生在生活中观察到铁块在水中是下沉的，将钢铁造成船却是漂浮的，这就促使许多学生认为"浮力的大小与物体的形状有关"。观察到密度较小的塑料在水中是漂浮的，而密度较大的铁在水中是下沉的，所以认为"浮力大小与物体的密度有关"。通过增设的探究实验，用事实说明了"浮力大小与物体的形状、物体的密度均无关"，消除了学生的疑惑。

（三）探究影响浮力大小的因素的创造型教学设计

下面以2012年人教版《义务教育教科书·物理八年级下册》第十章第一节浮力为基础进行讨论。根据上述分析，该节内容可安排1课时，将

141

概念课转设为实验探究课，教学目标、教学重难点、教学过程等如下。

【教学目标】
1. 认识浮力的概念、方向、大小；
2. 了解浮力产生的原因；
3. 理解影响浮力大小的因素；
4. 通过实验探究归纳出浮力的影响因素；
5. 运用上一章学习过的压强的知识，推导出浮力产生的原因。

【教学重点】
通过实验探究得出决定浮力大小的因素。

【教学难点】
理解浮力产生的原因。

【教学器材】
烧杯、水、弹簧测力计、蔗糖水、体积相同的铁块和铝块。

【教学流程图】

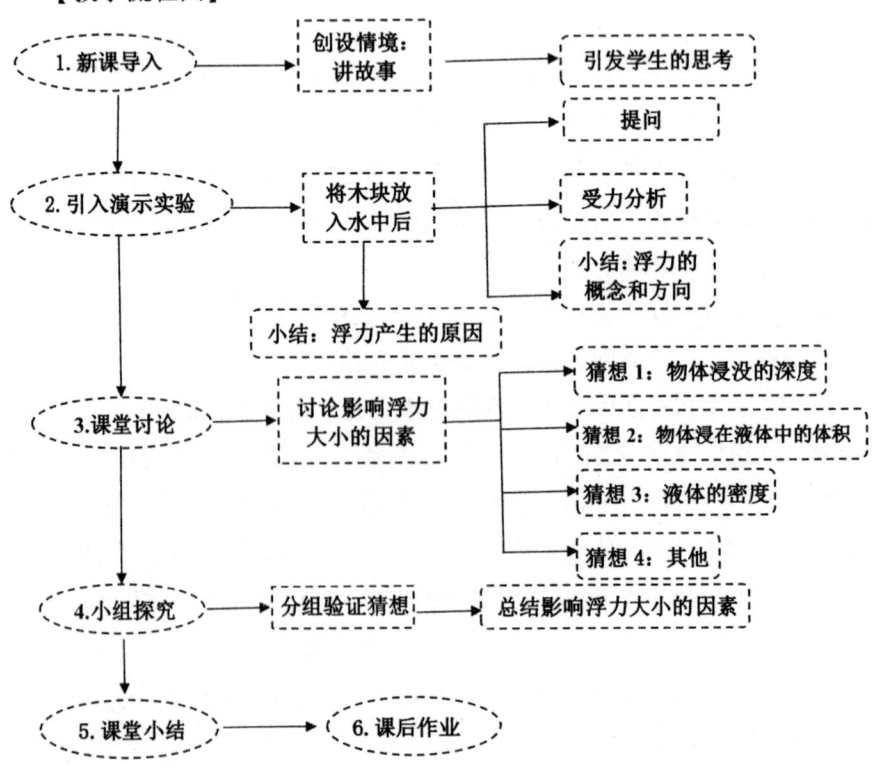

```
1.新课导入 → 创设情境：讲故事 → 引发学生的思考
    ↓
                              → 提问
2.引入演示实验 → 将木块放入水中后 → 受力分析
                              → 小结：浮力的概念和方向
    ↓         → 小结：浮力产生的原因
                              → 猜想1：物体浸没的深度
3.课堂讨论 → 讨论影响浮力大小的因素 → 猜想2：物体浸在液体中的体积
                              → 猜想3：液体的密度
                              → 猜想4：其他
    ↓
4.小组探究 → 分组验证猜想 → 总结影响浮力大小的因素
    ↓
5.课堂小结 → 6.课后作业
```

142

【教学过程】

教学目标	教师的课堂活动设计	学生的课堂活动设计	设计意图
引起学生兴趣和思考	【引语】相传 2000 年前，罗马帝国的远征军来到了死海附近，击溃了这里的土著人，并抓获了一群俘虏，统帅命令士兵把俘虏们投进死海。奇怪的是，这些俘虏竟然没有沉下去，而是个个都浮在水面之上，统帅以为这是神灵在保佑他们，就把俘虏释放了。 【提问】俘虏们为什么淹不死呢？ 学生回答后… 【小结】俘虏们可以浮在海面上是由于受到浮力的作用。 【板书】§10.1 浮力	带着浓厚的兴趣听故事，听完后认真思考并回答老师提出的问题	通过讲解故事，吸引学生的注意力，引起学生的思考，激发他们的学习兴趣，为后面内容的讲解打下基础

小结与过渡：
俘虏们可以浮在海面上是由于受到浮力的作用，在我们的生活中，船可以浮在水面上，潜水艇能潜入水下航行，金鱼可以轻盈地在水下游动，等等，都是一些有关浮力的问题，那么从本节起，我们开始学习新的一章《浮力》

续表

教学目标	教师的课堂活动设计	学生的课堂活动设计	设计意图
引发学生的思考，通过仔细观察实验现象得出结论	【演示实验】将木块放入水中放手后，木块从水里浮上来，最后浮在水面上静止不动。 【提问】在水里浮上来和浮在水面上的木块受几个力的作用？施力物体是什么？力的方向如何？ 学生回答后… 【小结】从水里浮上来的木块受到竖直向下的重力，施力物体是地球，还受到竖直向上的浮力，施力物体是水。上浮过程中木块受非平衡力的作用，浮力大于重力。木块浮在水面静止不动时，受到竖直向下的重力和竖直向上的浮力，木块在平衡力的作用下保持静止状态。可见，从水里浮上来的物体和浮在水面上的物体都受到浮力。教师总结讲解时，边讲解边画出木块受力分析图。 【小结】通过这个实验，我们可以得出，浸入液体（气体）的物体，都要受到液体（气体）对它向上的力，这个力叫浮力，我们还观察到，不管怎么将容器倾斜或者将木块按压，它都会竖直向上浮上来，所以浮力的方向总是竖直向上的。 【板书】1. 浮力的定义 2. 浮力的方向	学生认真观察实验现象，思考并回答老师提出的问题。 学生进行受力分析，思考问题	演示实验中出现的现象，引起学生的思考，激发他们的学习兴趣，为后面内容的讲解打下基础

小结与过渡：
在刚刚这个小实验中，同学们有没有注意到，这个小木块，放手后竖直向上浮，它为什么不会向左或向右，向前或向后运动呢？

续表

教学目标	教师的课堂活动设计	学生的课堂活动设计	设计意图
复习上一章学习过的压强的知识，能推导出浮力产生的原因	【提问】浸没在水中的立方体木块，放手后竖直向上浮，它为什么不会向左或向右，向前或向后运动呢？ 复习液体内部压强的特点，启发学生答出：立方体木块浸没在水中，左右两个侧面和前后两个侧面相对应的部位，距液面的深度相同，水对它们的压强相等。因而它的左右两侧面和前后两侧面，受到的压力大小相等、方向相反，所以木块不会向前后、左右运动。 【提问】浸没在水中的立方体（木块）上下表面所受水的压强是否相等？哪个大？为什么？立方体上下表面受到的压力如何计算？是否相等？哪个大？为什么？ 启发学生回答，教师总结并结合画图讲解。说明浸没在水中的立方体，由于上表面距液面的深度小于下表面距液面的深度，所以它们受到的水的压强不同。下表面受到的水的压强大于上表面受到的水的压强。上下表面面积相等，所以下表面受到的水的竖直向上的压力大于上表面受到的水的竖直向下的压力，上下表面的压力差就是浮力。 【板书】3.浮力产生的原因	学生认真观察实验现象，思考并回答老师提出的问题	演示实验中出现的现象，引起学生的思考，激发他们的学习兴趣，为后面内容的讲解打下基础
小结与过渡：下面我请同学们来做个预测，猜想一下浮力大小的影响因素有哪些			

续表

教学目标	教师的课堂活动设计	学生的课堂活动设计	设计意图
掌握物理学中常用的研究方法——"控制变量法";归纳总结影响浮力大小的因素	【提问】浮力的大小跟哪些因素有关?请同学们提出猜想。 【猜想】猜想1:物体浸没的深度; 猜想2:物体浸在液体中的体积; 猜想3:液体的密度。 学生按照猜想个数分组,用控制变量法进行探究,教师在此期间四处观察,指导学生实施实验。 【小结】通过各位同学的探究,我们就可以得出,浮力的大小跟物体浸在液体中的体积和液体的密度有关	自行分组,正确并熟练运用控制变量法,在老师的指导下验证猜想	通过让同学们动手做实验,体会掌握物理学中常用的研究方法——"控制变量法"
小结与过渡:学习完了浮力大小的影响因素,我们一起来回顾一下本节课所学内容			
本节课小结	1. 浮力的概念: 2. 浮力的方向: 3. 浮力产生的原因: 4. 浮力大小的影响因素:	学生与老师一同回忆总结本节课所学内容,加深记忆	巩固本节课所学内容
小结与过渡:学习完了浮力大小的影响因素,我们一起来回顾一下本节课所学内容			

续表

教学目标	教师的课堂活动设计	学生的课堂活动设计	设计意图
同学们能够对本节课学习的知识再进行巩固，同时较开放性的作业能够培养学生的发散思维。	1. 要使浮在浓盐水上的马铃薯下沉，可以在液体中（　）。 A. 加清水　B. 加盐　C. 加糖 2. 物体在水中受到的浮力的大小，主要与物体的（　）有关。 A. 重量　B. 颜色 C. 排开的水量 3. 如右图，用手把一块木块按入水中，然后放手。 （1）请在图中用箭头线画出浸没在水中的木块受到的重力和浮力。 （2）在刚松手后，木块受到的浮力＿＿＿＿重力（选填"大于""小于"或"等于"）。此时，木块怎样运动？＿＿＿＿。 （3）最后，木块的位置怎样？＿＿＿＿。这时木块受到的浮力＿＿＿＿重力（填"大于""小于"或"等于"）。 4. 小明用测力计提着一块石块，测量出它在不同情况下的重力情况。以下是他们的记录： 	石块的位置	重力（单位N）
---	---
空气中	2.7
一部分浸没在水中	2
全部浸没在水中	1.7
全部浸没在深水中	1.7
搁在水底	0 | （1）石块本身的重力是多少？（写上单位）＿＿＿＿。 （2）当石块浸到水里后，为什么会变轻？＿＿＿＿ （3）浮力的方向是怎么样的？ （4）石块全部浸没在水中后，受到的浮力是多少？（写上单位）＿＿＿＿。 （5）石块搁在水底时，有没有受到浮力的作用？＿＿＿＿，回答有受到浮力的同学请写出浮力的大小（写上单位）＿＿＿＿	学生按照老师的相关要求完成作业	进一步巩固提升

【板书设计】

§10.1 浮力

1. 定义：浸入液体（气体）的物体，都要受到液体（气体）对它向上的力，这个力就叫浮力（$F_浮$）

2. 方向：竖直向上

3. 产生原因：浸没在液体（气体）中的物体，其上下表面受到液体（气体）对它的压力不同，这就是浮力产生的原因

4. 影响浮力大小的因素

(1) 物体浸在液体中的体积（$V_排$）：$\rho_液$ 不变，$V_排$ 越大，$F_浮$ 越大

(2) 液体的密度（$\rho_液$）：$V_排$ 不变，$\rho_液$ 越大，$F_浮$ 越大

八、物体的浮沉条件及应用

（一）教学常见问题分析

物体的浮沉条件及应用的教学，通常被界定为解释型教学，以下是常见的教学程序之一：

1. 教师提问引入：浸没在液体中的物体都会受到向上的浮力的作用，为什么潜水艇既能上浮又能下沉？

2. 教师演示：展示物体的上浮、悬浮和下沉的状态。

3. 教师提问分析：引导学生进行受力分析并结合二力平衡的知识。

4. 总结得出物体的浮沉条件：浮力大于重力时，物体上浮；浮力等于重力时，物体受力平衡，可以悬浮在液体内任何地方；浮力小于重力时，物体下沉。

5. 教师讲解浮沉条件的应用：教师解释轮船不会下沉的原因和潜水艇如何实现上浮、悬浮和下沉。

6. 巩固提高。

(1) 受力分析：教师给出不同浮沉状态下的物体，让学生判断物体所受力的大小。

(2) 应用提高：学生解释人们在选种子时，为什么漂浮在盐水表面的种子要清除掉，而下沉的种子要保留？

……

上述教学过程，存在什么问题呢？

这是典型的解释型教学。表面上有提问式课堂教学引入、有课堂提问、有教师的讲解分析、有学生的课堂训练等，但本质上依然是教师的灌输，对培养学生的学科素养和创新能力毫无裨益。

首先，教师直接提出问题"潜水艇为何能够实现上浮或下沉"，学生缺乏真实情景下的体验和感知。

其次，上述示例中没有进行实验探究，只是重复、机械的受力分析，学生缺乏感性认识和实验基础，只有理性认识和推理分析。

最后，上述示例中教师要求学生根据浮沉状态进行受力分析并解释生活中的实际问题，从头到尾都是反复的机械训练和简单认知，并没有在一个真实情景下进行巩固提高，学生对于物体的浮沉条件没有一个深刻的理解。

从"三维目标"的角度分析，上述教学过程反映的教学理念尚停留在传授知识的层面。教学目标仅仅是"知道物体的浮沉条件"。没有使学生经历过程、掌握思想方法，学生更没有情感态度的体验和价值观的养成。

从学科核心素养目标的角度分析，上述教学过程直接"灌输并反复强调"物体浮沉的条件，没有通过科学探究体现科学思维、科学态度等素养的培养。

上述教学过程本质上仍是"灌输"，教师仅仅是将物体浮沉的条件"总结得出"并灌输给学生，没有引导学生经历科学探究的思维过程，没有引导学生认识科学思维的必要性，没有引导学生体会基于经验事实建构物理模型的抽象概括过程，没有引导学生通过实验操作体验科学探究的步骤和乐趣。

上述教学示例中，学生对物体的浮沉条件及应用的认识并不是来自学生自己的实验操作和在实验现象、实验数据基础上进行的科学思维，而是来自外部——教师的"解释灌输"，这导致很多学生容易出现"重的物体容易下沉，轻的物体容易漂浮"的观念，并不了解物体浮沉条件的实质，更不能理性分析和解释各种实际的漂浮问题。

解释教学不能仅仅是解释概念内涵和解释条件的解释型教学模式，而应该转变为创造型教学模式，应该创设科学探究的情境，激励学生进行情境活动，通过逐步引导让学生通过情境活动直观地认识到物体浮沉条件的本质，了解这是客观事物的本质特点。

上述教学过程存在以上问题，究其原因，是教师对物理教学的目的与宗旨缺乏准确的认识。

(二) 创新教学设计

1. 物体的浮沉条件及应用教学中的核心素养目标分析

物体的浮沉条件及应用是在上一节学习浮力的概念和阿基米德原理的基础上的拓展和应用，并与前面的内容构成完整的浮力知识体系。通过这部分内容的教学可以培养物理学科的哪些素养呢？

物理观念：掌握物体的浮沉条件帮助学生消除"重的物体容易沉，轻的物体容易浮"的错误观念，从而正确认识浮沉条件的本质特点。

科学思维：通过实验和理论分析，探究物体的浮沉条件，让学生尝试自己观察思考、描述实验现象，分析概括，得出结论；使学生在获取知识过程中，领会物理学的研究方法，受到科学思维方法训练。

科学探究：设计探究浮力浮沉条件活动，利用多媒体辅助总结实验规律，让学生动手实验并利用所学知识设计小魔术。在这一过程中已经包含了问题、证据、解释、交流等各个要素的训练提升。

科学态度与责任：通过对潜水艇、浮筒的浮沉原理的学习，体验科学、技术、社会的紧密联系，以及了解新闻时事和生活中的科学技术，培养学生的民族自豪感、热爱物理的情感。

2. 教学重点分析

上述教学示例中的教学重点是"使学生掌握物体的浮沉条件"，应该将教学重点转变为"加深对物体浮沉条件的认识，让学生明确漂浮与悬浮是物体在液体中的两种状态，而下沉和上浮则是两个过程"。

3. 教学模式和方法的改进

为增强学生的感性认知，丰富学生的实践体验，将以老师为主的讲授课改为以学生为主的实验探究课，将传统的解释型概念课改造为创造型的概念构建课，将"引入问题+受力分析+解释应用"的教学模式转变为"形象感知+理论实验相结合+趣味应用"的模式。

具体的做法是先让学生观看我国"蛟龙号"潜水的视频，认识物体浸在水中的运动状态，紧接着让学生通过理论分析和实验分析相结合的方式，探究物体的浮沉条件，同时强调漂浮和悬浮是两种状态，而上浮和下沉是两个过程，最后通过多媒体辅助教学，了解潜水艇和浮筒的浮沉原理，以及动手自制浮沉子魔术道具。

（三）物体的浮沉条件及应用创造型教学设计

【教学目标】

1. 知道物体的浮沉条件，会根据物体的浮沉条件判断物体的浮沉并解释实际生活问题。

2. 通过实验和理论分析的结合，探究物体的浮沉条件，培养学生建模、推理、论证等科学探究能力。

3. 通过浮沉子等小魔术，激发学生学习物理的学习兴趣，感受物理中独特的乐趣，以及培养提高学生运用所学知识进行实践动手的能力。

【教学重点】

通过实验探究，使学生清楚认识物体浮沉条件的本质，并能够解释生活中的浮沉现象。

【教学难点】

运用物体的浮沉条件，解释潜水艇、浮沉子的浮沉原理。

【教学器材】

多媒体课件、水槽、烧杯、水、小铁块、木块、细线、塑料瓶、剪刀、小药瓶。

【教学流程图】

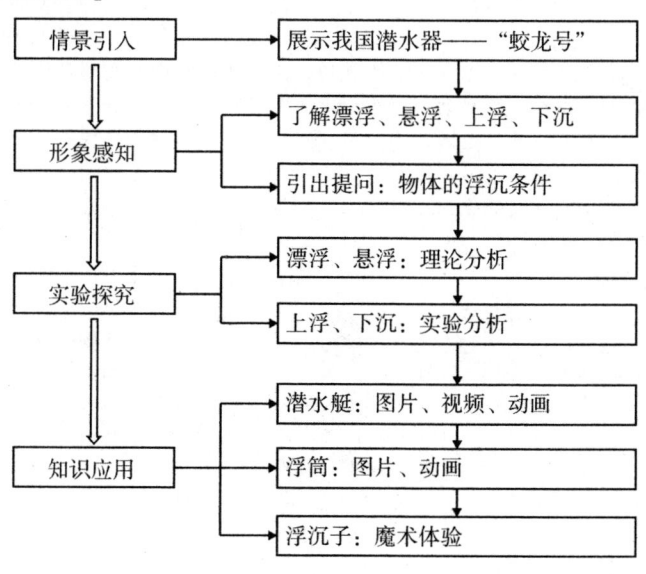

```
情景引入 ──→ 展示我国潜水器——"蛟龙号"
   │
   ↓
形象感知 ──→ 了解漂浮、悬浮、上浮、下沉
           └→ 引出提问：物体的浮沉条件
   │
   ↓
实验探究 ──→ 漂浮、悬浮：理论分析
           └→ 上浮、下沉：实验分析
   │
   ↓
知识应用 ──→ 潜水艇：图片、视频、动画
           ├→ 浮筒：图片、动画
           └→ 浮沉子：魔术体验
```

【教学过程】

教学环节	教师活动	学生活动	说明
情景引入（3分钟）	1. 展示我国潜水艇"蛟龙号"图片并播放"蛟龙号"作业过程的视频。 2. 提问：物体浸在液体中有几种运动状态？庞然大物的"蛟龙号"又是如何轻松改变运动状态的呢？	1. 观看视频并了解物体浮沉状态的种类：漂浮、上浮、悬浮、下沉。 2. 学生思考老师的提问	通过播放"蛟龙号"的视频，展示我国的近代科学，既增强了学生的民族自豪感与自信心，也激发了学生的学习兴趣
形象感知（2分钟）	1. 让学生回顾物体在液体中的几种常见状态：漂浮、悬浮、下沉、上浮。 2. 提问学生：为什么不同的物体放到液体中会有不同的状态？让学生说出自己的想法	1. 学生大胆说出自己的想法： （1）重的物体容易沉，轻的物体容易浮。 （2）空心的容易浮，实心的容易沉。 （3）大的容易浮，小的容易沉	启发学生思维，让学生大胆说出自己的想法。从而了解学生的前概念，并根据学生的前概念，调整和改进教学设计，从而打下引导学生从前概念向科学概念转变的思想基础。
新课：实验探究（10分钟）	1. 由于物体处于漂浮和悬浮这两种状态时，可以直接引导学生对处于这两种状态的物体进行受力分析，结合二力平衡，得出物体处于漂浮和悬浮状态时的受力条件。 2. 物体的下沉与上浮是动态过程，为了使学生更好地接受，本节课用了一个小实验来探究它们的受力条件。 上浮 $G+F_{压}=F_{浮}$ 压力F撤走后，$F_{浮}>G$，合力向上，物体上浮	1. 学生对物体在液体中处于漂浮和悬浮状态时的情况进行受力分析，得出物体处于这两种状态时要满足浮力等于重力的条件。 2. 活动一：用细绳拉着一块小铁块，让铁块在水中静止，让学生对其进行受力分析，然后放手，再对其进行受力分析。 下沉 $F_{浮}、F_{拉}、G$ 细绳被剪掉后$F_{浮}<G$，合力向下，物体下沉 3. 活动二：用手压着一木块，让木块在水中静止，让学生对其进行受力分析，然后放手，再让学生对其进行受力分析	由浅入深，层层递进，引导学生动脑思考，培养学生的逻辑思维能力和口头表达能力。 通过老师的引导，使学生在观察的过程中思维得到启发。让学生自己开口说出实验现象，培养学生的表达能力。让学生对物体进行受力分析，培养学生的理论分析能力。利用多媒体课件解释物体的浮沉条件，将抽象的物理情境清晰地展现出来，有利于让学生从感性认识上升到理性认识。

续表

教学环节	教师活动	学生活动	说明
总结拓展（5分钟）	1. 在学生实验的基础上引导学生概括总结，并板书实验结论。同时引发学生思考：漂浮和悬浮是两个不同的状态。 提问：处于这两种状态的物体有什么区别？	1. 总结规律： 2. 漂浮：$F_浮 = G$ 悬浮：$F_浮 = G$ 下沉：$F_浮 < G$ 上浮：$F_浮 > G$ 回答老师问题：根据阿基米德原理：$F_浮 = \rho_液 gV_排$，有的物体只要部分浸入水中，就能使得其受到的浮力等于重力，这样的物体可以漂浮在水面；而有的物体要全部浸入水中，它受到的浮力才等于重力。所以虽然都是 $F_浮 = G$ 时，有的物体能漂浮，有些物体能悬浮	通过总结让学生对物体的浮沉条件有系统的了解。通过进一步提问，加深学生对物体浮沉条件的认识，让学生明确漂浮与悬浮是物体在液体中的两种静止状态，而下沉和上浮则是两个动态过程。
知识应用（20分钟）	1. 引导学生运用物体的浮沉条件来解释潜水艇的浮沉原理。 2. 运用多媒体课件引导学生共同分析潜水艇的浮沉原理。	1. 观察课件思考并回答潜水艇的浮沉原理。 下沉时：气阀打开，将水舱内的空气排出，使海水进入各个水舱，潜水艇的重量就增加了，从而使 $F_浮 < G$，潜水艇便实现了下沉。 上浮时：关闭水舱的进水网，用压力极大的压缩空气把水舱里的水通过排水阀压出去，重量减轻了，从而使 $F_浮 > G$，潜水艇便实现了上浮。 2. 观看视频并思考回答问题：先将浮筒装满水，让它沉入水中，将浮筒和沉船捆绑在一起，然后压入气体，将水排出，这样浮筒变轻，会带动沉船上浮	引导思考的方向：潜水艇的浮沉与潜水艇的结构有密切联系。潜水艇的结构使得其能通过充水和排水来调节自身重量。这样学生就不会漫无目的地思考。 通过老师一步步地引导，提高学生的逻辑推理能力；并将规律教学导入应用阶段，培养学生学以致用的能力，让学生感受到物理的科学性和实用性。 通过分组讨论，培养学生的交流合作能力，提高学生的口头表达能力。利用课件展示潜水艇的浮沉过程，形象直观，使学生更好地体验潜水艇的浮沉原理。

续表

教学环节	教师活动	学生活动	说明
知识应用（20分钟）	3. 播放打捞沉船的视频，并提问和思考：人们打捞沉船用到什么工具？其中涉及的原理是什么呢？ 4. 提供器材，与学生一起制作浮沉子并进行展示表演。	3. 活动三：在大瓶中装适量水，将小瓶装适量水，最后将小瓶放入大瓶中，用手挤压大瓶，观察小瓶的浮沉状态	了解浮筒的工作原理和制作浮沉子培养学生学以致用的能力，增长学生的见闻，丰富课堂，强化学生对物体浮沉条件的认识，进一步突出重点
课后作业		1. 阅读教材并完成第60页1、3题 2. 小组合作自制小制作：准备1个塑料瓶、1根长吸管、若干个1元硬币、1把剪刀、1卷胶带，组内同学通过上述材料自制简易潜水艇	学生对于物体浮沉条件的理解还不够透彻，需加强认识，因此布置课后练习加以巩固。 为了调动学生学习的积极性、主动性，通过自制潜水器的方式增强学生对物体浮沉条件应用的理解，同时感受物理的乐趣

【板书设计】

物体的浮沉条件及应用

1、物体的浮沉条件

漂浮：$F_浮 = G$

悬浮：$F_浮 = G$

下沉：$F_浮 < G$　　上浮：$F_浮 > G$

2、物体浮沉条件的应用

潜水艇：改变自身重量

浮筒打捞

浮沉子

九、流体压强与流速的关系

（一）流体压强与流速关系教学中常见问题分析

流体压强与流速关系的教学，通常被界定为概念教学，以下是常见的教学程序之一。

1. 教师提问引入：本节课我们来学习什么是流体？什么是流体压强？

2. 教师介绍概念："液体和气体都具有流动性，统称为流体""流体压强：流体流动时产生的压强称作流体压强"。

3. 教师提问：压强与流速间存在的关系是什么呢？

4. 教师演示：

实验演示1：对着漏斗吹气，观察乒乓球会发生什么现象？乒乓球会_____。

实验演示2：对着两张纸的中心吹气，纸会_____。

实验演示3：硬币跳舞的实验，应对着硬币的_____（上方或下方）吹气。

实验演示4：向两乒乓球之间喷水两球会_____。

实验演示5：用绳子拴住乒乓球靠近水流，观察到乒乓球会_____。

5. 教师分析：通过刚才几个实验我们可以得到结论：流速越快，流体产生的压强越小；流速越慢，流体产生的压强越大。

6. 教师解释：生活中的实例①火车的安全线的设置②两艘轮船为什么不能并排航行③飞机升力。

7. 要求学生记住教材上的结论"流体流速越快压强越小，流体流速越慢压强越大"（人教版教材）。

8. 巩固提高：巩固练习……

如上所述是传统的教学过程，属于解释型教学模式。看起来有提问式课堂教学引入、有演示实验、有教师的讲解分析、有学生的课堂训练等，但本质上依然是教师的灌输，没有定量地分析流体的压强与流速的关系，对学生来说没有形成一个直观的认识。对培养学生的学科素养和创新能力帮助不大。

第一，压强的概念学生已经学过了，但是流速与压强之间存在关系的结论是老师灌输给学生的。

第二，传统教学过程中在讲课时老师已经告诉了学生流体压强与流速之间存在关系，通过几个演示实验，验证这一结论，缺少对学生的思维培养。

第三，上述示例中教师要求学生死记硬背流体压强与流速的关系的结论，不符合学生的认知规律，对没有定量的探究加上自己感性体验，学生难以理解、记忆这种"文字结论"。

（二）创新教学设计

1. 流体压强与流速的关系教学中的核心素养目标分析

通过 U 形压强计管口吹气、"硬币跳高"、吹纸比赛和分组实验等培养学生收集证据、解释交流等探究素养；通过引导学生对实验现象、实验记录进行分析归纳总结培养学生的推理、论证等科学思维素养；在此基础上，理解掌握流体压强和流速的关系，并用以解释和解决生产中的若干现象和简单问题，形成物理观念。

2. 教学重点分析

上述示例教学重点是"流体压强与流速关系"，应该将教学重点转变为"通过实验探究，认识到流体压强与流速关系之间存在一定的关系"。让学生通过自己的实际操作得到这个结论。而不是像看魔术表演一样最后死记硬背结论。

3. 教学模式的改进

改变教学模式，创设实际情景，引导学生去分析流体压强大小受什么因素影响，把学生被动接受变成主动思考。实现激发兴趣、掌握知识、培养能力、形成素养的学科目标。

具体做法：对本节课学习内容不做任何提示和引导。直接利用创新教具帮助同学们分析流体的流速大小对流体压强的影响，利用微型压强计的 U 型管让气源对 U 型管两边的开口的某一处吹气。同时观察 U 型管内液面的变化，分析原理，引导学生进行实践探索、激发深度思维。第二次改变空气流速再做一次实验，多次实验使结论具有普遍性、客观性，培养学生严谨的科学探究精神。总之，通过改变教学模式，将解释型教学转化为创造型教学，促进学生核心素养的培养。

(三) 流体压强与流速关系教学设计

【教学目标】

1. 了解流体压强与流速的关系；

2. 通过观察、分析实验现象和生产生活实例，培养模型建构、推理论证能力；

3. 通过分组活动，培养学生探究的兴趣和技能；

4. 通过了解真实的与流体流速相关的应用和事故，培养学生的社会责任感。

【教学重点】

通过实验总结流体压强与流速的关系。

【教学难点】

利用流体压强与流速的关系解释生活现象。

【教学器材】

U型管压强计、气源、漏斗（或矿泉水瓶）、若干个硬币、若干张纸。

【教学流程图】

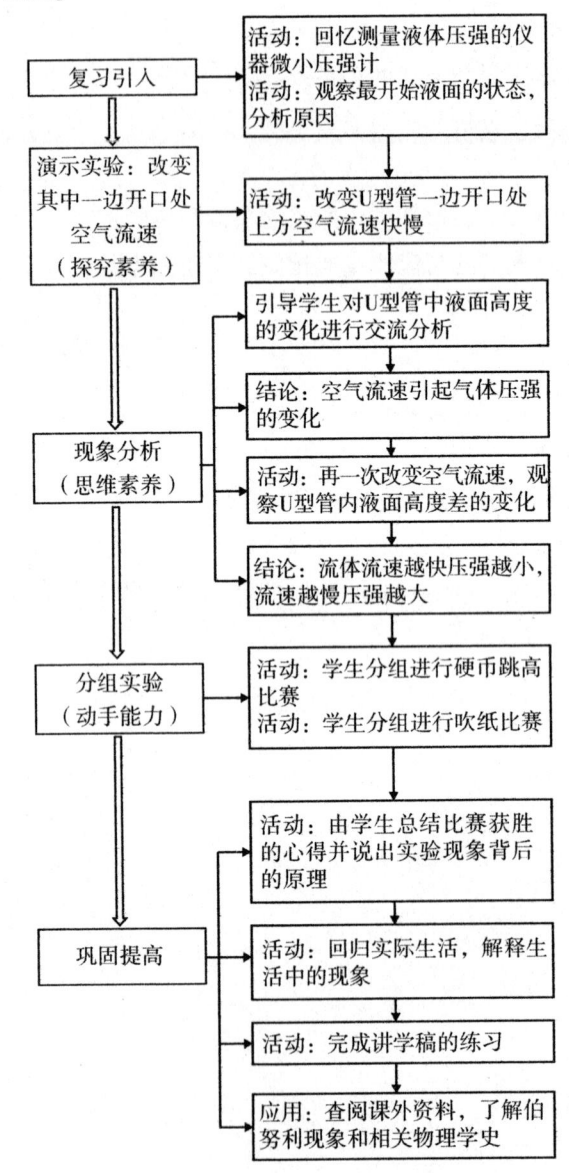

复习引入 → 活动：回忆测量液体压强的仪器微小压强计
活动：观察最开始液面的状态，分析原因

演示实验：改变其中一边开口处空气流速（探究素养）→ 活动：改变U型管一边开口处上方空气流速快慢

现象分析（思维素养）→ 引导学生对U型管中液面高度的变化进行交流分析
结论：空气流速引起气体压强的变化
活动：再一次改变空气流速，观察U型管内液面高度差的变化
结论：流体流速越快压强越小，流速越慢压强越大

分组实验（动手能力）→ 活动：学生分组进行硬币跳高比赛
活动：学生分组进行吹纸比赛

巩固提高 → 活动：由学生总结比赛获胜的心得并说出实验现象背后的原理
活动：回归实际生活，解释生活中的现象
活动：完成讲学稿的练习
应用：查阅课外资料，了解伯努利现象和相关物理学史

图1 流体压强与流速关系教学路程图

【教学过程】

教学环节	教师	学生	说明
复习引入 （5分钟）	1. 提供每组的器材：若干个硬币、若干张纸。 2. 回忆如何使用微小压强计？ 3. 提问：原来的微小压强计中的U型管为什么液面是相平的？	1. 活动一：学生翻书回忆微小压强计的使用原理。 2. 活动二：观察实验器材回答老师的问题。	利用实验复习前面学习的内容，同时为后续实验探究活动做好准备
新课： 科学 思维训练 （15分钟）	1. 分析U型管内液面高度相同的原因。 2. 老师进行演示： 进行实验：首先，实验器材准备就绪，将塑料瓶套在气源出口处用来加快其流速。接下来把塑料瓶口对准微小压强计的左端。同时观察实验现象。 流速稍慢 3. 在上面实验的基础上改变微小气源的流速再做一次对比实验。 流速稍慢	1. 活动三：小组进行讨论交流，分析产生现象的原因是什么？能初步得到什么结论？ 2. 活动四：结合我们这一章之前学过的大气压强和液体压强的计算方法能不能定量地计算出流体压强的大小？ 3. 活动五：如果想要定量地计算出左边U型管处的压强大小还需要测量哪些物理量？并且写出相应的表达式？	通过教师演示启发学生思考流体压强与流速之间存在定性的关系，结合前面学过的探究液体压强大小与哪些因素有关的知识不难得出结论：流体流速越大，压强越小。 引导学生深度思考利用本装置能不能定量地计算出流体压强的大小？如果想计算出流体压强大小还需要测量哪些物理量？ （培养学生观察、分析、解决问题的能力）

159

续表

教学环节	教师	学生	说明
归纳总结 （5分钟）	1. 学生以实验为依托深度思考流体压强大小与哪些因素有关，分析定量测量流体压强的方法，激发学生科学探究的兴趣和热情。 分析：实验时，U型管中左侧上方开口处空气流速快，压强变小。右侧上方开口处仍然与大气相连通，由于大气压强比较大会产生如图所示的液面差。可以根据公式计算出此时左侧液面上方的气压的大小 $P = P_0 - P_液$ 进行定量的计算。	1. 活动六：思考老师的问题，认真聆听本实验的原理：如何利用公式 $P = P_0 - P_液$ 进行定量的计算。 2. 活动七：还需要测量哪些物理量才可以定量地计算出流体压强大小？ 3. 活动八：让同学们通过计算两次不同流速下的压强大小得出流体压强与流速的关系。 4. 活动九：总结流体流速越快，压强越小；流体流速越慢，压强越大	学生通过老师的讲解激发学习兴趣。激发学生深度思考通过本实验器材如何定量地计算出流体压强大小，通过对比流速不同的流体压强能够得到流体压强与流速之间存在的关系。这样由实验教学定量研究得出流体压强与流速的关系更符合学生的认知
巩固提高 （10分钟）	1. 学生分组进行硬币跳高比赛：比比看谁能让硬币跳得更高。 2. 学生分组进行吹纸比赛：比比看谁能把白纸吹得更高？ 3. 思考：生活中哪些现象可以用流体压强与流速的关系解释？	1. 活动十：学生分组进行硬币跳高比赛。 2. 活动十一：学生分组进行吹纸比赛。	强化培养学生的动力操作能力，为科学思维提供材料，避免学生死记硬背结论

续表

教学环节	教师	学生	说明
拓展巩固 （5分钟）	1. 为什么火车和地铁的站台上要画一条安全线？ 2. 飞机为什么能像鸟儿一样遨游天空？	1. 活动十二：思考问题解释生活中应用到流体压强与流速关系的现象	学以致用让物理回归生活，学生能够利用本节课的结论解释生活中的现象
课后作业		1. 阅读教材并完成学案的课后作业部分。 2. 上网搜集资料为什么航海规定两艘轮船不能近距离同向航行。 3. 谈谈自己本节课的收获是什么	通过本节课的学习学生不但可以定性地总结出流体压强与流速的关系，还可以通过计算得到流体压强的大小。 课后可以通过搜集资料了解生活中还有哪些现象可以用本节课的实验结论进行解释，拓展学生的思维激发学生深度思考

【板书设计】

流体压强与流速的关系

1. 流体：液体和气体统称为流体，具有流动性
2. 流体压强与流速的关系：流速越快的地方压强越小
3. 应用实例分析：吹硬币、飞机升力

第二节　初中物理电学创新教学设计案例

一、串联和并联电路

（一）串、并联电路教学中常见问题分析

串联、并联电路的教学，通常被界定为概念教学，以下是常见的教学程序之一。

1. 教师提问引入：电路中的用电器有多少种连接方式呢？实际上只有两种，是哪两种呢？本节课我们来学习。

2. 教师演示：展示将两只小灯泡串联连接的电路。

3. 教师分析：分析串联电路中各部分的功能和连接特点。

4. 给出串联电路的定义：通常是要求学生齐读教材上的定义"两个小灯泡依次相连，然后接到电路中，我们就说这两个小灯泡是串联"（人教版教材）。

5. 教师提问：刚才学习了串联电路，还有没有其他形式的连接电路呢？还有一种叫并联的连接电路。

6. 教师演示：展示将两只小灯泡并联连接的电路。

7. 教师分析：分析并联电路中各部分的功能和连接特点。

8. 给出并联电路的定义：通常是要求学生齐读教材上的定义"两个小灯泡的两端分别连在一起，然后接到电路中，我们就说这两个小灯泡是并联"（人教版教材）。

9. 巩固提高：

（1）识图训练：教师给出不同"形状"的串联、并联电路图，要求学生辨认。

（2）实践提高：学生根据教师给出的电路图和步骤进行"按图连线"训练。

……

上述教学过程，存在什么问题呢？

这是典型的解释型教学。表面上有提问式课堂教学引入、有演示实验、有教师的讲解分析、有学生的课堂训练等，但本质上依然是教师的灌输，对培养学生的学科素养和创新能力毫无裨益。

首先，对刚开始电学学习的初中学生而言，其头脑中尚无"用电器的连接方式"一说，又怎么能够思考出有多少种连接方式呢？教师直接说出只有两种连接方式，更使前面的提问意义尽失。

其次，上述示例中只有演示实验，没有学生动手操作，学生对电路缺乏真实的体验。

最后，上述示例中教师要求学生机械地齐读、死记教材中关于串、并联的"定义"，不符合学生的认知规律，对没有感性体验的学生而言，这种"文字定义"难以理解、记忆。

从"三维目标"的角度分析，上述教学过程反映的教学理念尚停留在传授知识的层面。教学目标仅仅是"使学生知道什么是串联电路和并联电路"。没有使学生经历过程、掌握思想方法，学生更没有情感态度的体验和价值观的养成。

从学科核心素养目标的角度分析，上述教学过程直接"灌输"串、并联电路概念，没有通过概念的学习体现科学思维、科学探究等素养的培养。

上述教学过程本质上仍是"灌输"，教师仅仅是将"串联、并联"的概念"解释清楚"并灌输给学生，没有引导学生经历引入物理概念的思维过程，没有引导学生认识引入物理概念的必要性，没有引导学生体会由事物的本质特征抽象出物理概念的思维方法，没有引导学生通过实验操作体验科学探究的步骤和乐趣。

上述教学示例中，学生对串、并联电路内涵的认识并不是来自学生自己的实验操作和在实验现象、实验数据基础上进行的科学思维，而是来自外部——教师的"解释灌输"，这导致很多学生对串、并联电路的本质特征没有直观感性的认识，对"非标准形状"的串、并联电路（特别是并联电路）无从判断。

概念教学不能仅仅是解释概念内涵的解释性教学模式，而应该转变为创造型教学模式，应该创设科学探究的情境，激励学生进行情境活动，让学生通过情境活动直观地认识到引入"串、并联电路"概念是认识世界、进行科学研究的需要，并不是教师硬塞给学生一个抽象名词。

究其原因，是教师对物理教学的目的与宗旨缺乏准确的认识。

（二）创新教学设计

1. 串、并联电路教学中的核心素养目标分析

串、并联电路在电学的学习中具有基础性、奠基性的地位。通过这部分内容的教学可以培养物理学科的哪些素养呢？

物理观念：串联电路和并联电路是基础性的核心概念，准确深刻地理解其内涵，既是"三维目标"中"知识技能目标"的要求，也是促使学生形成物理观念的基础和前提。

科学思维：概念课的教学，似乎与建模、推理、论证等思维要素点无关，其实不然。我们应该创设学习探究情境或引入生活实践情境，让学生通过对自己观察到的真实现象和获得的真实数据进行分析综合、归纳提炼，从各种"非标准形状"的电路中抓住其本质特征构建模型，归纳出

163

"只有两种基本电路"的结论，并直观地认识到两种基本电路的不同特点，进而运用这些特点进行推理论证，识别电路类型。

科学探究：设计探究活动。提供器材，让学生自主连接电路，并对自己和他人连接的电路作品进行比较鉴别，并得出结论，这些过程便已包含了问题、证据、解释、交流等各个要素的训练提升。

科学态度与责任：探究串、并联电路特征的过程中，可能出现的问题及其解决过程促使学生乐于思考、勤于实践，激发学生学习兴趣、好奇心和求知欲，培养学生克服困难的信心和决心。

2. 教学重点分析

上述教学示例中的教学重点是"使学生理解串、并联电路的定义"，应该将教学重点转变为"通过实验探究，认识到只有两种基本电路，并提炼归纳出两种电路的本质特征"。当学生对两种电路的本质特征认识清楚了，对串、并联电路定义便没有任何困难，不过是赋予其一个名字罢了。

3. 教学模式和方法的改进

为创设真实的学习探究情境，丰富学生的实践体验，将演示实验改为学生探究实验，将传统的解释型概念课改造为创造型的概念构建课，将"演示+讲授型+练习"的教学模式转化为"实验探究+自主分析归纳+实践巩固"的模式，将单纯的传授串、并联电路知识转化为解决"如何使两小灯泡同时发亮"这一实际问题，将学生被动接受转化为学生的主动学习，根本上改变学生的学习行为方式，实现激发兴趣、掌握知识、培养能力、形成素养的学科目标。

具体做法是，事先不做任何提示，给每个小组提供两只小灯泡和电源、开关、导线等，要求学生利用提供的器材连接电路，使两只小灯泡都能发光；然后分析各个小组所连接的电路，引导学生认识到可以将各个小组的电路分为两类，并归纳其特征（如果学生所连接电路中没有并联形式，则由教师加以引导提示，必要时可以由教师给出并联形式），然后各个小组再分别练习连接串、并联电路并描画出电路图。

总之，通过将解释型教学转化为创造型教学，设置问题情境，进行实践探究，激发深度思维。促使学生体会从原理到应用、从理论到实践、从科学到技术的过程中展现的物理思想方法和情感价值。

（三）串并联电路的教学设计

下面以 2013 年人教版《义务教育教科书·物理九年级全一册》第十五章第三节为基础进行讨论。根据上述分析，该节内容可安排 1 课时，将概念课转设为实验探究课，教学目标、教学重难点、教学过程等如下。

【教学目标】

1. 理解串、并联电路的内涵，能识别简单的串联与并联电路。

2. 通过创设学习探究情境，引导学生在认识串、并联电路特征的过程中进行科学思维活动，培养学生建模、推理、论证等能力。

3. 通过创设学习探究情境，引导学生提出问题、寻找证据、解释交流，培养科学探究素养。

4. 通过实践探究、问题解决等促使学生乐于思考、勤于实践，激发学习兴趣、好奇心和求知欲，培养学生克服困难的信心和决心。

【教学重点】

通过创设情境和活动，使学生认识到只有两种基本电路形式，并提炼归纳出两种电路的本质特征。

【教学难点】

引导学生自主对实验现象进行分析综合、推理、论证，从而认识到只有两种基本的电路形式。

【教学器材】

25 套实验器材，每套器材含干电池 2 节、电键 3 只、小灯泡 3 只、小直流电风扇 1 台、导线若干。

【教学流程图】

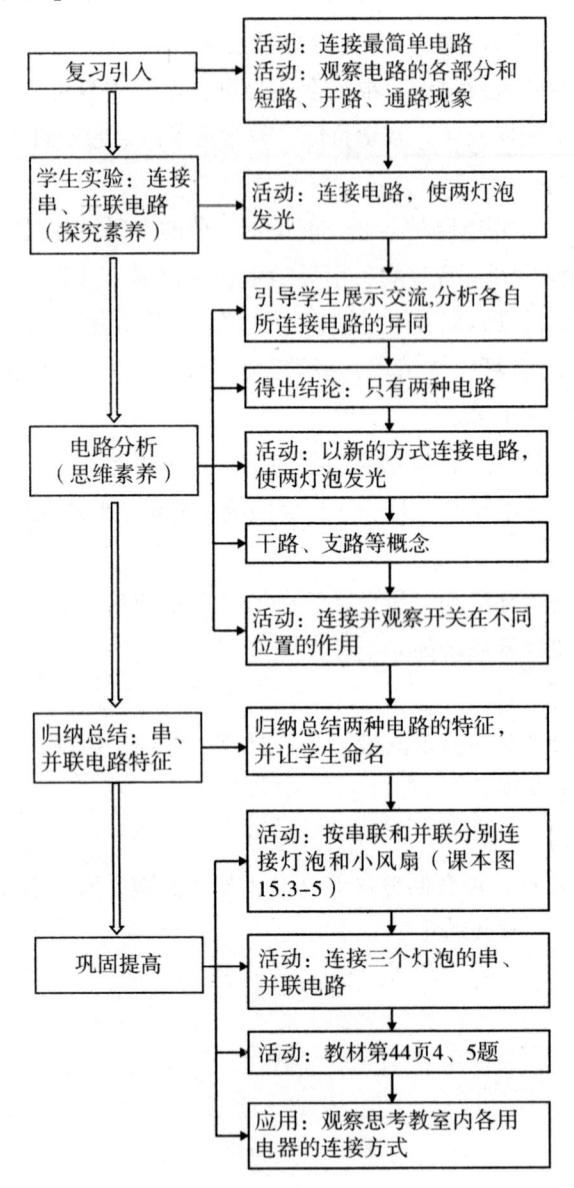

```
复习引入 ──→ 活动：连接最简单电路
         → 活动：观察电路的各部分和
           短路、开路、通路现象
   ↓
学生实验：连接
串、并联电路 ──→ 活动：连接电路，使两灯泡
（探究素养）     发光
   ↓
              → 引导学生展示交流,分析各自
                所连接电路的异同
              → 得出结论：只有两种电路
电路分析     ──→ 活动：以新的方式连接电路，
（思维素养）     使两灯泡发光
              → 干路、支路等概念
              → 活动：连接并观察开关在不同
                位置的作用
   ↓
归纳总结：串、──→ 归纳总结两种电路的特征，
并联电路特征    并让学生命名
   ↓
              → 活动：按串联和并联分别连
                接灯泡和小风扇（课本图
                15.3-5）
巩固提高    ──→ 活动：连接三个灯泡的串、
                并联电路
              → 活动：教材第44页4、5题
              → 应用：观察思考教室内各用
                电器的连接方式
```

【教学过程】

教学环节	教师	学生	说明
复习引入 (5分钟)	1. 提供每组的器材：干电池2节、小灯泡1个、开关1只、导线若干。 2. 结合学生画的电路图，视情况进行修正、规范。 3. 提问"一个完整的电路分为哪几部分？分别有什么功能？" 投影： 电　源：提供电能 用电器：消耗电能 开　关：控制电路 导　线：输送电能	1. 活动一：快速连接电路，使小灯泡发光，并画出电路图。 2. 填写电路各部分的名称和功能（学案）。 3. 回答教师提问。 4. 活动二：观察通路、短路、断路效果（电源短路由教师演示）。	利用实验操作复习前面学习的内容，同时为后续实验探究活动做好准备
新课： 学生 实验探究 (5分钟)	1. 每组提供的器材：在活动一的基础上增加1个小灯泡。	1. 活动三：连接电路，要求闭合开关后，2个小灯泡同时发光，1个开关同时控制2只灯，并画出电路图。	训练学生面对实际问题、设计解决方案、寻找证据的能力
新课： 科学 思维训练 (15分钟)	1. 要求相近的各小组进行交流。 2. 投影展示若干组学生连接的电路和电路图，引导学生观察思考其异同，并尝试对各组"外形"不同的电路进行分类。引导学生将外形迥异的电路画成规范的电路图，进而发现只有两类电路。 3. 在学生充分实践的基础上引导学生认识干路、支路等概念。	1. 活动四：和周边小组进行交流，分析别人连接的电和自己连接的有什么异同？特别是连入电路的2个小灯泡是如何连接的？ 自主归纳出结论：只有两类电路。 2. 观察思考两类电路的特征。一类是"各用电器依次连接后接入电源"，另一类是"每个用电器的两端分别连接在一起，然后再连接电源"	如果全班同学全部连接成串联，没有并联的，则启发学生思考是否还有其他的连接方法，并实际操作验证，必要时教师演示。 师：1只小灯泡的两端分别接到电源的两端时可发光，那2只小灯泡的两端分别同时接到电源的两端时，能不能同时亮起来呢？ （培养观察、分析综合能力）

续表

教学环节	教师	学生	说明
	4. 在活动五的基础上增加 2 只开关，要求学生探究开关在不同位置时的效果。 （教师务必要投影或亲自画出规范的电路图给学生）	3. 活动五：各个小组分别用新的方式重新连接电路，使 2 个灯泡发光。 4. 活动六：开关接在干路、支路等不同位置，观察对灯泡的影响，进而操作用 2 个开关控制 2 个灯泡的发光（增加开关数量后，学生连线难度增加）	
归纳总结 （2 分钟）	1. 在学生实际操作并深度思维的前提下，总结归纳出：无论如何连接，只有两种连接方式。根据上述分析的特点，分别命名为串联电路和并联电路	将对两种电路不同特点的感性认识用规范文字表述出来	进一步引导学生分析串、并联电路的优缺点，例如，串联电路中一个用电器损坏导致断路，则所有用电器都不能工作
巩固提高 （18 分钟）	1. 提供器材，要求学生按图连接，适时点评学生连接的电路和画的电路图。 （1）连接灯泡和小电风扇 （2）连接 3 个小灯泡（串联或并联）。 2. 指导学生完成课本第 44 页 4、5 题。 3. 提问和思考：教室里的灯管、风扇、空调是串联还是并联的？试着画出它们的电路图（先结合开关的作用进行逻辑分析）	1. 活动七：按图连接电路。给定 1 个灯泡、1 个小风扇。观察灯的亮暗和风扇转动的快慢。 2. 活动八：每组再增加 1 个小灯泡，各组按照刚才各自已经连接的方式将 3 个灯泡连接起来，并都能同时发光。 3. 完成课本第 44 页 4、5 题。 4. 思考教室内用电器的连接方式并画电路图	强化串、并联连接的特点。 重点在于让学生通过足够的实际操作和基于实践现象的分析综合推理论证等思维活动，直观地认识串联与并联电路的特点，掌握两种电路的连接方式，而不是让学生先从所谓的定义出发去接受外界给定的串、并联概念

续表

教学环节	教师	学生	说明
课后作业		1. 阅读教材并完成第43页1、2题，第44页3题。 2. 找一只手电筒，观察其内部电路，试着画出其电路图。 3. 结合今天的学习成果，根据上面的学习，观察自己家里用电器的连接形式，并试着画出其电路图。	学生对电路图和实物图的对应关系尚感陌生，需要逐步加深认识，故课后作业宜简单并联系日常生活。 对刚接触电路的学生而言，家庭电路仍然是"复杂的"，尚难以将其化为简单明了的串、并联电路，布置作业3的目的是增强学生的实践意识和应用意识

【教学板书】

串联和并联电路

一、串联电路

电路电流只有一条通路，用电器顺序首尾连接。

二、并联电路

电路中电流不只一条通路，电源流出的电流有多条通路，用电器顺序并行连接。

三、电路元件的连接只有串联和并联两种基本形式，所有复杂电路都是由基本的串联和并联电路组成的。

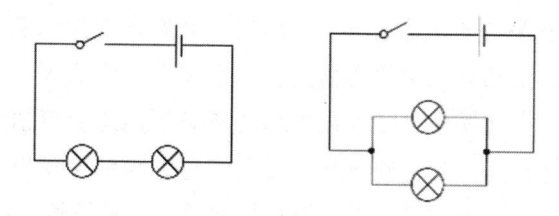

二、电流的测量

（一）电流的测量教学中常见问题分析

电流测量的教学被界定为实验探究型教学，通常教学程序如下：

1. 引入新课通常是：当电路中只有一节干电池给小电灯供电时，让学生观察灯泡的发光亮度；再串联一节干电池时，观察灯泡的亮度，从而引出本节课的电流大小的学习。

2. 进入新课，就新课引入的内容向学生提出疑问，电流有没有大小之分，对比水流，学生对这点并不难理解，从而得出电流的定义，接下来讲解电流的相关知识点。

3. 在讲解完电流的相关知识点之后，让学生阅读课本第45页的小资料，了解生活中不同的用电器有不同的电流。

4. 教师向学生提问，电流有大有小，为了得到电流大小我们今天认识并学习使用一个测量电流大小的工具——电流表。接下来就是介绍电流表的结构、练习电流表的读数。

5. 练习完电流表的读数，让学生实际操作使用电流表测量电流。

6. 学生实际操作完之后，总结这节课的重难点，最后完成课本第48页的课后练习，巩固这节课的重点。

……

上述教学过程，存在什么问题呢？

上面电流的测量的教学方式为典型的解释灌输型教学，虽然通过引入新课，教师引导学生提出问题，引导学生认识电流，得出电流的定义，然后让学生认识实验室电流表的实物结构，再练习电流表的读数，最后让学生实物操作，操作结束后再总结使用电流表的注意事项。但本质上还是解释灌输型教学，这种解释型教学对初中生物理核心素养的培养是没有意义的，其具体原因如下：

第一，这节课的重点是电流表的读数和电流表的操作使用，在学习这节课的过程中，虽然有电流表实物图，学生在实物电流表上可以清晰看到具体的数值和三个接线柱，学生在老师的指导下知道分度值，也能读出具体的数值，但是学生是死记硬背的，没有经过大脑的主动思考，所以在后面电流表读数中总是出错。上面的解释型教学不能有效解决这一问题。

第二，课堂上在电流表的使用这一环节，老师是先告诉电流表使用应该注意的事项，然后让学生在简单电路中测得具体数值。虽然在课堂上使用电流表实物，学生能够直接看到实物，但是不懂里面分度值的设置，只停留在表面，缺乏大脑的真正思考，缺乏主动性。

第三，在电流表使用这一环节，常规教学中，老师引导学生先看注意事项，例如电流表的接法、电流表应该串联到电路中、电流表不能直接接到电源两极，然后让学生根据电路图连接电路，没有让学生自己亲身经历，自己摸索电流表的使用，没有亲身体验电流表各种错误接法而出现的现象，这个教学没有注意学生情感态度的体验和价值观的培养。

第四，最后一个环节就是画电路图和连接实物图，这个知识点也是这节课的重点内容，学生在经历了电流表实际操作又经过大脑的加工已经理解的重要知识点，在连接实物图和电路图中并不难掌握。

从初中物理核心素养目标的角度分析，本节课重在引导学生通过实验探究活动，体验科学探究的乐趣，感受科学的真实性，使学生产生强烈的求知欲望，乐于参与科学实践活动，锻炼科学实践能力，体验探究问题成功时的喜悦，领略探究过程的美好与和谐，增强科学的情感，培养科学素质。上述教学过程直接"灌输"电流表读数和使用，没有通过概念的学习体现科学思维、科学探究等素养的培养。

上述教学过程依然是解释型教学，教师在此仍是主体，通过引导新课对比水流和电流的相似之处然后进行电流相关知识的教学，电流表的读数是中考的重点知识点，在这一环节的教学的过程中，没有让学生主动动脑，经过大脑思考提取对重要知识点的理解，没有探究性物理学习活动，不能使学生获得成功的喜悦，培养学生对参与物理学习活动的兴趣，提高学习的自信心。

上述教学示例中，学生对电流表读数的认识并不是来自学生自己的实验操作和在实验现象、实验数据基础上进行的科学思维，而是来自外部——教师的"解释灌输"，这导致很多学生对电流表分度值的设置和电流表具体操作规则没有直观感性的认识，不能对电流表正确读数。

任何形式的教学都不能只教学生知识，而还应教给学生物理和学习方法，使所学知识内化，培养学生适应时代需求，利于其终身发展的能力。为使解释概念内涵的解释型教学模式向创造型教学模式转变，应该创设科学探究的情境，激励学生进行情境活动，让学生通过情境活动直观地认识到如何正确使用电流表，而非教师进行灌输。

上述教学示例之所以出现以上问题的原因是教师对物理教学的目的与宗旨缺乏准确的认识。

（二）电流表的创新教学设计

1. 电流的测量教学中的核心素养目标分析

这一节内容是初中电学的基础，此内容学习得好坏直接影响整个电学的学习，这节课的电流表的实际操作过程实质上也是培养和提高学生科学思维能力和学习科学方法的重要环节。通过这部分内容的教学可以培养物理学科的哪些素养呢？

物理观念：认识电流的大小，知道电流的单位、符号，知道电流的单位间的换算方法，明确电流表的使用规则，能够正确读出电流表的示数。

科学思维：创设学习探究情境，构建物理模型，让学生自己设计电流表的模型，并设置好每一个格的分度值。通过自己的手工操作，学生真正经历大脑思想火花的碰撞，从而真正理解电流表的读数。

科学探究：在电流表的使用这一环节，教师不应讲解，而应放手交给学生，让学生亲身体验各种现象，并记录各种接法后的现象，这个过程可以培养学生的观察能力、信息处理和分析能力，最后总结归纳出使用电流表的规则和方法，这些问题正能促使学生乐于思考、勤于实践，激发学习兴趣、好奇心和求知欲，培养克服困难的信心和决心。

2. 电流的测量教学重点分析

电流的测量这一节教学的重点是：通过自己设计电流表模型来攻破电流表读数这个难点；重复连接实物图，并通过电路图记录电流表错误接法导致的各种现象，来巩固这节画电路图连接实物图课的重点内容。让学生动手做实验，在实验过程中多分析、多思考从而攻破难点。在电流表使用这一过程中让学生亲身体验各种情况，通过与同学合作分析得出结论，从而培养学生的观察能力、信息处理和分析能力。

3. 教学模式和方法的改进

由解释灌输型教学到创新型教学的转变主要是让学生自主通过探究实验不断地摸索总结得出学生通过大脑内化的结论，将其提升为自己的内化的知识，会应用这些知识解释生活中的物理现象，而不是只停留在知识表面的记忆。这种教学模式主要是通过实验探究让学生自主分析归纳，然后再加上实践巩固，这样就可以使学生被动接受转化为学生的主动学习，从根本上改变学生学习行为的方式，实现激发兴趣、掌握知识、培养能力、形成素养的学科目标。

针对电流测量这节课的具体做法是，用水流和电流强弱对比引入新课，然后让学生归纳电流的定义及符号等。在电流表读数这一环节，主要是通过让学生自己设计电流表模型然后给同学展示，从而攻破电流表读数这一难点。在电流表使用这一环节，主要是通过不给学生任何的指导，让学生自己摸索操作测出具体数值，学生在摸索中，重复连接电路及用电路图记录各种错误连接的现象，这样既可以锻炼学生连接实物图、画电路图也可总结出电流表正确使用方法。

总之，将解释型教学转化为创造型教学，设置问题情境，进行实践探究，激发深度思维，促使学生体会从原理到应用、从理论到实践、从科学到技术的过程中展现的物理思想方法和情感价值。

（三）电流的测量的教学设计

2013年人教版《义务教育教科书·物理九年级全一册》第十五章第四节电流的测量安排1课时，将概念课转设为实验探究课，教学目标、教学重难点、教学过程等如下。

【教学目标】

1. 认识电流大小，说出电流的单位、符号，关心生活中有关用电器工作的电流值，知道电流的单位间的换算方法。

2. 通过创设学习探究情境，让学生自己操作设计电流表的模型，然后展示给全班同学看，在此过程中学生通过主动思考真正动脑完成任务，在此过程中可以培养学生建模、推理、论证等能力。

3. 通过创设学习探究情境，在电流表使用这一环节让学生自主摸索操作、解释交流、总结归纳，培养科学探究素养。

4. 通过实践探究、问题解决等促使学生乐于思考、勤于实践，激发学生学习兴趣、好奇心和求知欲，培养学生克服困难的信心和决心。

【教学重点】

1. 通过创设情境，设计电流表的模型，正确读出电流表的示数。

2. 通过摸索学习电流表的使用，能够总结出电流表的使用注意事项，能够连接电流表实物图及会画电路图。

【教学难点】

通过摸索学习电流表的使用，能够总结出电流表的使用注意事项，能够连接电流表实物图及会画电路图。

【教学器材】

25个小纸箱，25套器材，每套器材包括电流表、小灯泡、开关、导线、电源等。

【教学流程图】

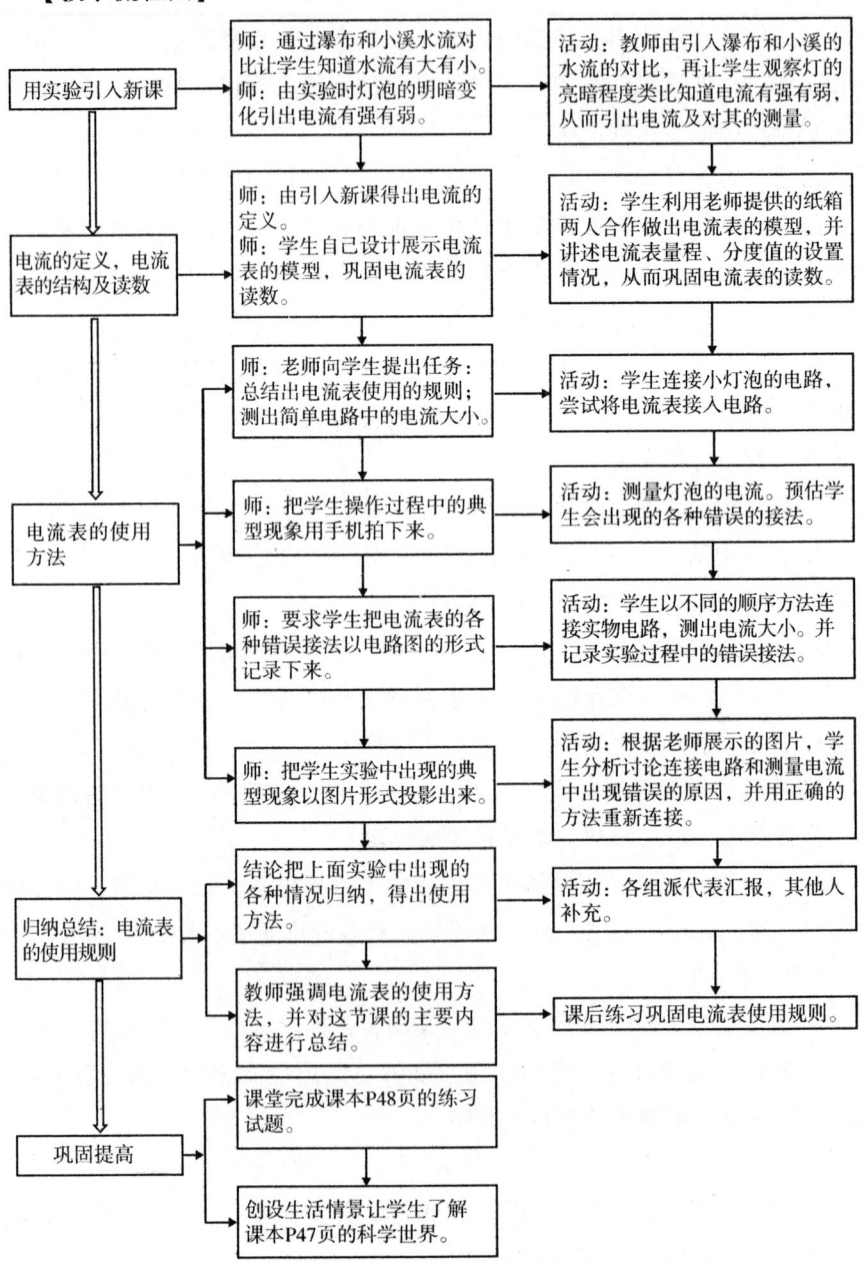

环节	师	活动
用实验引入新课	师：通过瀑布和小溪水流对比让学生知道水流有大有小。 师：由实验时灯泡的明暗变化引出电流有强有弱。	活动：教师由引入瀑布和小溪的水流的对比，再让学生观察灯的亮暗程度类比知道电流有强有弱，从而引出电流及对其的测量。
电流的定义，电流表的结构及读数	师：由引入新课得出电流的定义。 师：学生自己设计展示电流表的模型，巩固电流表的读数。	活动：学生利用老师提供的纸箱两人合作做出电流表的模型，并讲述电流表量程、分度值的设置情况，从而巩固电流表的读数。
电流表的使用方法	师：老师向学生提出任务：总结出电流表使用的规则；测出简单电路中的电流大小。	活动：学生连接小灯泡的电路，尝试将电流表接入电路。
	师：把学生操作过程中的典型现象用手机拍下来。	活动：测量灯泡的电流。预估学生会出现的各种错误的接法。
	师：要求学生把电流表的各种错误接法以电路图的形式记录下来。	活动：学生以不同的顺序方法连接实物电路，测出电流大小。并记录实验过程中的错误接法。
	师：把学生实验中出现的典型现象以图片形式投影出来。	活动：根据老师展示的图片，学生分析讨论连接电路和测量电流中出现错误的原因，并用正确的方法重新连接。
归纳总结：电流表的使用规则	结论把上面实验中出现的各种情况归纳，得出使用方法。	活动：各组派代表汇报，其他人补充。
	教师强调电流表的使用方法，并对这节课的主要内容进行总结。	课后练习巩固电流表使用规则。
巩固提高	课堂完成课本P48页的练习试题。	
	创设生活情景让学生了解课本P47页的科学世界。	

【教学过程】

教学环节	教师活动	学生活动	说明
引入课题 （3分钟）	师：上面两幅图，有什么不同？师：两副图中水流大小是不同的。 这两幅图片那幅图片的水流大？ 师：请同学观察由一节干电池组成的简单电路和由两节干电池组成的电路的灯泡的亮度。灯泡的亮度不同说明什么呢？	生：观察图片回答问题 生：思考总结出灯泡亮度不同是电流大小不同的原因导致的	吸引学生迅速进入课堂，激发学生学习的兴趣
新课：（电流定义和电流表的结构）（10分钟）	活动：引导学生知道灯泡的亮度不同是电流强弱不同引起的。电流的强弱在物理学中用电流表示。让学生阅读课本两节电流的相关知识点，了解日常生活中各种用电器的电流大小。 活动：教师提出疑问，电流有大小之分，那么怎么样知道电流大小呢？让学生用教师提供的小纸盒阅读课本自己制作电流表模型。 活动：学生制作好电流表的模型，让小组同学展示给大家，展示过程中说出自己设计电流表的分度值和量程	生：观察演示实验的现象，思考回答老师的问题。 生：课堂操作制作电流表的模型，设置电流表的分度值。 生：把小组制作的电流表模型展示给大家，并说出自己电流表的分度值和量程	1. 通过指导学生自制电流表培养学生的动手能力、观察思考能力。 2. 通过创设学习探究情境，在电流表使用这一环节让学生自主摸索操作、解释交流，总结归纳，培养科学探究素养

175

续表

教学环节	教师活动	学生活动	说明
新课：（电流表的使用）科学思维训练（20分钟）	活动：1. 教师向学生提出要求，根据老师提供的器材正确连接电流表，测出简单电路中电流表的大小。 2. 学生在操作过程中，教师不做解释放手交给学生，并把学生在操作过程中出现的各种现象用照片的形式记录。 3. 教师引导学生测不出结果时尝试改变连接方式，并用电路图记录这种错误连接及错误连接后出现的现象。 4. 把课堂中学生在操作过程中出现的各种现象以图片的形式展示给大家，让出现这一现象的小组做出说明并用电路图解释原因。	1. 生：根据老师提供的器材，先计灯泡正常工作，然后尝试把电流表连入电路，在连接电路过程中，用电路图记录各种接法错误并标注说明。 2. 老师展示错误的接法图片，学生观看老师展示的错误接法的图法，思考并反馈接法错误的原因	1. 通过创设学习探究情境，在电流表使用这一环节让学生自主摸索操作、解释交流、总结归纳，培养科学探究素养。 2. 通过实践探究、问题解决等促使学生乐于思考、勤于实践，激发学生学习兴趣、好奇心和求知欲，培养学生克服困难的信心和决心

续表

教学环节	教师活动	学生活动	说明
总结电流表使用规则（3分钟）	教师让学生根据上面的分析把小组总结的方法展示出来，其他小组再补充。总结如下： (1) 电流表必须和被测的用电器串联； (2) 电流必须从"＋"接线柱流进去；"－"接线柱流出来； (3) 不要超过电流表的量程，同时注意分度值（在无法知道电流的强度时，要采用"试触"的办法）； (4) 任何情况下都不能使电流表直接连到电源的两极上	生：学生把小组讨论的结果总结出来，并积极发言，其他小组积极补充	在这个环节，让学生解释交流、总结归纳，培养其科学探究素养
巩固练习（4分钟）	教师提出两个典型练习题 1. 通过一个灯泡的电流为0.2A，等于＿＿＿＿mA；某半导体收音机的电流为50mA，等于＿＿＿＿A；常用电冰箱的电流为1.2A，等于＿＿＿＿μA。小明的计算器工作时的电流为80μA，等于＿＿＿＿A。 2. 如图所示电流表的示数是＿＿＿＿A。 3. 电流表使用时必须注意： (1) 使用前，要检查表的指针是否对准＿＿＿＿。 (2) 电流表必须＿＿＿＿联在所测电路中。 (3) 把电流表接入电路之前，应先估计电路中电流的大小，若不清楚，可先选用＿＿＿＿量程把表接入电路，当表的指针不超过量程时再接牢。若指示值偏小，最好改用＿＿＿＿进行测量。 (4) 应使所测电流从表的＿＿＿＿接线柱流入，从＿＿＿＿接线柱流出。 (5) 绝对不允许不经过＿＿＿＿而将表的两个接线柱直接连接到电源两极上。 课堂总结：这节课我们主要学习了新的物理量——电流，以及电流的单位与换算。知道了生活中常见用电器的电流大小，学习了电流表的使用，会利用电流表测量电路中的相关电流	能够独立自主地完成本部分的练习	学生学以致用，会用已经学习的知识解释生活中的相关现象

【板书设计】

电流的测量

1. 电流：电荷的定向移动形成电流。

2. 电流强度：描述电流的强弱，单位时间内通过导体横截面的电量。

符号：I

国际单位：安倍（A），其他常用单位：mA　μA

$1A = 10^3 mA$　　$1mA = 10^3 μA$

3. 电流表：

外结构：表盘——刻度表　　接线端：正接线端1个或2个或3个，接线端1个。

使用：电流表串联接到被测电流的电路中。

合理选用量程（让指针尽可能指在满刻度值的三分之二附近）；

认清刻度盘的分度值；

正对着刻度盘读数；

正负接线端不要接错。

读数：0.40A

三、串、并联电路中的电流规律

（一）常见问题分析

串、并联电路中电流的规律，以下是常见的教学程序之一：

1. 教师提问引入：之前我们分别学习了串并联电路和电流的测量，那么串并联电路的电流有什么规律呢？

2. 教师演示：这是一个串联电路，我们把电流表分别接入电路不同的地方，请同学们观察电流表示数，看看串联电路中电流有什么特点。

3. 教师分析：教师根据演示实验数据，可明显看出，串联电路中电流处处相等。

4. 教师演示：这是一个并联电路，那么并联电路的电流又有什么特点呢？我们分别测量电路中不同位置的电流，看看有什么规律。

5. 教师分析：由实验数据可得，并联电路中，干路电流等于各支路电流之和。

6. 巩固提高：

（1）例题讲解：教师给出经典例题。

（2）变式训练：利用串、并联电路的电流规律解决问题。

以上是常见的"串、并联电路中电流规律"的教学流程。这节课内容比较少，也比较简单。较多教师不会对教学过程有过多的思考，直白地把规律告诉学生，不需要学生参与到探究的过程当中。这是典型的解释型教学。

首先，教师直接通过演示实验，快速地把规律呈现在学生的面前，不需要学生进行思考，也不需要进行探究。直接把串、并联电路电流规律告诉学生，是一种教学灌输行为。

其次，虽然教师采用了演示实验的教学手段，可是没有设计分组实验，学生参与程度不高，学生只是被动地看和听，只是课堂的看客。

最后，仅仅通过题目来强化学生对规律的理解，完全不符合学生的认知规律。

从"三维"目标的角度分析，上述教学流程仍停留在知识的传递层面，在学生的技能、方法、情感价值观上没有提高。认知一个规律，应该是一个从普遍现象抽象总结出简单规律的过程，在此过程中也是需要特定的方法进行探究的，更可以借此来培养学生的价值观。然而灌输式的讲授，采取直接把规律告诉学生的方式，仅仅达到知识传授的目标，对学生其他方面的培养甚少，与"三维"目标相违背。

从学科核心素养的角度分析，这节课内容简单、规律容易掌握，是培养学生科学探究、科学思维、科学态度与责任的绝好机会。可以让学生参与探究的过程，真正主导探究实验的进程，从而培养学生的相关能力。可是在通常的教学过程中，教师采用简单的解释型教学，完全忽视学科的核心素养，对学生没有进行应有的培养。

上述教学示例中，因为内容简单，教师就把探究结果直接讲授给学生。物理规律的教学不只重视结论，只重视知识的传授。规律的总结过程也是一个很好的教育机会。一条简单的规律往往都是通过长期、多次的实验探究、现象总结、抽象概括所得。如果直白地把规律告诉学生，学生就无法体会物理规律的由来，没有办法很好地理解物理规律，学科核心素养也没有得到提高。其实简单的课程更应该是培养学生学科核心素养的好机会，没有复杂的操作，没有曲折的推理过程，可以让学生很好地体验实验探究、推理、抽象概括的过程。可是教师没有这方面的设计，究其原因还是教师过于功利，希望学生快速掌握规律，提升解题能力。

(二) 创新教学设计

1. 串、并联电路教学中的核心素养目标分析

物理观念：与"三维"目标中的知识目标相吻合。本节内容是让学生了解串、并联电路中电流的规律。这是学生后期形成电路分析能力的基础之一，是学生形成整体的电学知识体系不可或缺的一部分。掌握本节规律，对后期的电路的分析尤为重要。

科学思维：本节是一节物理规律的教学课。学生可以通过对自己观察所得的现象进行分析综合、归纳提炼，从各种类似的现象中抽象出普遍的物理规律。经过推理、归纳、分析，总结得出不管串联电路中用电器有何表现，串联电路中电流处处相等，同样在并联电路中，不存在支路电流相等的电流规律，只有干路电流等于各支路电流之和的规律。通过此过程，可以培养学生的推理、论证、分析、归纳等科学思维。

科学探究：本节课程是一个物理规律的教学课，需要学生根据观察到的现象提出猜想，再通过实验进行验证，最后再从实验现象中抽象出普遍的规律，学生将会经历完整的实验探究过程，教师会指导学生用正确的方法进行完整的实验探究，这样能有效培养学生科学探究的能力。

科学态度与责任：教师通过创设情景，激发学生探究的欲望，以此来启发学生，对于未知的问题，我们需要用科学严谨的态度进行探究，对于现象，我们可以用科学的语言抽象出普遍的规律，并加以运用。通过这个过程，可以培养学生科学积极的态度，培养学生严谨科学的探究精神。

2. 教学重点分析

往常设计的教学重点是"使学生了解串、并联电路中的电流规律"，应该将教学重点转变为"通过实验探究，总结得出串、并联电路中的电流规律"。当学生参与到规律的总结过程当中，自然就会加深对规律的理解，自然就会做到灵活地运用规律。

3. 教学模式和方法的改进

这节课中教师不需要直白地告诉学生规律，只需要给学生两个规格不一样的小灯泡。当面对发光程度不一样的小灯泡时，学生自然会产生一种

错觉，串联电路中电流的大小不一样，灯泡亮的电流大，灯泡暗的电流小，激发学生探究的兴趣。然后教师就可以引导学生对电路中的电流进行探究，再总结出相应的规律。而在并联电路中呢，教师也不需要直接把规律告诉学生，这时候采取的方法是再给学生一个小灯泡，这个小灯泡要与之前的其中一个小灯泡规格一样。让学生从三个小灯泡中随机选取两个用并联的方式连接，观察小灯泡的亮暗情况。选取了规格一样的小灯泡的小组，小灯泡的亮度是一样的，而选了不同规格的小灯泡的小组，小灯泡的亮度是不同的。这时候教师只需要进行提问：并联电路的电流有什么规律呢？不同小组的学生自然会有不同的想法。小灯泡亮度相同的小组，容易认为各支路中电流是相等的。而小灯泡亮度不同的小组，自然会认为支路电流是不一样的。此时教师只需要加以引导：那除了支路电流以外，干路电流又和支路电流有什么关系呢？这样就可以激发学生探究的欲望。学生就会对此展开探究，记录现象。得到现象之后，教师也无须直接告诉学生规律，而应让学生进行交流。当学生发现并不是所有的小组支路电流都是相等的，他们自然就知道并联电路中支路电流并不一定相等。而当他们在交流过程中发现干路电流都是约等于或者等于支路电流之和的，那么他们就可以推理概括得出普遍的规律：并联电路中干路电流等于各支路电流之和。

(三) 串、并联电路的规律创造型教学设计

【教学目标】

1. 通过创设学习探究情境，引导学生在探究串、并联电路中电流的规律过程中进行科学思维活动，培养学生推理、论证等能力。

2. 通过创设学习探究情境，引导学生提出问题、寻找证据、解释交流，培养学生科学探究素养。

3. 通过实践探究、问题解决等促使学生乐于思考、勤于实践，激发学生学习兴趣、好奇心和求知欲，培养学生克服困难的信心和决心。

【教学重点】

通过创设情境和活动，使学生进行实验探究，总结现象，并总结得出串、并联电路中电流的规律。

【教学难点】

引导学生正确地进行科学探究并从现象分析总结得出普遍规律。

【教学器材】

不同规格的小灯泡、开关、导线、电流表（25套）

【教学流程图】

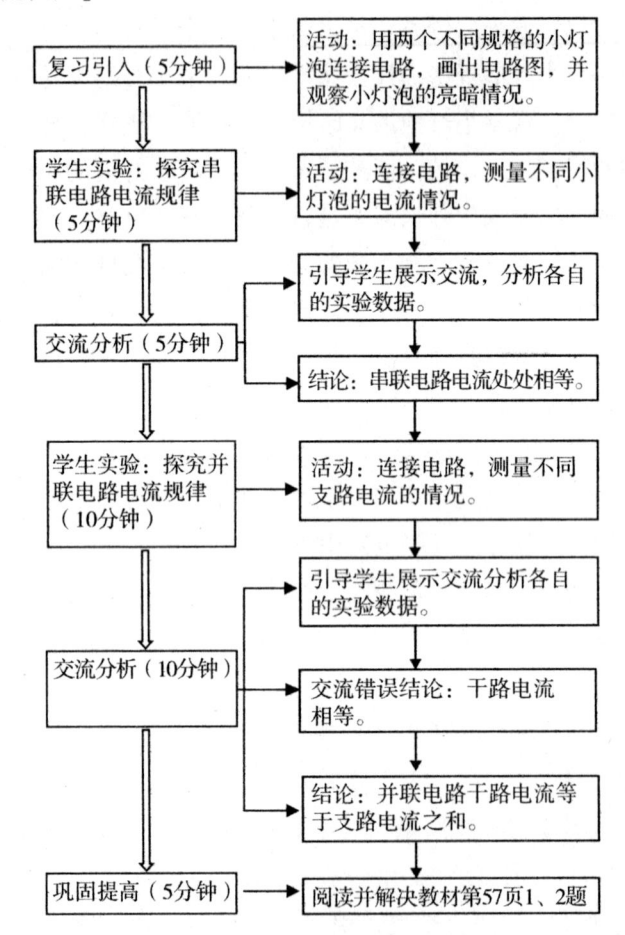

```
复习引入（5分钟） → 活动：用两个不同规格的小灯泡连接电路，画出电路图，并观察小灯泡的亮暗情况。
    ↓
学生实验：探究串联电路电流规律（5分钟） → 活动：连接电路，测量不同小灯泡的电流情况。
    ↓
交流分析（5分钟） → 引导学生展示交流，分析各自的实验数据。
              → 结论：串联电路电流处处相等。
    ↓
学生实验：探究并联电路电流规律（10分钟） → 活动：连接电路，测量不同支路电流的情况。
    ↓
交流分析（10分钟） → 引导学生展示交流分析各自的实验数据。
                → 交流错误结论：干路电流相等。
                → 结论：并联电路干路电流等于支路电流之和。
    ↓
巩固提高（5分钟） → 阅读并解决教材第57页1、2题
```

图1　串、并联电路中电流的规律教学流程

【教学过程】

教学环节	教师	学生	说明
复习引入 （5分钟）	1. 提供给每组两个规格不一样的小灯泡、电源、开关、导线若干 2. 提问：两个灯泡亮度一样吗？电流有什么关系呢？	1. 活动一：连接简单的串联电路，并画出电路图。 2. 观察小灯泡发光情况。并回答教师问题： （1）只有一条路，电流大小一致。 （2）小灯泡亮度不一样，电流大小不一样	1. 连接串联电路为后面实验探究做好基础。 2. 使用不同规格的小灯泡，亮度不一致，引导学生对电流有不一样的猜想，产生冲突，激发学习兴趣
学生实验 （5分钟）	1. 列举学生的猜想。 2. 引导学生进行实验探究。 3. 给每个小组一个电流表，投影电流表的使用方式。 4. 观察学生的实验情况，及时纠正错误操作	1. 活动二：学生测量流过每个小灯泡的电流大小，并且记录数据。 2. 更换小灯泡的位置，再重新测量，并记录电流数据。 3. 测量电路中其他位置电流	学生根据之前所学知识，自己动手解决问题
交流分析 （5分钟）	1. 询问学生的实验情况。 2. 引导学生得出结论	1. 与相邻小组同学进行交流，根据数据，总结出普遍规律。 学生自主总结：串联电路中电流处处相等	学生数据应该都指向同样的规律，如果出现不符合的，教师及时投影，分析诊断问题

续表

教学环节	教师	学生	说明
学生实验 (10分钟)	1. 再发一个规格与之前相同的小灯泡，让学生并联。 2. 提问：小灯泡亮暗一样吗？那么流过它们的电流是如何的？ 3. 接着学生的猜想，除了支路，那干路电流和支路电流有什么关系呢？	1. 活动三：选取两个小灯泡，用并联的方式进行连接，并观察小灯泡的亮暗情况。 2. 根据灯泡的亮暗，得出对电流的猜想： （1）两个支路电流一样。 （2）两个支路电流不一样。 3. 提出自己的想法。 4. 活动四：学生开始测量每一个支路和干路的电流，并记录数据	1. 再发一个小灯泡。学生随机选用两个小灯泡，规格一样，亮度一样，规格不同，亮度不同。引起学生的认知矛盾，激发他们对支路电流是否相等的研究兴趣。 2. 教师适时加入干路电流与支路电流的关系，引导学生完整探究并联电路电流规律
交流分析 (10分钟)	1. 询问学生实验数据 2. 引导学生得出实验结论	1. 与相邻小组进行交流，根据数据得出普遍规律。 2. 学生自主总结：并联电路中，支路电流不一定相等，但是支路电流之和总等于干路电流	学生参与到探究的过程当中，培养学生的科学探究能力
巩固提高 (5分钟)	总结归纳规律方法	阅读并解决教材第57页1、2题	把所学的知识运用到实际当中

【板书设计】

探究串、并联电路电流特点

1. 串联电路电流特点：串联电路电流处处相等。

$$I = I_1 + I_2$$

2. 并联电路电流特点：并联电路干路电流等于各支路电流之和。

$$I = I_1 = I_2$$

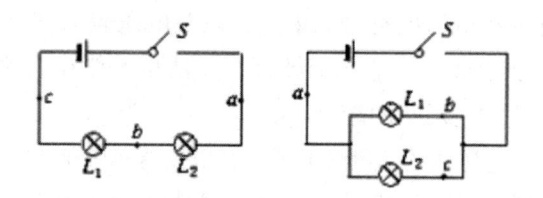

四、电压

（一）常见问题分析

传统意义上电压的教学，多以教师的解释为主，以下是常见的教学程序之一：

1. 教师展示图片：通过水路模拟电路，运用类比法，让学生了解到电源的作用类似于抽水机，为用电器两端提供电压，从而使电荷定向移动形成电流。

2. 教师讲述：介绍电压的符号、单位、单位换算，及生活中常见的电压值。教师要求学生当堂读记，并默写常见电压值。

3. 教师提问：电流用电流表测量，电压用什么仪器来测量呢？

4. 教师讲述：介绍电压表的符号、量程、分度值、接线柱，练习电压表读数。

5. 教师提问：电压表应该跟被测用电器串联还是并联？其实电压表在电路中相等于断路，所以要并联接入电路。

6. 识图训练：教师给出不同"形状"的测量电压的电路图，要求学生辨认电压表测量谁的电压。

7. 学生实验：连接电路，用电压表测量小灯泡和电源两端电压。

8. 能力提升：如果电压表串联接入电路，电压表有示数吗？这个示数与电源电压有什么关系？实际上呢，当电压表串联接入电路时，电路中没有电流，但电压表有示数，其示数接近电源电压。

……

上述教学过程，存在什么问题呢？

这是典型的解释型教学。课堂以教师为中心，学生处于被动接受状态，通过死记硬背来掌握知识，探究能力、逻辑思维能力都没有得到培养。

首先，电压的概念比较抽象，运用类比法来认识电压是一个比较好的选择。但是，静态的图片对学生的冲击力不大，学生体验感不足。

其次，教师介绍电压的符号、单位，以及电压表的符号、量程、分度值、接线柱等，学生机械式地死记硬背，无法培养学生自主学习的能力、归纳总结的能力、举一反三的能力。

最后，刚学习电压表的学生尚不了解这个仪器，教师提问"电压表应该跟被测用电器串联还是并联？"时，学生头脑中通过知识迁移，可以联想到电流表是串联接入电路的，所以学生大概率会凭感觉说出"电压表要并联"，但是又不知其缘由，教师解释说"电压表相当于断路"，学生也不理解其中的物理道理。整个过程都是教师讲解，虽有学生实验，但只是在教师的要求下按部就班的测量，学生对于电压表的使用缺乏真实、深入的研究体验。

从"三维目标"上来讲，上述教学过程反映的教学理念尚停留在传授知识的层面，教学目标仅仅是"使学生知道电源是提供电压的装置，以及电压的符号、单位及电压表的使用"，没有真实的实验探究过程，很难培养学生的动手操作能力、情感态度价值观。

从学科核心素养目标的角度分析，上述教学过程直接"灌输"电压的知识，虽有类比法、引导式提问，但都浮于表面，没有深度挖掘其内涵，学生只是在教师预先设定好的框架内，机械式地回答问题、机械式地做实验。没有亲身经历探究实验的过程，创新能力、思维能力、动手能力、知识迁移能力都无法得到锻炼。

上述教学过程本质上还是"灌输"，学生机械记忆电压的符号、单位，教师没有引导学生将已经学习了的"电流"和本节课的"电压"知识有机地串联起来，学生无论学习多少个新的物理量，都是被动接受，而不知道如何自主学习，这样的学习过程没有培养学生知识迁移、合理分类、归纳总结的能力。作为以实验为基础的物理课堂，学生探究性实验没有，操作性的实验浮于表面，学生对掌握知识的过程经历不足，过程中也毫无乐趣可言。

上述教学示例中，学生对电压表测量对象的认识，并不是来自自己的实验操作和实验现象、实验数据基础上进行的科学思维，而是来自教师的"解释灌输"，这导致很多学生对电压表的测量对象缺乏感性的认识，对"非标准状态"的电压表的测量对象无从判断，更不能真正理解电压表为什么要并联接入电路，以及串联接入电路时电压表的示数特点。

学生学习的过程，不是被动接受，而是主动汲取知识的过程，我们可以创造性地改变教学模式，为学生创设科学探究的情景，让学生的实验探究经历丰富起来。

（二）创新教学设计

1. 电压教学中的核心素养目标分析

物理观念：在初中物理教学中，"电压"概念的教学一直是一个"老大难"的问题，之前的老版教材一直用水压类比引入电压，2013年人教版教材不采用任何类比，而是通过首先呈现"水果电池""干电池""家用电器""高压输电""起电机放电球""电路中的小灯泡""电鳐"等一系列的例子，使学生明确"电路中电流的强弱与电源有关，要使电路中形成持续的电流，电路两端就要有电压，而电源就是提供电压的装置"。这种处理回避了电压的概念教学，学生体验感更强烈。教师在教学过程中可以设计学生实验，将上述两种处理方法有机结合，通过学生实验，学生对物质世界形成比较系统的科学认识和理解。

科学思维：在学习电压之前，学生已经学习了"电流"，对物理量的学习已经有了一定的基础，因此在学习电压时，完全可以放手让学生运用已有的经验，自主学习，归纳总结电压的符号、单位、单位转换、生活中常见电压值等知识。通过举一反三，触类旁通，培养知识迁移能力、科学思维。

科学探究：体验，让学生学习经历更丰富。课堂教学可以设计多个学生实验，通过亲自动手实验、小组交流合作，分析电压表串联、并联接入电路的数据，自主得出电压表的连接方式，以及"接错"的现象，为后面学习欧姆定律后理解"电压表相当于断路"奠定基础。

科学态度与责任：设计"制作水果电池""测水果电池电压""使灯泡更亮"等实验，促使学生乐于思考、勤于实践，有利于激发学生的兴趣、好奇心和求知欲，培养学生克服困难的信心和决心。

2. 教学重点分析

上述教学示例中的教学重点是"知道电压表的测量对象"，应该将教学重点转变为"通过实验探究，熟练使用电压表测量电路中的电压"。当学生会使用电压表时，运用电压表测量一个点的电压（串联接入电路），测量两个点的电压（并联接入电路），分析实验数据，解决电压表要串联还是要并联的问题，以及串联后的现象问题，且都能轻松突破。

3. 教学模式和方法的改进

千叮咛万嘱咐，不如亲自动手操作一次。学生学习需要教师不断创设情境，丰富学生的实践体验，将传统的解释型概念课改造为创造型的体验课，将"讲授+问答+练习"的教学模式转化为"实验探究+自主分析归纳+实践巩固"的模式，将单纯的知识讲解转化为"电压表串联和并联接入电路有何现象"的探究实验，将学生的被动接受转化为学生的主动学习，从根本上改变学生的学习行为方式，实现激发兴趣、掌握知识、培养能力、形成素养的学科目标。

具体做法是：首先运用设疑激趣策略，通过学生熟悉的可乐来制作可乐电池，当学生看到发光二极管发光时，特别惊讶，"咦，生活中的可乐竟然能够点亮二极管"，由此产生浓厚的探究兴趣，为本节课教学活动的展开创设良好的氛围。伴随二极管的发光现象，学生自然想要探究其中的原因。接着提出怎样让小灯泡更亮的实验问题，引导学生展开实验。在小灯泡越来越亮，最后被烧毁的原因分析过程中，体会电源在电路中所起的作用，同时引导学生关注安全用电，做到知识与技能、情感与态度的共进。接着教师演示水路模拟电路实验，并让学生体验从U形管一端向另一端舀水，伴随着水位高度差引起水流的现象，让学生在体验充当"抽水机"的角色同时很快类比到，电压形成电流，抽象的物理知识形象化，难以理解的电压概念变得容易了，教学难点也瞬时突破了，这里运用的是类比迁移策略。在此基础上，学生迫切想知道，可乐电池的电压究竟有多大呢？老师演示用电压表测可乐电池的电压，学生一看，"咦，真有电压值，而且还不小呢"，此时的学生跃跃欲试，非常想亲自动手实验，于是教师顺势用了自主实验的策略，学生们非常认真地阅读使用说明书，交流讨论电压表的使用方法。在自主实验策略的引领下，教师引导学生思考电压表的连接，并尝试将电压表串联、并联接入电路两端，通过现象和数据分析，自主体验电压表的连接方式，教学难点顺利突破。同时引导学生思考，可乐电池能够产生电压，那么生活中的苹果、柠檬等水果能不能产生电压呢？同时安排测水果电池的电压，这一实验巩固了电压表的使用技能，教学重点得到了进一步落实。

总之，通过将解释型教学转化为创造型教学，在设疑激趣，类比迁移，自主实验，拓展应用的过程中，锻炼思维，培养情感，形成能力。

(三) 电压的创造型教学设计

【教学目标】

1. 通过生活现象和实验，初步认识电压，知道电压的作用、电源是提供电压的装置。

2. 通过类比电流的学习，引导学生自主学习电压的符号、单位、单位换算、生活中常见的电压值，培养学生自主学习的能力。

3. 通过对学生正确使用电压表技能的训练，使学生学会阅读说明书，养成严谨的科学态度和工作作风。

4. 通过对电压表应该串联还是并联的实验探究，促使学生乐于思考、勤于实践，激发学生学习兴趣、好奇心和求知欲，培养学生克服困难的信心和决心。

【教学重点】

学生通过体验，丰富学习经历，认识电压，并学会使用电压表。

【教学难点】

对电压的理解；引导学生设计实验，制作水果电池；通过测量，分析理解电压表的连接方式。

【教学器材】

25套实验器材，每套器材包含自制连通器1套、小勺1个、水果若干、可乐1杯、铜片锌片10对、电压表1个、电流表1个、小灯泡3个、发光二极管1个、干电池10节、开关导线若干。

【教学流程图】

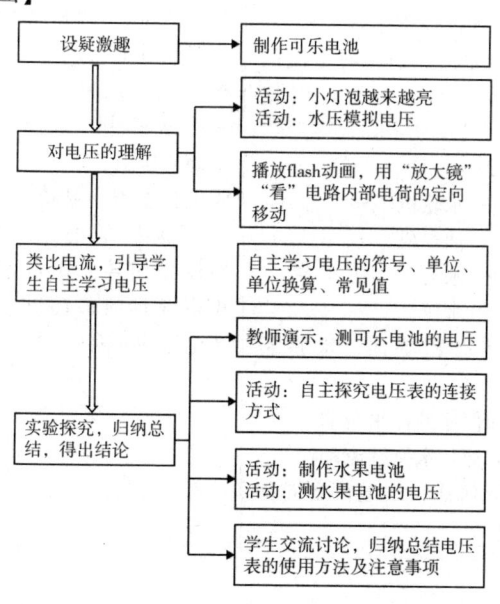

设疑激趣	→	制作可乐电池
↓		
对电压的理解	→	活动：小灯泡越来越亮 活动：水压模拟电压
	→	播放flash动画，用"放大镜""看"电路内部电荷的定向移动
↓		
类比电流，引导学生自主学习电压	→	自主学习电压的符号、单位、单位换算、常见值
↓		
实验探究，归纳总结，得出结论	→	教师演示：测可乐电池的电压
	→	活动：自主探究电压表的连接方式
	→	活动：制作水果电池 活动：测水果电池的电压
	→	学生交流讨论，归纳总结电压表的使用方法及注意事项

【教学过程】

教学环节	教师活动	学生活动	说明
设疑激趣	1. 通过自然雷电引入：闪电给人一种神秘和恐惧感，富兰克林勇敢地探索了雷电现象，你知道雷电有多强大吗？雷电和家用电的本质一样吗？我们能否利用身边的物理发电？ 2. 教师演示：利用可乐电池使发光二极管发光	观察和思考	从生活现象入手，激发学生学习兴趣。"可乐也可以使发光二极管发光？"通过有趣实验，营造良好氛围
对电压的理解	1. 教师提供每组的器材：干电池10节、小灯泡1个、开关1个、导线若干。 2. 教师提问： (1) 电流是如何形成的？ (2) 电荷为什么会定向移动呢？ (3) 电源的作用是什么？ 3. 类比水流，引出对电流的思考。用水压类比，引出电压。 开关——阀门 灯泡——水轮机 电源——抽水机 电流——水流 电压——水压 (1) 液面相平时，水是否流动？ (2) 如何才能让水流动？ (3) 如何让水持续流动？ (4) 如何让自由电荷定向移动呢？	学生活动1：增加电池节数，使小灯泡更亮，直至烧毁。 学生回顾之前学习的知识——"电荷的定向移动形成电流"。 学生活动2：往自制U形管中的一个水槽中舀水，加入另一个水槽中，体会电源的作用。 学生自主得出结论：电源提供了电压，电压是使导体中自由电荷定向移动形成电流的原因	激发学生体会并思考电源的作用，同时引导学生关注安全用电，做到知识与技能、情感与态度的共进。 温故知新，通过亲自动手实验，增强学习经历，从而增强对知识的感悟

续表

教学环节	教师活动	学生活动	说明
类比电流，引导学生自主学习电压	1. 教师引导：前面我们学习了电流，现在遇到一个新的物理量——电压，我们该如何学习呢？	学生自主阅读课本、查阅资料，归纳总结电压的定义、符号、单位、单位转换、生活中常见的电压值	通过类比学习，掌握自学的方法，提升学习能力
实验探究，归纳总结，得出结论	1. 教师演示：刚才，老师制作的可乐电池，你们想不想知道它的电压有多大？ 2. 教师引导：如何使用电压表？电压表应该如何接入电路？ 3. 教师提供每组的器材：干电池2节、小灯泡1个、开关1个、电压表1个、导线若干。 4. 教师提供每组的器材：水果若干、铜片锌片10对、开关1个、发光二极管1个、导线若干。 5. 教师引导学生归纳总结，得出结论	学生活动1：阅读电压表使用说明书，交流讨论电压表的使用方法。 学生活动2：尝试将电压表分别串联、并联接入电路，分析实验数据，交流讨论后总结出电压表的连接方式。 学生活动3：制作水果电池，测量水果电池的电压	改变传统的"教师先教，学生后学"的模式，先让学生自主学习，试错，自主生成知识技能。 通过趣味实验，培养学生兴趣，使学生获得成就感

【板书设计】

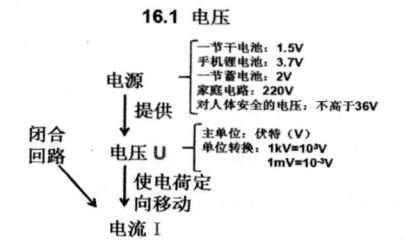

16.1 电压

电源 提供
　　　一节干电池：1.5V
　　　手机锂电池：3.7V
　　　一节蓄电池：2V
　　　家庭电路：220V
　　　对人体安全的电压：不高于36V

闭合回路

电压 U
　　主单位：伏特（V）
　　单位转换：1kV=10³V
　　　　　　　1mV=10⁻³V

使电荷定向移动

电流 I

电压表和电流表使用对比：

	电流表 Ⓐ		电压表 Ⓥ	
量程	0~0.6A	0~3A	0~3V	0~15V
分度值	0.02A	0.1A	0.1V	0.5V
连接	串联		并联	

五、电阻

(一) 电阻教学中常见问题分析

电阻的教学，通常被界定为概念教学，以下是常见的教学程序之一。

1. 教师提问引入：导线多是用铜做的，而铁也是导体，既多且便宜，为什么不用铁做导线呢？

2. 教师演示：实验探究不同导体的导电能力。

3. 教师分析：分析不同的导体对灯泡亮暗的影响，进而判断电流大小的变化。

4. 给出电阻的概念：导体虽然容易导电，但是对电流也有一定的阻碍作用。物理学中，用电阻来表示导体对电流阻碍作用的大小。

5. 教师讲解电阻的基本知识。

6. 教师演示：实验探究影响电阻大小的因素，通过道路对车速的影响，进而引导学生猜想影响电阻大小的因素。

7. 教师分析总结：导体的电阻是导体本身的一种性质，它的大小与导体的材料、长度和横截面积等因素有关。

8. 习题巩固。

上述教学过程，存在什么问题呢？

这是典型的解释型教学。整节课看似有情景引入、有演示实验、有引导提问、有分析总结、有习题训练等，但本质上依然是教师的灌输，依然是教师主导的课堂教学，对培养学生的学科素养和创新能力毫无帮助。

首先，教师直接提问"不同导体的导电能力是否一样"，然后进行实验探究，整个过程都是按照教师设计好的步骤进行，学生缺乏发现问题、提出问题、思考问题、解决问题的过程。

其次，对于探究影响电阻大小的因素，教师通过道路对车速的影响进行类比，学生对此认识不够，理解得比较模糊。

最后，进行影响电阻大小的因素的实验过程中，都是教师给定学生具体测哪两条导线，按部就班地完成材料、长度和横截面积对电阻影响的实验的各个操作，根本没有培养学生的独立思考、独立动手和设计实验的能力。

从"三维目标"的角度分析，上述教学过程反映的教学理念尚停留在简单的传授知识层面。教学目标仅仅是"使学生理解电阻的定义和掌握影响电阻大小的因素"。学生没有经历体验过程与掌握方法、培养思维的学习过程，更没有情感态度的体验和价值观的养成。

从学科核心素养目标的角度分析，上述教学过程主要是教师主导，"灌输"知识的过程，讲解电阻的概念和影响电阻大小的因素的教学过程都没有体现物理观念、科学思维和科学探究的素养。

上述教学过程的本质仍是"灌输"，教师仅仅是将电阻的概念和影响电阻大小的因素"讲解清楚"并不断强化学生的认识，没有通过引导的方式让学生自主总结并得出电阻的概念，没有构建具体的物理模型将抽象的电阻概念具体化，没有让学生自主设计实验过程并强化实验设计意识，没有让学生体验实验过程的未知性和感受科学探究的乐趣。

上述教学示例中，学生对于电阻概念的认识并非学生自己通过现象提出问题、独立操作实验和总结实验现象而得出，而是来自教师的"解释灌输"。包括学生对于影响电阻大小有关因素的猜想，都是通过教师的描述强行提出并验证的。这些对学生构建电阻的知识结构体系是不利的，因为学生都没有通过实际情景去理解知识并形成物理观念。

概念教学不能仅仅是解释概念内涵的解释型教学模式，而应该转变为创造型教学模式，应该创设科学探究的情境，激励学生进行情境活动，让学生通过情境活动直观地认识到引入电阻概念是认识世界、进行科学研究的需要，并不是教师强加硬塞给学生。

上述教学示例存在以上问题，究其原因，是教师对物理教学的目的与宗旨缺乏准确的认识。

（二）创新教学设计

1. 电阻教学中的核心素养目标分析

电阻是电学的一个重要物理量，是初中电学学习的核心知识之一。这部分内容的教学可以培养物理学科的哪些素养呢？

物理观念：对实验现象和规律进行提炼和升华，准确认识电阻的实质，能够运用电阻解释生活中的有关现象和解决实际问题。

科学思维：通过构建"石墨电路"模型，让学生自己动手利用不同的材料补充连接电路使二极管发光，根据实验现象发现二极管的亮暗程度不同从而提出问题，紧接着引导学生进行自主分析和推理论证，最后对事实和理论进行归纳总结，引出电阻的概念——导体对电流阻碍作用的大小。

科学探究：通过"石墨电路图"和学生自主探究影响电阻大小的因素这两个实验，在整个的实验过程中培养学生发现问题、提出问题、解决问题的能力。对不同因素对电阻大小的影响，学生通过自己设计实验表格、设计实验电路等进行探究，强化学生的实验设计意识。

科学态度与责任：利用常见的石墨材料制成电路进行探究实验，促使学生养成善于观察生活和思考的习惯，激发学生的求知欲和好奇心，培养学生主动探索的精神。

2. 教学重点分析

上述教学示例的教学重点是"认识电阻的概念，知道电阻是导体本身的一种性质"，应该将重点转变为"通过构建模型和自主实验设计及探究，学生自主归纳总结不同导体对电路的影响，并提炼得出电阻的概念"。

3. 教学模式和方法的改进

为建立真实有效的教学模型，创建符合学生认知规律的教学情境，将演示实验改为学生探究实验，将传统解释型概念课改造为创造型的概念模型构建课，将凭空想象的提出猜想改为有据可猜、有理可依的提出猜想，将"演示+讲授型+练习"的教学模式转化为"构建模型+学生自主实验探究+自主分析总结"的教学模式，将教师给定条件的实验探究改为学生自主根据猜想设计选择实验。从根本上帮助学生形成物理观念，培养科学思维，强化科学探究和养成科学态度。

具体做法是，本节课前半部分通过展示新奇的"石墨电路图"来吸引学生的学习兴趣，紧接着让学生动手利用不同的导体连接电路使二极管发光，同时注意二极管的亮暗程度，最后学生分析二极管亮暗不同的原因，整个过程学生合作探究并观察分析，最终学生自主得出电阻的概念。后半部分是通过已完成的小组实验，让学生大胆猜想影响电阻大小的因素，最后让学生根据提出的猜想合理选择实验器材并完成实验探究，从而验证影响电阻大小的因素有导体的材料、长度和横截面积。

总之，通过将解释型教学转化为创造型教学，构建物理模型，根据真实情景提出问题，进行自主实验探究，尽可能让学生通过主动学习的方式掌握并理解知识，培养学生运用已知的知识解决未知问题的能力，激发学生潜能。

（三）电阻的教学设计

下面以 2013 年人教版《义务教育教科书·物理九年级全一册》第十六章第三节为基础进行讨论。根据上述分析，该节内容可安排 1 课时，将概念课转设为实验探究课，教学目标、教学重难点、教学过程等如下。

【教学目标】

1. 理解电阻的内涵，明白影响电阻大小的因素。

2. 通过构建石墨电路模型，加强学生利用模型分析物理问题的能力，使学生能对相关问题和信息进行分析、推理，并得出结论，具备初步的科学推理能力。

3. 通过探究影响电阻大小的因素实验，让学生自主根据猜想设计实验，培养学生实验设计能力与通过实践操作收集信息和获取证据的能力及对科学探究过程和结果做出简单解释的能力。

【教学重点】

通过构建模型和自主实验设计及探究，学生自主归纳总结不同导体对电路的影响，并提炼得出电阻的概念。

【教学难点】

引导学生对实验现象进行描述、分析和解释，以及根据猜想设计实验，从而总结电阻的概念和理解影响电阻大小的因素。

【教学器材】

12 套器材，每套器材含石墨电路图 1 份、9V 干电池 1 个、铅笔 1 只、铁丝 1 个、铅笔芯 1 个、吸管 1 个、木条 1 个、1.5V 干电池 2 个、电流表 1 个、开关 1 个、小灯泡 1 个、五排金属丝 1 个、导线若干。

【教学流程图】

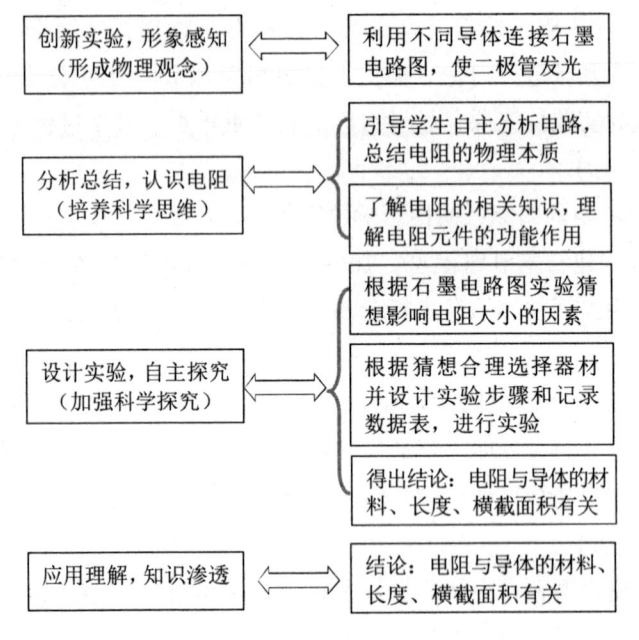

创新实验，形象感知 （形成物理观念）	⟺	利用不同导体连接石墨电路图，使二极管发光
分析总结，认识电阻 （培养科学思维）	⟺	引导学生自主分析电路，总结电阻的物理本质 了解电阻的相关知识，理解电阻元件的功能作用
设计实验，自主探究 （加强科学探究）	⟺	根据石墨电路图实验猜想影响电阻大小的因素 根据猜想合理选择器材并设计实验步骤和记录数据表，进行实验 得出结论：电阻与导体的材料、长度、横截面积有关
应用理解，知识渗透	⟺	结论：电阻与导体的材料、长度、横截面积有关

【教学过程】

教学环节	教师活动	学生活动	说明
创新实验形象感知（10分钟）	1. 展示石墨电路图，提问学生这是什么材料制成的电路？这种材料能否导电？ 2. 实验探究：如何让电路中的二极管发光？ 提供每组的器材：石墨电路图1份、9V干电池1个、铅笔1只、铁丝1个、铅笔芯1个、吸管1个、木条1个。 3. 教师巡视各小组完成的情况并适当进行指导。 4. 实验完成后邀请一组同学上台分享经验	1. 一位同学上台观察，并用手触摸石墨电路图，认出材料是石墨，也就是铅笔的涂层。 2. 活动一：各小组根据提供的器材，利用不同的材料连接电路，尝试让二极管发光。 3. 一组同学上台进行演示，利用铅笔芯和铁丝成功使二极管发光	利用新颖的石墨电路图提高学生的学习兴趣，调动学生学习的积极性和主动性。如果有个别小组无法点亮二极管，引导学生进行思考是哪方面出现了问题，是材料与电路之间接触不良，还是电源正负极接反
分析总结认识电阻（10分钟）	1. 提出问题：铅笔芯和铁丝都能使二极管发光，但二极管亮暗程度一样吗？如果不同，说明什么呢？ 2. 小结：物理学中，我们用电阻表示导体对电流阻碍作用的大小。 3. 利用多媒体展示电阻的符号、单位、单位换算、电路图符号等。 4. 拓展：电阻对电流有阻碍作用，是不是电阻就毫无用处呢？ 利用多媒体图片展示生活中常见用电器的阻值大小	1. 通过回顾实验现象回答老师问题。 2. 小组分析：导体不同→二极管亮暗程度不同→电流大小不同。 3. 自主归纳出电阻的概念：导体的不同，最终导致电流大小的不同，说明不同的导体对电流起阻碍作用。 4. 思考电阻的积极作用，认识到电阻能起到限制电流，保护电路的作用	教师需要一步步地引导学生通过现有条件进行推理和论证，引导学生从电流的方向进行考虑，鼓励学生大胆说出自己的想法，运用自己的语言进行表述

续表

教学环节	教师活动	学生活动	说明
设计实验 自主探究 （16分钟）	1. 提出问题：不同用电器的电阻值小到几欧，大到上千欧，那么影响电阻大小的因素有哪些呢？ 2. 邀请3位同学上台用手连接电路，首先是1位同学用手连接电路，紧接着是2位同学手拉手连接电路，最后3位同学一起连接电路。 3. 利用铅笔将断路处的电路连接完成，首先画一条线连接，接着画两条，再画三条，最后全部涂满整个断路部分。 4. 引导学生根据猜想选择合适的器材并补充完整表格。 | 导体代号 | 材料 | 长度/cm | 横截面积 | |---|---|---|---| | 1 | 镍铬丝 | 20 | | | 2 | | 40 | 0.2 | | 3 | 镍铬丝 | | 0.6 | | 4 | | 20 | 0.4 | | 5 | 铁铬丝 | 20 | 0.4 |	1. 根据石墨电路图实验，发现利用铁丝和铅笔芯连接电路，二极管亮暗不同。提出猜想一：电阻的大小与导体材料有关。 2. 观察实验现象：随着人数的不断增加，手臂的长度越长，二极管发光越暗。提出猜想二：电阻的大小与导体的长度有关。 3. 观察实验现象：随着线段的不断增加，二极管从灭到亮，到逐渐变亮。提出猜想三：电阻的大小与导体的粗细有关。 4. 活动二：根据猜想一，选择两根材料不同，长度和粗细一样的导体，连接电路，记录电流表的示数。 5. 活动三：根据猜想二，选择两根长度不同，材料和粗细相同的导体，连接电路，记录电流表的示数。	把一切都交给学生，学生通过自己动手操作，记录实验数据，总结实验结论，突出以学生为主的教学理念。 同时培养学生设计实验的能力，使学生学会实验表格的设计，以及加强小组合作探究的能力和锻炼学生的语言表达能力。 学生在实验过程中，教师应走下讲台进行指导，巡视学生的实验电路是否连接准确

续表

教学环节	教师活动	学生活动	说明
设计实验 自主探究 （16分钟）		6. 活动四：根据猜想三，选择两根粗细不同，材料和长度相同的导体，连接电路，记录电流表的示数。 | 导体代号	材料	长度/cm	横截面积/mm²	电流表的示数/A
---	---	---	---	---
AB	镍铬丝	20	0.2	0.52
AC	镍铬丝	40	0.2	0.34
EF	镍铬丝	20	0.6	0.65
GH	铜丝	20	0.4	0.75
JK	镍铬丝	20	0.4	0.61	 7. 总结：导体电阻的大小与导体的材料、长度和横截面积有关，电阻是导体本身的一种性质	
应用理解 知识渗透 （4分钟）	1. 灯泡的灯丝断了再搭接上，灯泡是比以前更亮还是更暗呢？请解释其中的原因。 2. 改变电风扇的档位，是改变了电路中的什么？	1. 灯泡灯丝接好后，电阻长度变短，交界处的横截面积变大，电阻变小，所以灯泡变得更亮了。 2. 电风扇档位调得越高，接入电路的电阻越小，电流则越大，风速就越快，所以也越耗电	物理来源于生活又应用于生活，从生活中常见的情景进行知识的渗透理解。

【板书设计】

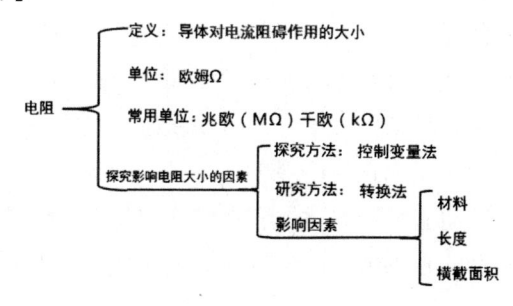

电阻
├─ 定义：导体对电流阻碍作用的大小
├─ 单位：欧姆Ω
├─ 常用单位：兆欧（MΩ）千欧（kΩ）
└─ 探究影响电阻大小的因素
    ├─ 探究方法：控制变量法
    ├─ 研究方法：转换法
    └─ 影响因素
        ├─ 材料
        ├─ 长度
        └─ 横截面积

六、滑动变阻器

（一）滑动变阻器片段教学中常见问题分析

滑动变阻器是初中物理非常重要的电学实验器材，滑动变阻器的教学成效好坏直接影响后续电学知识的学习，滑动变阻器的学习还能巩固和提升前面学习的电阻知识，以下是常见的教学程序之一：

1. 教师提问：上节课我们学习了影响电阻大小的因素，请同学们回顾一下，影响电阻大小的因素有哪些？

2. 教师引入课题：根据学生的回答，教师引出滑动变阻器：通过改变接入电路的电阻丝的长度来改变电阻大小的元件。

3. 教师出示滑动变阻器并板书滑动变阻器的原理。

4. 教师分析：教师讲解滑动变阻器的结构并分析变阻器改变电阻的原理。

5. 教师边演示边分析：教师边演示边分析滑动变阻器的各种接线方法，最后引导学生得出正确连接滑动变阻器的方法，上面接线柱和下面接线柱要各接一个，即"一上一下"。

6. 教师讲解：根据滑动变阻器的连线方法，教师给出滑动变阻器在电路中的符号。

7. 练习巩固：教师给出多个滑动变阻器连线的图片，请学生判断两方面的知识：滑动变阻器连接是否正确；滑动变阻器滑片移动时电阻如何变化。

上述教学过程，存在什么问题呢？

这是典型的解释型教学。表面上有提问式课堂教学引入、有演示实验、有教师的讲解分析、有学生的课堂训练等，但所有的环节都是老师的一言堂，学生只是在被动接受，本质上依然是教师的灌输，不利于培养学生的学科素养和创新能力。

首先，对刚接触到电阻概念的初中学生而言，对影响电阻大小的因素还没清晰的理解，在此基础上直接引出滑动变阻器的原理，学生是无法理解的，只能被动接受和死记它的原理。

其次，在出示滑动变阻器并讲解它的结构和原理时，学生只能看到它模糊的结构，虽然老师有讲解，但学生没有经历实验或从其他途径获得感性认识，学生无法建立起滑动变阻器的结构模型，同样也无法理解它的工作原理，还是只能靠记忆。

最后，在教师演示分析变阻器的接线时，虽然学生根据老师的接线情况和演示现象，归纳出了滑动变阻器正确接线的方法，但是由于学生对滑动变阻器的结构原理的模型没有建立，那么所谓的归纳总结也只是简单的归类罢了，对滑动变阻器的连接方法实质上还是停留在记忆层面。

从"三维目标"的角度分析，上述教学过程反映的教学理念尚停留在传授知识的层面。教学目标仅仅是"使学生知道滑动变阻器怎么接线和怎么调节"。没有使学生经历过程、掌握操作技能和思维方法，也没让学生体会到学习物理的乐趣和培养学生从理论到实践的科学精神。

从学科核心素养目标的角度分析，上述教学过程直接"灌输"滑动变阻器的原理和连接，没有从观察现象，到质疑，再到解决问题的过程，无法培养学生的科学思维、科学探究精神。

上述教学示例中，学生对滑动变阻器原理和连接方法的认识并不是来自学生自己的实验操作和在实验现象基础上进行的科学思维，而是来自外部——教师的"解释灌输"，这导致很多学生对滑动变阻器原理和结构既无直观感性认识，更无本质理性认知，对滑动变阻器的调节作用将无法有精准判断。

对于简单实验仪器的教学，不能仅仅让学生知道怎么用，更应该让学生在理解仪器工作原理的基础上，经历实践操作，实现从理论到实践（再到理论的升华），培养学生娴熟的操作技能、学科素养和创新思维。

（二）创新教学设计

1. 滑动变阻器教学中的核心素养目标分析

滑动变阻器是电学中重要的实验器材，滑动变阻器的使用贯穿了电学学习的全过程，因此掌握滑动变阻器的工作原理是学好电学的关键之一。通过这部分内容的教学可以培养物理学科的哪些素养呢？

物理观念：滑动变阻器的学习有助于学生进一步理解电阻的概念，认识导体的长度与导体电阻的关系，同时对建立电流、电压、电阻的关系至关重要，是促使学生形成电学相关物理观念的基础。

科学思维：利用生活场景质疑，引发学生的思考并寻找解决问题的方法，激发学生的学习兴趣，再通过自制滑动变阻器来改变灯泡亮度、总结滑动变阻器的正确连接方法等手段，培养学生的动手能力、严谨的科学态度和创新思维。

科学探究：设计探究活动。提供器材，让学生自主制作滑动变阻器，并探究滑动变阻器正确连接方法，把自己和其他同学的作品和方法进行比较，最后得出结论，这些过程便已包含了发现解决问题、获取论证、科学解释、良好交流等各个要素的训练和提升。

科学态度与责任：制作滑动变阻器和探究滑动变阻器正确连接方法的过程，可能出现的问题及其解决促使学生乐于思考、勤于实践，激化学生学习兴趣、好奇心和求知欲，培养学生克服困难的信心和决心以及严谨的科学态度。

2. 教学重点分析

上述教学示例中的教学重点是"滑动变阻器的正确连接"，应该将教学重点转变为"通过操作实验理解滑动变阻器的原理和认识滑动变阻器的结构"。如果学生在理解滑动变阻器工作原理的基础上，构建起滑动变阻器的结构模型，那么对滑动变阻器的正确连接方法就自然而然地懂了。

3. 教学模式和方法的改进

为创设真实的学习探究情境，丰富学生的实践体验，将演示实验改为学生探究实验，将传统的讲授课改造为创造型的实践课，将"演示+讲授+练习"的教学模式转化为"实验探究+自主分析归纳总结+实践巩固"的模式，将单纯地讲授滑动变阻器的原理、结构和连接转化为学生自主探索滑动变阻器的工作原理，构建滑动变阻器的结构模型，探究解决连接问题，将学生被动接受转化为学生的主动学习，从根本上改变学生的学习行为方式，实现激发兴趣、掌握知识、培养能力、形成素养的学科目标。

具体做法是，通过台灯亮度变化这一现象引发学生的思考，并进一步探究引起这一现象的原理、工具及其如何用等问题，最后通过适当的练习进一步巩固滑动变阻器的相关知识，加深对滑动变阻器相关知识的理解和应用。

总之，通过将解释型教学转化为创造型教学，设置问题情境，进行实践探究，激化深度思维，促使学生体会从原理到应用、从理论到实践、从技能到科学的过程中展现思维方法、情感价值、物理素养。

（三）变阻器片段的教学设计

下面以 2013 年人教版《义务教育教科书·物理九年级全一册》第十六章第四节为基础进行讨论。根据上述分析，该片段内容可安排 30 分钟，将讲授型课转变为实践探究课，教学目标、教学重难点、教学过程等如下。

【教学目标】

1. 理解滑动变阻器的结构和工作原理。

2. 通过创设学习探究情境，引导学生通过合作制作滑动变阻器，培养学生的创造思维能力、解决问题的能力和协作精神。

3. 通过实践探究、问题解决等促使学生乐于思考、勤于实践，激化学生学习兴趣、好奇心和求知欲，培养学生克服困难的信心和决心。

【教学重点】

通过创设情境和活动，引导学生理解滑动变阻器的工作原理。

【教学难点】

引导学生通过自主制作滑动变阻器，分析得出滑动变阻器的正确连接方法。

【教学器材】

13 套实验器材，每套器材含干电池 2 节、电键 1 只、小灯泡 1 只、电阻丝板 1 个、镍铬合金丝 1 条、圆柱形塑料管 1 根、金属夹子 3 个、导线若干。

【教学流程图】

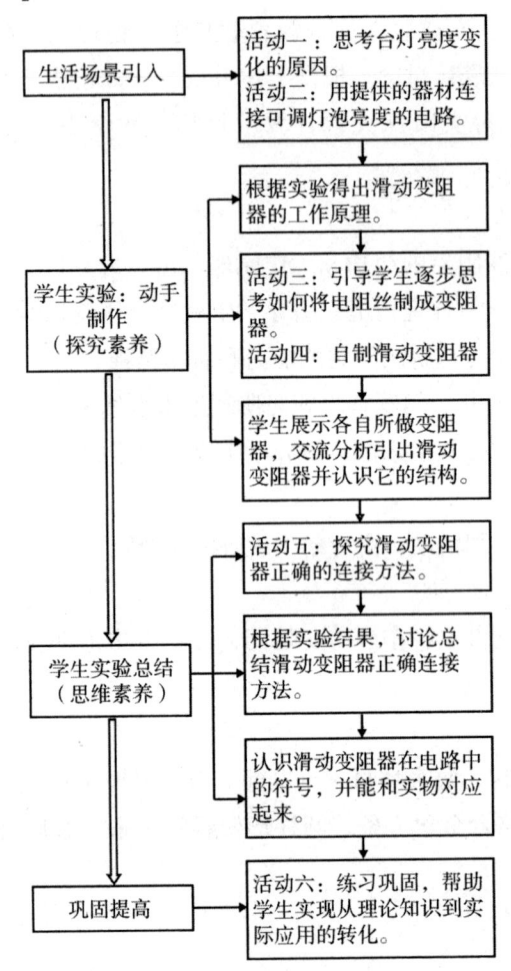

```
生活场景引入 ──→ 活动一：思考台灯亮度变化的原因。
                活动二：用提供的器材连接可调灯泡亮度的电路。
      │
      ↓
                根据实验得出滑动变阻器的工作原理。
学生实验：动手
   制作       ──→ 活动三：引导学生逐步思考如何将电阻丝制成变阻器。
（探究素养）     活动四：自制滑动变阻器。

                学生展示各自所做变阻器，交流分析引出滑动变阻器并认识它的结构。
      │
      ↓
                活动五：探究滑动变阻器正确的连接方法。

学生实验总结 ──→ 根据实验结果，讨论总结滑动变阻器正确连接方法。
（思维素养）

                认识滑动变阻器在电路中的符号，并能和实物对应起来。
      │
      ↓
巩固提高    ──→ 活动六：练习巩固，帮助学生实现从理论知识到实际应用的转化。
```

【教学过程】

教学环节	教师	学生	说明
生活场景引入（5分钟）	1. 用一个调光台灯，接通电源，调节台灯的亮度，提问：台灯的亮度是如何调节的呢？ 2. 请每组同学们合作，利用桌上的器材（镍铬合金丝、圆柱形塑料管和金属夹子先不用）连接一个在不改变电源电压的情况下可以调节台灯亮度的电路。 提供给每组的器材：干电池2节、电键1只、小灯泡1只、电阻丝板1个、镍铬合金丝1条、圆柱形塑料管1根、金属夹子3个、导线若干	1. 活动一：完成导学案活动一的内容：思考台灯的亮度改变的原因，并回答（没有改变电压，可能是改变了电路中的电阻）。 2. 活动二：学生分组讨论并连接方便调节小灯泡亮度的电路	1. 利用生活场景质疑，引发学生的思考并寻找解决问题的方法，激发学生的学习兴趣，培养学生的动手能力、科学思维和创新思维，养成学生勤于实践的探究精神。 2. 学生经历改变灯泡亮度的活动，学生对电阻与长度的关系获得进一步理解，对滑动变阻器的原理也就理解了
新课：学生动手制作（15分钟）	1. 请一组同学说出他们改变台灯亮度的做法和原理，引出变阻器的概念和工作原理。 2. 请同学们完成导学案活动三的内容，引导学生思考如何制作滑动变阻器：（1）在实验中，你们的小灯泡的亮度变化大吗？_____。（2）要加大台灯亮度的调节范围，可以怎么做呢？_____。（3）电阻丝太长时不方便操作，怎样做可以缩小操作空间呢？_____。 3. 师生一起完善活动三的内容。 4. 请每组同学用桌上的器材（电阻丝板不用）共同制作一个变阻器，并把它接入电路，看是否能改变小灯泡的亮度。 5. 请两组同学展示自己制作的变阻器，并说出它是如何改变电阻的。 6. 教师出示滑动变阻器，对比学生自制变阻器，师生一起认识它的结构	1. 活动三：小组合作完成导学案活动三的内容。 2. 活动四：根据活动三的回答，小组共同讨论和合作，做一个可以方便改变接入电阻丝的长度的变阻器，并把它接入电路，看是否能改变小灯泡的亮度	1. 通过活动三培养学生严谨的科学思维和主动解决问题的精神；通过活动四，培养学生协作精神和动手操作能力。 2. 通过自己动手制作变阻器，学生对滑动变阻器的结构有了清晰的认识，构建起了滑动变阻器清晰的模型。 此过程对学生如何处理端点形成接线柱，老师可适当指导

续表

教学环节	教师	学生	说明
新课： 学生实验 总结 （6分钟）	1. 请每组同学讨论滑动变阻器的连接方法，并用自制滑动变阻器接入电路检测，最后总结出滑动变阻器的正确连接方法。 2. 请一组同学的代表来演示并解析滑动变阻器的正确连接方法，其他组的同学和老师对该组同学总结不到位的进行补充。 3. 教师根据滑动变阻器的结构和连接，给出滑动变阻器在电路中的符号	1. 活动五：根据小组讨论的滑动变阻器的连接方法，用自制滑动变阻器连入电路进行检测，总结出滑动变阻器正确的连接方法	1. 通过该过程培养学生严谨和实事求是的科学态度，同时培养了学生的观察和分析总结等探究能力。 2. 学生在理解了滑动变阻器的工作原理和经历了滑动变阻器的制作过程后，对滑动变阻器如何正确接线很容易想到，通过再次实验，加深了对滑动变阻器的认识
巩固提高 （4分钟）	1. 教师给出习题（见导学案），学生练习，帮助学生实现从理论知识到实际应用的转化。 2. 教师展示答案，组内讨论解决组内成员存在的问题	1. 活动六：完成导学案活动七的内容（1个连图题和1个滑动变阻器调节电路的题）	

【板书设计】

滑动变阻器

1. 原理：改变接入电路中电阻丝的长度，从而改变电阻

2. 铭牌含义："50Ω 0.5A"

3. 连接方法：串联，"一上一下"

4. 符号：

七、探究电流与电压和电阻的关系

（一）常见问题分析

电流与电压和电阻关系的教学，通常被界定为探究教学，以下是常见的教学程序之一：

1. 教师提问引入：电流和电压、电阻有关，是什么定量关系呢？让我们用实验来探究。

2. 探究电流与电压关系中，教师展示实验电路图，讲解实验电路图的

由来、滑动变阻器的作用、多次试验的目的。

3. 学生连接电路，记录数据，分析数据。

4. 得出电阻一定时，电流与电压成正比。（同学们齐声朗读）

5. 探究电流与电阻关系中，教师展示实验电路图，讲解实验电路图的由来、滑动变阻器的作用、多次实验的目的。

6. 学生连接电路，记录数据，分析数据。

7. 得出电压一定时，电流与电阻成反比。（同学们齐声朗读）

8. 巩固提高：做相应的练习。

上述教学过程，存在什么问题呢？

这是典型的解释型教学。虽然表面上有提问式课堂教学引入、有教师的讲解分析、有学生的动手实践等，但是学生还是在被动接受性地学习。

首先，在引入过程中直接给出电流与电压和电阻有关，但为什么有关，没有学生猜想的过程。

其次，探究实验不仅需要知道怎么动手实践，更重要的是要知道为什么要这么做，上述示例中直接给出了实验电路图，缺乏学生自己设计的过程，学生只是被动地接受了现实。

最后，老师知道滑动变阻器的作用以及多次实验的目的属于高频考点，就多次以人为的强化试图让学生弄清楚缘由，而学生在这个教学过程中缺少思考，缺少创新性思维培养，没从根源上理解滑动变阻器在该实验中的作用，只是死记硬背下结论然后反复地刷题，这不利于培养学生核心素养。

（二）创新教学设计

1. 电流与电压和电阻的关系教学中的核心素养目标分析

电流与电压和电阻的关系在电学中属于基础性的规律，具有基础性、奠基性的地位。通过这部分内容的教学可以培养物理学科的哪些素养呢？

物理观念：电流与电压和电阻规律是电学中的最为基础的规律，也是后续学习欧姆定律的铺垫，准确深刻地理解其内涵，既是"三维目标"中"知识技能目标"的要求，也是促使学生形成物理观念的基础和前提。

科学思维：规律实验课并不是简单地让学生实践动手就行，我们应该创设学习探究情境或引入生活实践情境，让学生通过对自己观察到的真实现象和获得的真实数据进行分析综合、归纳提炼，从各种不一样的电路图中区分不一样的地方，并判断哪种更好。最后得出实验的电路图。

科学探究：设计探究活动。提供器材，让学生自主连接电路，并对自己和他人连接的电路作品进行比较鉴别，得出结论。这些过程便已包含了问题、证据、解释、交流等各个要素的训练提升。

科学态度与责任：探究过程中，可能出现的问题及其解决方法促使学生乐于思考、勤于实践，激发学生学习兴趣、好奇心和求知欲，培养学生克服困难的信心和决心。

2. 教学重点分析

上述教学示例中的教学重点是"使学生动手探究电流与电压和电阻的关系"，应该将教学重点转变为"让学生从猜想、设计电路、动手实践、分析数据、得出结论等过程掌握电流与电压和电阻关系。"只有学生弄清楚实验电路图的设计由来，探究活动才能顺利进行。

3. 教学模式和方法的改进

为创设真实的学习探究情境，丰富学生的实践体验，将直接引入课堂改为创设情境：让学生改变灯泡的亮度，引发学生猜想进而引出探究问题。将传统的实验课改造为创造型的自主探究课，将"演示+实践+练习"的教学模式转化为"实验探究+自主分析归纳+实践巩固"的模式，将单纯地传授电流与电压和电阻关系转化为"自主探究电流与电压和电阻关系"，将学生被动接受转化为学生的主动学习，根本上改变学生的学习行为方式，实现激发兴趣、掌握知识、培养能力、形成素养的学科目标。

（三）探究电流与电压和电阻的关系的创造型教学设计

【教学目标】

1. 知识与技能

（1）通过实验探究，认识影响电流大小的因素。

（2）知道导体中的电流与电压、电阻的关系。

2. 过程与方法

（1）通过探究过程进一步体会猜想与假设、设计实验、分析论证、评估等探究要素。

（2）通过制订研究方案进一步体会控制变量这一重要的研究方法。

3. 情感、态度与价值观

（1）在数据收集的过程中形成实事求是的科学态度。

(2)通过探究，揭示隐藏的物理规律，感受探索的乐趣。

【教学重点】

(1)引导学生通过实验发现和探究电流与电压和电阻的关系。

(2)电流和电压、电阻间的定量关系的实验设计和数据分析。

【教学难点】

(1)电流和电压、电阻间的定量关系的实验设计及学生对实验数据的分析、归纳并得出结论。

(2)通过实验和分析引导学生理解滑动变阻器的作用。

【教学器材】

25套器材：2节干电池，开关1个，5Ω、10Ω、15Ω、20Ω定值电阻各1个，滑动变阻器1个，电流表1个，电压表1个，导线若干。

【教学流程图】

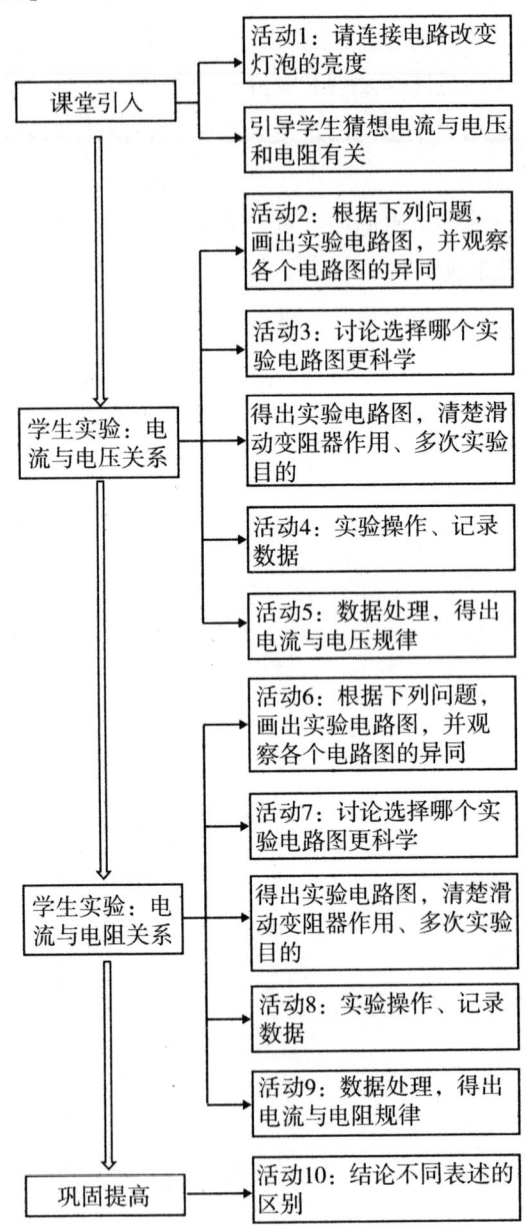

```
课堂引入 → 活动1：请连接电路改变灯泡的亮度
         → 引导学生猜想电流与电压和电阻有关

学生实验：电流与电压关系
         → 活动2：根据下列问题，画出实验电路图，并观察各个电路图的异同
         → 活动3：讨论选择哪个实验电路图更科学
         → 得出实验电路图，清楚滑动变阻器作用、多次实验目的
         → 活动4：实验操作、记录数据
         → 活动5：数据处理，得出电流与电压规律

学生实验：电流与电阻关系
         → 活动6：根据下列问题，画出实验电路图，并观察各个电路图的异同
         → 活动7：讨论选择哪个实验电路图更科学
         → 得出实验电路图，清楚滑动变阻器作用、多次实验目的
         → 活动8：实验操作、记录数据
         → 活动9：数据处理，得出电流与电阻规律

巩固提高 → 活动10：结论不同表述的区别
```

【教学过程】

教学环节	教师活动	学生活动	说明
课堂引入 (3分钟)	1. 器材：2.5V灯泡1个，干电池2个，开关1个，5欧姆电阻1个，导线若干。 2. 演示以下电路，请两位同学改变灯泡亮度，并观察方法的异同。 3. 提问：电流大小可能与什么因素有关呢？	1. 活动一：两位同学开始连接电路。用了以下两种方法。 2. 回答教师提问：改变电压、增加电阻都能改变灯泡的亮度，所以电流可能与电压、电阻有关	利用如何引起灯泡亮度变化的实验操作引起学生思考，既练习实验操作，也为引发猜想创设了情境
新课： 电流与电压关系 (19分钟)	请同学们思考以下几个问题，设计探究电流与电压关系的实验电路图。 实验用到什么物理方法？ 实验需要测量哪些物理量？ 实验需要用到什么器材？ 提问：比较图1和图2的区别、图1和图3区别。 那选用哪个实验电路图合适呢？请同学们思考并回答。 如果选用图3进行实验探究时比较适合，那刚刚同学所说的实验过程要获得多组数据，为什么呢？	1. 活动二：小组讨论以上问题，并尝试画出电路图。不同小组画出电路图不同 图1 图2 图3 2. 活动三：讨论电路图的区别。实验过程中用了控制变量法。因此探究电流与电压关系要保证电阻不变，则选用定值电阻；实验要进行多次，增加滑动变阻器可以获得多组数据	一步一步引导学生，让学生自主讨论分析设计出实验电路图。学生考虑有所欠缺，也没有关系。分析错误的原因，让学生经历知识获得的过程

211

续表

教学环节	教师活动	学生活动	说明
新课：电流与电压关系（19分钟）	总结滑动变阻器作用：改变电阻两端电压，多次试验目的是得出普遍规律，避免偶然性。 器材（25套）：2节干电池，开关1个，5Ω定值电阻1个，滑动变阻器1个，电流表1个，电压表1个，导线若干。请同学们根据图3电路图连接电路，并将实验数据填写在P75表格中。 在P75图中画出对应数据的点，并将各点平滑地连接起来。分析图像，看电阻一定时，电流与电压的关系	3. 回答：通过多组数据可以看出电流与电压的关系。 4. 活动四：活动进行实验操作并记录数据。 | 电阻R/Ω | R=5Ω |||| | 电压U/V | 1 | 1.5 | 2 | 2.5 | 3 | | 电流I/A | 0.2 | 0.3 | 0.4 | 0.45 | 0.6 | 5. 活动五：数据处理。 （I/A-U/V 图像） 总结归纳：电阻一定时，通过导体的电流与导体两端电压成正比	引导学生思考想要得出电流与电压的关系要获得多组数据，如何获得？ 锻炼学生的动手实践能力和合作能力。不用担心学生犯错，错误后找出原因更能印象深刻
新课：电流与电阻关系（20分钟）	1. 请同学们思考以下几个问题，设计探究电流与电阻关系的实验电路图。 实验用到什么物理方法？ 实验需要测量哪些物理量？ 实验需要用到什么器材？ 2. 提问：比较图1和图2的区别/图1和图3区别。	1. 活动六：小组讨论以上问题，并尝试画出的电路图。不同小组画出电路图有些许不同。 图4 图5 2. 回答图4和图5的区别。	学生因为经历了电流与电压实验，因此有比较多的人能够想到将滑动变阻器串联入电路中，但是滑动变阻器的作用却比较难理解。可以提示学生如果电阻变化后，电阻两端电压发生改变，如何控制电压不变，可以通过接入滑动变阻器实现

续表

教学环节	教师活动	学生活动	说明
新课：电流与电阻关系（20分钟）	3. 那选用哪个实验电路图合适呢？请同学们思考并回答。 4. 选用图5进行实验探究比较适合，刚刚同学所说的实验过程要多次更换电阻获得多组数据，为什么呢？ 5. 总结滑动变阻器作用：保持电阻两端电压不变，多次实验目的是得出普遍规律，避免偶然性。 6. 器材：2节干电池，开关1个，5Ω、10Ω、15Ω、20Ω定值电阻各1个，滑动变阻器1个，电流表1个，电压表1个，导线若干。请同学们根据图5电路图连接电路，并将实验数据填写在P76表格中。 7. 根据所得数据在P75图中画出对应数据的点，并将各点平滑地连接起来。分析图像，看电压一定时，电流与电阻的关系	3. 活动七：讨论选用的电路图。实验过程中用了控制变量法，因此探究电流与电阻关系要保证电压不变；实验要多次改变电阻，为了保证电压不变，加入滑动变阻器进行调节。 4. 回答：通过多组数据可以看出电流与电阻的关系。 5. 活动八：进行实验操作并记录数据。 6. 活动九：数据处理。 总结归纳：电压一定时，通过导体的电流与导体的电阻成反比	这个过程学生要多次更换电阻连接电路，可以多给一点时间让学生练习，锻炼学生的动手实践能力和合作能力。不用担心学生犯错，错误后找出原因更能印象深刻

续表

教学环节	教师活动	学生活动	说明
巩固理解 （3分钟）	1. 我们知道：电阻一定时，通过导体的电流与导体两端的电压成正比。电压一定时，通过导体的电流与导体电阻成反比。请讨论下列表述方式的对错： ①通过导体的电流与导体两端的电压成正比 ②电阻一定时，导体两端的电压与导体中的电流成正比 ③通过导体的电流与导体的电阻成反比 ④电压一定时，导体的电阻与导体中的电流成反比	1. 活动十：讨论交流①②③④与上述结论表述上的不同。 总结：①和③都没有提到另一个影响因素，表述不完善；②结论中电压是产生电流的原因，所以电压与电流成正比表述不正确；④电阻是由材料、长度、横截面积决定，还受温度的影响，与外加的电压和电流无关，表述错误	从结论的不同表述更深刻地理解电流与电压、电阻的关系。对本节课的内容巩固理解
课后作业		1. 阅读教材并完成第76页1、2题。 2. 利用"探究电流与电压的关系"的实验数据计算 $\dfrac{U}{I}$，并与电阻 R 比较，看看电阻两者有什么关系	本节课的重点内容是对电流与电压、电流与电阻关系的探究过程和理解。因此设置第2个作业旨在再次加深对其的理解，为学习第二节欧姆定律做好基础

【板书设计】

电流与电压和电阻的关系

1. 电阻一定时，通过导体的电流与导体两端的电压成正比。

电阻R/Ω	R=5 Ω				
电压U/V	1	1.5	2	2.5	3
电流I/A	0.2	0.3	0.4	0.45	0.6

滑动变阻器作用：改变电阻两端电压。

电压U/V	U=2V			
电阻R/Ω	5	10	15	20
电流I/A	0.4	0.2	0.14	0.1

2. 导体两端电压一定时，通过导体的电流与导体电阻成反比。

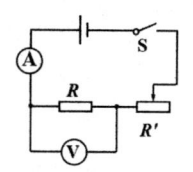

滑动变阻器作用：保持电阻两端电压不变。

八、焦耳定律

（一）焦耳定律教学中常见问题分析

焦耳定律是初中物理电学的重要内容，是进一步学习控制变量法的应用，是集物理现象、物理概念、物理规律于一体的课，以下是常见的教学程序之一：

1. 复习提问：（1）电功的大小与哪些因素有关？如何计算？（2）能说出一些用电器工作时能量的转化情况吗？

2. 创设情景、引入新课。投影：电饭锅、取暖器、油灯、电炉丝、电烙铁……这些用电器工作时有什么共同特点？导线和电炉丝串联，为什么电炉丝热得发红而导线并不很热？说明什么？

3. 演示实验1：研究电热与电阻大小的关系。（用书本上提供的实验器材）

4. 演示实验2：研究电热与电流大小的关系。

5. 分析论证，得出结论。

6. 通过比较电炉与电风扇的工作特点，分析电功与电热的关系。

7. 利用焦耳定律解决问题，例题讲解。

8. 电热的利用与防止。

9. 课后作业、巩固提高。

……

上述教学过程，存在什么问题呢？

表面上有提问式课堂教学引入、有演示实验、有教师的讲解分析、有学生的习题训练等，但仍然有许多环节是教师的直接灌输，没有充分培养学生的学科素养和创新能力。

首先，焦耳定律实验是最典型的控制变量法实验之一。示例中没有要求学生自己设计实验方案，学生没有真正经历探究过程，没有充分培养物理学科素养和创新能力。

其次，上述示例中只有演示实验，没有学生动手操作，学生对焦耳定律的认知缺乏真实的体验。

最后，上述示例中对于"电热与电流的二次方成正比"，没有任何实验验证。学生没有感性体验，不符合学生的认知规律，学生难以理解这一表述。

从"三维目标"的角度分析，上述教学过程反映的教学理念尚停留在传授知识的层面。教学目标仅仅是"在实验的基础上得出电热的大小与电流、电阻和通电时间有关，知道焦耳定律"。没有使学生真正经历探究过程、掌握科学思维方法。

从学科核心素养目标的角度分析，上述教学过程没有通过焦耳定律的学习，充分培养学生的科学思维、科学探究等素养。

上述教学过程中多个环节仍然是直接"灌输"，教师仅仅是将"焦耳定律"的规律展示出来，并灌输给学生，没有引导学生从物理现象中发现问题、提出问题，没有引导学生经历设计方案、解决问题、自己动手实验操作、体验科学探究的过程。

上述教学示例中，学生对焦耳定律中"电热与电流的二次方成正比"的认识并不充分，不是来自学生自己的实验操作和在实验现象、实验数据基础上进行的科学思维，而是来自外部——教师的"解释灌输"，这导致很多学生对"同一电路中串联入一个电阻后，电热反而减小很多"的现象无法理解。

物理教学应该创设科学探究的情境，激励学生进行探究活动，让学生通过情境活动直观地认识"焦耳定律"，并不是教师硬塞给学生一个结论。

(二) 创新教学设计

1. 焦耳定律教学中的核心素养目标分析

焦耳定律是初中物理电学的重要内容。通过这部分内容的教学可以培养物理学科的哪些素养呢？

物理观念：焦耳定律是能量守恒定律在电能与内能之间转化的具体体现。准确深刻地掌握其现象与规律，既是"三维目标"中"知识技能目标"的要求，也是促使学生形成物理观念的基础和前提。

科学思维：焦耳定律实验是典型的控制变量法实验，我们应该引入生活实践情境，让学生动手实践，通过对自己观察或感知到的真实现象和获得的真实数据进行分析综合、归纳总结，得出"焦耳定律"的结论，进而运用"焦耳定律"进行推理论证，解释相关的物理现象并应用于生活实践。

科学探究：提供器材，学生自主设计探究方案，并得出结论。这些过程包含了问题、证据、解释、交流等各个要素的训练提升。

科学态度与责任：在实验探究的过程中，培养热爱科学、勇于克服困难的信念。通过电热的利用和防止知识的学习，认识到科学是有用的，学会辩证地看待问题，激发学生学习物理、热爱科学的兴趣。

2. 教学重点分析

上述教学示例中的教学重点是"使学生理解焦耳定律，会用焦耳定律进行计算"，应该将教学重点转变为"通过生活现象发现问题，然后设计方案，实验探究，归纳出焦耳定律"。让学生真正通过实验探究活动，发现、解决生活中的实际问题。

3. 教学模式和方法的改进

为创设真实的学习探究情境，丰富学生的实践体验，将演示实验改为学生探究实验，将"演示+讲授型+练习"的教学模式转化为"发现问题+实验探究+自主分析归纳+回归实践"的模式，将单纯地传授焦耳定律知识转化为解决"为什么烧水壶可烧水但线不太热"这一实际问题，将学生被动接受转化为学生的主动学习，实现发现问题、激发兴趣、科学探究、培养能力、形成素养的学科目标。

具体做法是，给出生活现象，事先不做任何提示，给每个小组提供相应的器材，要求学生设计方案、利用提供的器材进行探究，并归纳出结论，然后各个小组再运用规律分析生活中的各种物理现象。

总之，通过将解释型教学转化为创造型教学，创设生活实际情境，进行实践探究，激发深度思维。促使学生体会从现象到规律、从理论到实践应用、从科学到技术的过程中展现的物理思想方法和情感价值，形成物理学科素养。

（三）焦耳定律的创造型教学设计

下面以 2013 年人教版《义务教育教科书·物理九年级全一册》第十五章第三节为基础进行讨论。根据上述分析，该节内容可安排 1 课时，教学目标、教学重难点、教学过程等如下。

【教学目标】

1. 理解焦耳定律的内容，会利用焦耳定律解释生活中电热利用与防治。

2. 通过创设学习探究情境，引导学生在焦耳探究定律的过程中进行科学思维活动，培养学生推理、论证等能力。

3. 通过创设学习探究情境，引导学生发现问题、提出问题、寻找证据、解释交流，培养学生科学探究素养。

4. 通过实践探究、问题解决等促使学生认识到科学是有用的，学会辩证地看待问题，激发学生学习物理、热爱科学的兴趣，培养学生热爱科学、勇于克服困难的信念。

【教学重点】

通过引入生活实际情境，让学生动手实践，通过对自己观察或感知到的真实现象和获得的真实数据进行分析综合、归纳总结，得出"焦耳定律"的结论，进而运用"焦耳定律"进行推理论证，解释相关的物理现象并应用于生活实践。

【教学难点】

引导学生自主设计探究方案，对实验现象与数据进行分析综合、推理、归纳，从而得出焦耳定律的内容。

【教学器材】

10 套实验器材，每套器材包含学生电源 1 个、开关 1 只、可逆测温纸 4 张、定值电阻 4 个、停表 1 只、导线若干。

【教学流程图】

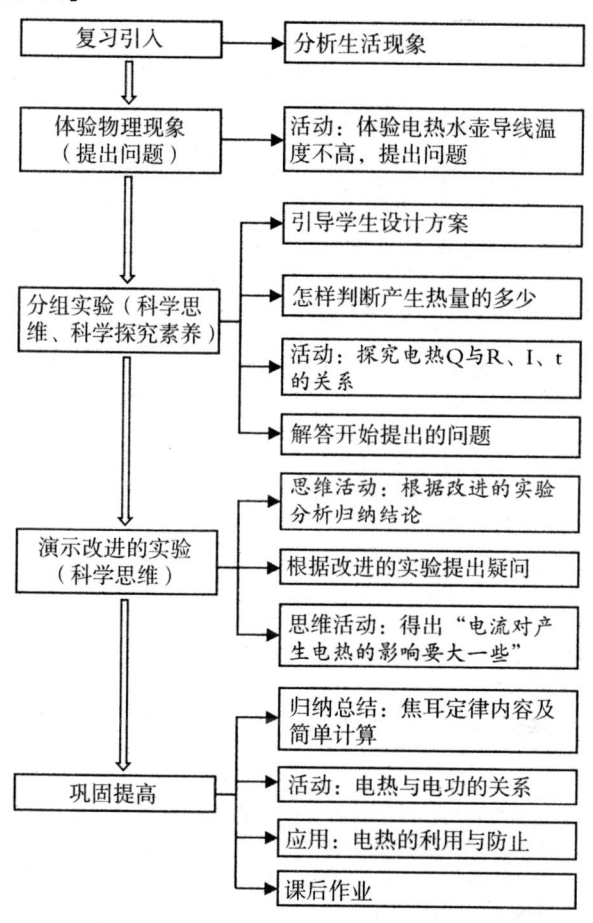

```
复习引入 ──→ 分析生活现象
   ⇩
体验物理现象 ──→ 活动：体验电热水壶导线温
（提出问题）      度不高，提出问题
   ⇩
              ┌─→ 引导学生设计方案
              │
分组实验（科学思 ├─→ 怎样判断产生热量的多少
维、科学探究素养）│
              ├─→ 活动：探究电热Q与R、I、t
              │   的关系
              │
              └─→ 解答开始提出的问题
   ⇩
              ┌─→ 思维活动：根据改进的实验
              │   分析归纳结论
演示改进的实验  │
（科学思维）    ├─→ 根据改进的实验提出疑问
              │
              └─→ 思维活动：得出"电流对产
                  生电热的影响要大一些"
   ⇩
              ┌─→ 归纳总结：焦耳定律内容及
              │   简单计算
              │
巩固提高        ├─→ 活动：电热与电功的关系
              │
              ├─→ 应用：电热的利用与防止
              │
              └─→ 课后作业
```

【教学过程】

过程	教师	学生	说明
引入	用多媒体展示"妈妈发现小孩没有完成作业就看电视"的小动画。老师提问：妈妈是怎么发现的？电流通过导体时，电能转化成内能的现象，就是电流的热效应	学生交流得出：摸电视后面，发现有点热。电视机通电播放时，电视机会发热	联系实际，创造课堂情景，激发学生的兴趣和求知欲。引入新课
一、发现问题（电流的热效应）	1. 教师提问：生活中，还有哪些用电器通电后有热现象产生？展示电炉、电熨斗、电饭锅、电风扇、电视机的图片。 2. 这些用电器都有电能转化为内能。但是它们好像有些不一样。老师提问：或者说从电流效应的角度能不能把它们分类？（为后面分析电能与电热的关系做铺垫） 3. 展示电热水壶烧水过程。还有电饭煲有加热档还有保温档，这是怎么做到的呢？（发现问题，引入实验探究） 4. 要解决这些实际问题，我们必须弄清楚一个什么问题？	得出电流的热效应的概念根据电流的热效应把用电器分为两种：(1) 电能全部转化为内能的，如电炉、电熨斗、电饭锅。(2) 电能只有一部分转化为内能的，如电风扇、电视机。发现问题：水烧开了，导线几乎不发热？这是为什么？提出问题：电流通过导体时产生热量的多少跟什么因素有关？	培养学生总结问题的能力。由生活现象培养学生发现并提出问题的能力。将生活实际问题上升到物理实验探究问题
二、科学思维训练（分组实验）	提供给每组的器材：学生电源1个、开关1只、可逆测温纸4张、1个5Ω定值电阻、3个10Ω定值电阻、停表1只、导线若干。 1. 引导学生设计方案教师分析引导，排除不合理猜想。引导学生思考应该用什么实验方法？ 2. 首要解决一个问题：怎么确定产生热量的多少？ 实验装置 5Ω　　10Ω	1. 提出问题：通电导体产生热量 Q 的多少可能跟什么有关？ 小组交流讨论，排除不合理猜想。得出3个因素：电流大小 I，电阻大小 R，通电时间 t。 2、思维活动：通过加热完全一样的容器中的空气，空气受热膨胀使U形管中液面的高度发生改变。相同时间里，液面高度高的产生热量多。——转换法	培养学生合理猜想，并分析猜想的合理性。学会排除不合理猜想

220

续表

过程	教师	学生	说明
二、科学思维训练（分组实验）	引导学生看书本的图，教师提问：怎么确定产生热量的多少？用了什么实验方法？ 进一步说明，还可以用以下的方法： 然后介绍一种新的方法：可逆测温纸。当电流通过电阻时，电流产生的热量就使贴在电阻表面的测温贴片温度升高，使其达到55℃而变成红色。电流产生的热量越多，温度上升就越快，测温贴片变成红色就会越快。我们可以通过测温贴片变成红色的快慢比较电流产生的热量。 3、在学案中画出设计图，逐个探究。 （1）教师提问：要控制哪些变量？怎么设计电路？ 引导学生怎样保持电流一定，应该设计成怎样的连接方式。（用手机和电脑、投影仪联合放大投影学生设计的电路图，并分析） 引导学生进行实验并得出结论。 （学生电源使用6V，连接时开关要断开，检查电路正确时再闭合开关）	两个烧瓶中装有质量相等、初温相同的煤油，然后加热，通过观察温度计示数的变化来比较电流产生热量的多少。这也是利用了转换法。 3、探究活动：各小组设计电路，画在学案上。 （1）探究电热 Q 与 R 的关系 进行实验 实验时要控制电路中的电流和通电时间相同，改变电阻。电阻串联，可以使流过两个电阻的电流和通电时间相同。观察记录现象，得出结论：在电流和通电时间相同时，电阻越大，这个电阻产生的热量越多。	培养学生合理猜想，并分析猜想的合理性。学会排除不合理猜想。 通过分析实验装置的原理来培养学生的设计实验的能力。

221

续表

过程	教师	学生	说明
二、科学思维训练（分组实验）	(2) 教师提问：要控制哪些变量？怎么设计电路？ 引导学生怎样保持电流一定，应该设计成怎样的连接方式。（用手机和电脑、投影仪联合放大投影学生设计的电路图，并分析） 引导学生进行实验。 （学生电源使用 6V，连接时开关要断开，检查电路正确时再闭合开关） (3) 探究电热 Q 与 t 的关系 在电流和电阻都相同的情况下，通电时间越长，这个电阻产生的热量越多。 讨论：电炉通过导线接到电路中，导线和电炉丝串联，为什么电炉丝热得发红而导线并不很热？	(2) 探究电热 Q 与 I 的关系 设计并进行实验： 实验时要控制电路中的电阻和通电时间相同，改变电流。并联一个电阻分流就可以了。 观察记录现象，得出结论：在电阻相同、通电时间相同的情况下，通过一个电阻的电流越大，这个电阻产生的热量越多。 电线与电炉丝串联，电流相等，根据焦耳定律，导线的电阻比电炉丝小得多，相同时间内放出热量也少	会根据实验现象得出结论，利用控制变量法准确地描述结论。 培养学生分析实验、总结实验、描述实验结论的能力。 培养学生综合分析归纳的能力
三、科学思维训练（演示改进的实验）	实验改进：把两个实验综合起来，电路设计成这样：（电源电压调高为直流 9V） (1) 用学生电源 9V 的电压，闭合开关，通电 30 多秒，R_2 上的可逆型变色测温贴片就达到 55℃，由黑色变成红色了，R_1 和 R_3 上的可逆型变色测温贴片没有变化。 (2) 到这时，不要断开开关，引导学生继续观察。我们发现：大约 2 分 30 秒时，R_1 上的可逆型变色测温贴片也达到了 55℃，由黑色变成红色了，但是 R_3 上的可逆型变色测温贴片还没有任何变化。这时仍然不断开开关，再继续观察 1 到 2 分钟，R_3 上的可逆型变色测温贴片仍然没有变红。这时可以引导学生	思维活动 1：电流相同、通电时间相同的条件下，电阻越大，电流产生的热量就越多；同时，根据 R_2 和 R_3 的现象得出第二个实验结论：在电阻相同、通电时间相同的条件下，电流越大，电流所产生的热量就越多。 思维活动 2：电流和电阻对产生电热的多少的影响不一样。电流对产生电热的影响要大一些。	认真观察并分析。

222

续表

过程	教师	学生	说明
	进行分析：R_1的阻值是R_2的阻值的一半，R_3的电流是R_2的电流的一半。但是R_1达到55℃的时间要远小于R_3达到55℃的时间，这说明什么问题呢？		
四、归纳总结（焦耳定律的内容与简单计算）	焦耳定律：电流通过导体产生的热量跟电流的二次方成正比，跟导体的电阻成正比，跟通电时间成正比 公式：$Q = I^2Rt$ 强调：电流对电热大小的影响更显著。 例题1：一根电阻丝接在10V的电源两端，通过它的电流为2A，求它在1min内共产生多少热量？ 解：先根据欧姆定律计算出通过电阻丝的电流 $R=U/I=10V/2A=5Ω$ 再根据焦耳定律得 $Q = I^2Rt =$（2A）$^2 × 10 Ω × 60s$ $=2400J$	1. 了解焦耳在电热上的成就了解焦耳定律的内容，记住公式和单位。 2. 完成学案上的习题	培养学生应用知识解决问题的能力。 进一步熟悉公式
五、归纳总结（电热与电功）	当电流通过导体时，如果电能全部转化为内能，而没有同时转化成其他形式的能量，那么电流产生的热量Q就等于消耗的电能W，即 $Q = W = UIt$ 根据欧姆定律：$U=IR$ 所以：$Q = W = UIt =$（IR）$It = I^2Rt$ 1. 电能全部转化为内能：$Q = I^2Rt$ $Q=W=Pt=UIt=I^2Rt=U^2/R$ 这些电功的公式都可以用。 2. 电能不是全部转化为内能：则产生的电热只能用：$Q = I^2Rt$ 想想议议：额定电压相同的灯泡，额定功率越大，电阻越小，正常工作时单位时间内产生的热量越多。可是按照焦耳定律，电阻越大，单位时间内产生的热量越多。二者似乎有矛盾，这是怎么回事？	1. 理解电功与电热的关系。 2. 思维活动 $Q=W$ （1）前一种情况前提是电压相等，用公式$P=U^2/R$分析。 （2）后两种情况的前提是电流相等，用$P= I^2R$分析。 没有矛盾，前提不一样，结论不一样	

223

续表

过程	教师	学生	说明
六、归纳总结（电热的利用和防止）	1. 电热的利用举例： 多媒体出示生活中利用电热的事例：电炉、电熨斗、电饭锅。 2. 防止电热的危害的方法： 依据　　途径　　　事例 　　　　1.减小电阻R　输电导线选用电阻小的材料 $Q=I^2Rt$　2.减小电流I　利用保险丝、空气开关等防止电流过大 　　　　3.减小通电时间t　避免某些电器长时间工作 对已经产生的电热 → 加强散热 → 1.增大散热面积　电脑CPU的散热片 　　　　　　　　　　2.加快空气流通　安装散热风扇开散热通风孔 展示逻辑思维图和相应的图片，引导思考，加深理解	学生联系实际并举例，学会辩证地看待问题	巩固本课学习内容，使物理走向社会、走向生活
七、课后作业		1. 课后"动手动脑学物理"第2、3、4小题； 2. 思考：课本第101页"想想议议"，下节课交流； 3. 查阅生活中"电热的利用和防止"	

【板书设计】

第四节　焦耳定律

一、电流的热效应

（一）影响因素：I　R　t

（二）焦耳定律：$Q=I^2Rt$

二、电功与电热

（一）电能全部转化为内能：$Q=I^2Rt$

$Q=W=Pt=UIt=I^2Rt=U^2/R$　　这些电功的公式都可以用。

（二）电能不是全部转化为内能，则产生的电热只能用：$Q=I^2Rt$

三、利用与防止

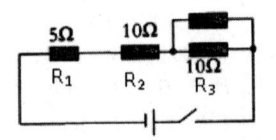

第三节　初中物理光学和热学创新教学设计案例

一、光的直线传播

（一）光的直线传播教学中常见问题分析

"光的直线传播"是几何光学的基础，由此可引入几何光学的两个基本定律——光的反射定律和折射定律。所以，在初中阶段，学生学习光的有关知识、认识光现象时，首先要建立"光在均匀介质中沿直线传播"的概念。这节课看似简单、意义却重大。常规的课堂教学过程如下：

1. 教师复习引入：前面我们学习了声音，请问声音如何产生的？声音的是如何传播的？声音的传播需要介质吗？声音在空气中的传播速度是多少？今天我们来学习光的知识，那光是如何产生和传播的呢？

2. 教师提问：我们身边有哪些物体发光？

3. 教师分析：分析列举物体是否属于光源并分类。

4. 教师提问：那光是如何传播的呢？

5. 教师演示：分别演示光在空气中（加入烟雾）、水中（加入牛奶等）和玻璃中的传播路径，归纳出结论："光在同种均匀介质中沿直线传播"。

6. 教师分析：光沿直线传播可以解释的现象和生活应用：影子形成、小孔成像、日食、月食、排队准直、激光测距…

7. 教师提问：光传播需要介质吗？

8. 教师分析：太阳光可以传播到地球，说明光的传播不需要介质。

9. 教师说明：说明光在真空和空气中的传播速度，并强调光在空气、水和玻璃等介质中传播速度的快慢比较。

上述的课堂中有的教师讲解得面面俱到、要点难点无一遗漏。讲完后再辅助以一定量的课堂练习进行训练。但往往学生在知识掌握和练习反馈上并不理想。那问题出来哪里呢？

首先，这是典型的解释型教学。老师传授知识的形式是灌输，学生全程是被动接受。课堂环节中看似引导学生思考的提问，其实只是知识灌输

225

的另一种形式，甚至有的老师在课堂上是自问自答。学生感受不到学习物理的兴趣，也体会不到探索物理的快乐。久而久之，学生就会对学习物理产生厌倦感，严重影响了通过物理学习对学生的学习素养和创新能力的培养。

其次，类比是物理教学常用的教学方法之一，尤其是在初中，由于学生的知识水平有限，有些概念的引入，只能采用类比的方法，如电压概念的引入，从水流的形成原因——水压来类比，而不能从电势的概念引入。在"光的直线传播"这节课的示例中老师类比声音的传播来引入光的传播。这样做虽然注意了知识的前后联系，但忽视了很重要的一点，声音是由于物体的振动而产生的，只具有波动性，而光具有波粒二象性，这也是光能够在真空中传播的原因，即光的传播可以没有介质，而声音必须在介质中才能传播。

另外，物理是一门以实验为基础的重要基础学科，本节光的产生与传播的知识与我们的生产和生活紧密联系，有大量的实例和实验可以让学生去体验探究。上述示例中的老师讲了很多，演示了一些实验，但学生没有去亲身体验感受，无法对相应的物理知识进行全面的理解。

由此看来，一节看似简单的课，仔细分析，就会发现有许多教学问题值得探讨。这就要求教师在课堂教学设计时，不仅要深入钻研教材，而且要敢于超越教材，将实验探究作为重要的教学手段来使用。让学生在老师的引导下去探究分析，最后得到自己的知识规律，这样的教学才能更好地服务于学生的全面发展。

(二) 创新教学设计分析

1. 教学目标分析

本节是学生学习光学知识的第一课，光的直线传播是几何光学的基础，又是研究光的反射、折射现象的必备知识。学生在日常生活和小学科学课中已经知道光沿直线传播的结论，但仍处于初步阶段。建议教师设计一系列的实验，引导学生探究得出光的直线传播的规律。在教学过程中结合实验和日常生活中的应用，用光的直线传播解释影子、日食和月食等生活中和自然界中的重要现象。使学生对光的直线传播规律有更全面、更深刻的认识，激发学生学习光学知识的兴趣。

知识目标：

（1）知道光在同种均匀介质中沿直线传播，并能用来解释简单现象；

（2）知道光线是表示光的传播方向的直线；

（3）知道光在真空中的传播速度。

能力目标：培养学生初步的观察能力和分析概括能力。

思想目标：

（1）了解人造光源的发展过程，认识到"劳动创造人类文明"；

（2）结合日、月食成因的学习，消除对自然现象的神秘、破除迷信；

（3）结合光速测定的介绍，学习科学家的探索精神。

2. 教学策略选择与设计

（1）问题引导探究策略：通过问题的设计激发学生的兴趣和好奇心，并逐步引导，使学习内容深入，如影子是如何形成的，日食、月食又是怎么回事，让学生带着问题听课。

（2）自主实验探究、小组讨论交流策略：给学生创设大量动手实践的机会，通过引导学生自主进行实验探究，并在探究的过程中进行小组交流讨论，给予学生充分的学习自主性和创造发挥的空间，如开始的影子的游戏，后来利用激光笔探究光在气体、液体和固体中的传播情况等实验，充分调动学生的积极性。

（3）紧密联系生活实际的策略：问题和实验设计尽量结合学生已有的社会生活知识和经验，增强学生对物理的兴趣。

3. 教学重难点处理

重点处理：制造神秘感，让学生观察光线在三种介质中的传播途径，总结规律，学生初次接触光，可以吸引兴趣，提高教学效果。

难点处理：教师在演示实验的时候，介绍如何能使光线更明显，举例说：在有雾的早晨，光更明显，让学生知道要喷点雾或滴点牛奶。

（三）光的直线传播创造型教学设计

【教学目标】

1. 知道光的直线传播并了解光的直线传播在社会和生活中的一些应用。

2. 知道光在真空中的传播速度。

3. 利用多媒体课件理解小孔成像、日食和月食等现象，让学生积极参与影子游戏，在游戏中思考阴影的成因。

4. 让学生了解我国古代在光现象研究上的成就，知道中华文明对科学发展做出的贡献。

5. 通过实验，让学生体验学习光学的乐趣，并在实验过程中学会合作与交流。

【教学重点】

光的直线传播。

【教学难点】

解释简单的光现象。

【教学流程图】

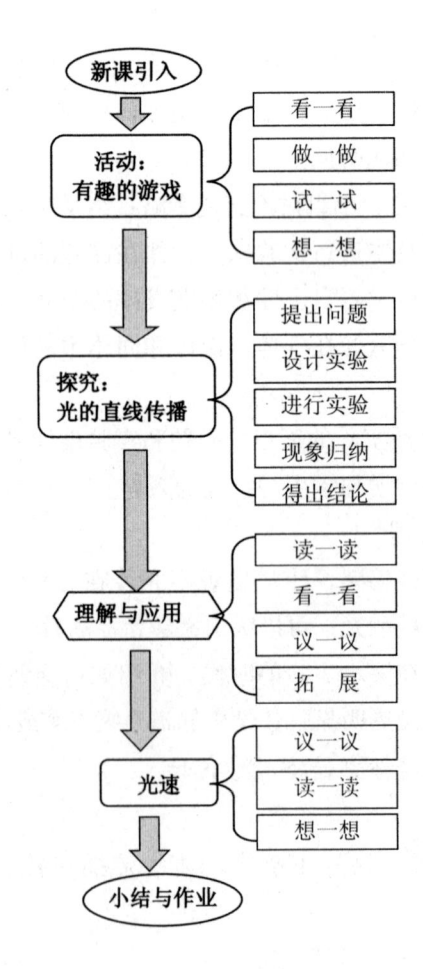

```
新课引入
   ↓
活动：         ┌─ 看一看
有趣的游戏 ──┼─ 做一做
              ├─ 试一试
              └─ 想一想
   ↓
探究：         ┌─ 提出问题
光的直线传播─┼─ 设计实验
              ├─ 进行实验
              ├─ 现象归纳
              └─ 得出结论
   ↓
理解与应用 ──┬─ 读一读
              ├─ 看一看
              ├─ 议一议
              └─ 拓  展
   ↓
光速 ─────────┬─ 议一议
              ├─ 读一读
              └─ 想一想
   ↓
小结与作业
```

【教学过程】

教学环节	教师活动	学生活动	说明
一、创设情境导引入新课	视频播放：手影游戏 组织学生做手影 组织学生踩影子 师问：手影为什么随手形而改变？ 影子的形成又说明了什么？	看一看：视频 做一做：手影游戏 试一试：看结果 想一想：学生思考老师提出的问题	激发学生的兴趣，物理知识来源于生活
二、新课教学 1. 探究光的传播 2. 生活物理社会	板书课题 展示图片 师：从光源发出的光将怎样向外传播呢？ 请同学们猜一猜 让学生设计实验 让学生尽可能去想，去说 指导学生实验 要求将观察的结果记录下来 你能得到什么结论？ 用弯曲的吸管进行反面验证 老师演示实验：光在非均匀糖水中传播 介绍光线的表示方法 学习物理知识，同时还要运用物理知识。 请同学们来解释一些现象。 展示图片： 再看视频小孔成像 解释小孔成像的原理 视频播放：日食、月食 老师讲解	学生猜想： 光可能沿直线传播 光可能沿曲线传播 分组讨论： 根据桌面提供的器材设计一些实验加以证明 将学生想出的方法分组进行实验： 探究光在气体、液体和固体中的传播情况 学生实验、相互交流、得出结论： 光沿直线传播（不完整） 归纳得出结论： 光在均匀介质中沿直线传播 1. 解释影子的形成 2. 解释射击 看图片后，试着解释 3. 解释小孔成像 先让学生完成小孔成像实验 应用3：日食、月食 学生看书、看视频、看P67的卡通画 讨论后提出自己的设想	引入新课 经历一个完整的探究过程 引导学生进行猜想 设计实验 培养学生的能力 得出结论 将物理知识应用于生活 培养思维的发散性

229

续表

教学环节	教师活动	学生活动	说明
3. 光速	师：光传播需要时间吗？ 伽利略让两个人各带一个灯，在相距1.6km的两个山头进行光速测定。 用生活化的语言介绍光在真空中的传播速度并知道光在不同介质中的传播速度不同 比喻：光在1s内传播的距离相当于绕地球7.5圈 投影：激光测距仪	学生知道光在真空中的速度最大约为 $3×10^8$ m/s 使学生能感性地认识到光速极快 读一读：激光测距仪 想一想：激光测距仪的原理 $S=vt/2$	提高学生的兴趣，体会科学家的探索精神 了解现代科技
小结与作业	本节课你学到了什么？	学生自我小结	培养归纳小结的能力

【板书设计】

光的直线传播

1. 光在同种均匀介质中沿直线传播

解释：影子，日食，月食，小孔成像

2. 光线的概念

3. 光的传播速度　　$C=3×10^8$ m/s（真空）

二、光的反射规律

（一）传统教学常见问题分析

以下是光的反射规律教学中常见的程序。

1. 教师引入提问：我们知道光在同种均匀介质中沿直线传播，光源发出的光进入了眼睛，人能看到物体，那么人为什么能看见不发光的物体？因为光照在物体表面上被反射回来了。

2. 教师演示并讲解有关反射现象中的几个物理名词，入射点、入射光线、反射光线、入射角、反射角。

3. 教师提问：那么在反射现象中光的反射有什么规律呢？

4. 教师演示实验，引导学生观察、分析、归纳。

（1）当反射演示器中的 E、F 屏在同一平面时，可同时看到入射光和反射光，不在同一平面时，不能同时看到入射光和反射光，引导学生对此现象说明："三线共面"。

（2）让学生观察：反射光、入射光和法线的位置关系。引导学生分析此现象说明："两线分居"。

（3）让学生根据现象和测量填充表格，引导学生发现现象规律：入射角增大时，反射角也增大，反之亦然，反射角总是等于入射角。从而概括光的反射定律。

（4）当光沿着 AO 入射时，它会沿着 OB 反射，如果光沿着 BO 入射时，观察光的反射情况。得出光路的可逆性。

5. 教师总结：光的反射规律。

6. 习题巩固。

7. 播放自制的多媒体动画课件，让学生比较镜面反射和漫反射的异同点。

以上教学过程，存在什么问题呢？

上述就是"光的反射"传统实验的写照。我们应该承认，传统实验对了解光的反射现象，探究认识光的反射规律，了解法线、入射角和反射角的含义，了解反射现象中光路的可逆性已经比较清楚且比较全面，但是同样存在一些不足之处。

第一，从三维目标角度分析

在演示实验时，用激光笔做反射实验，因为激光笔是点光源，要想在光屏上显示出光路，需要一定的操作技巧。在探究"反射角等于入射角"这条规律时，学生没有直观地观察和猜想，没能有效激起学生的共鸣和好奇。

第二，从核心素养方面分析

这种教师直接抛出问题，灌输给学生的传统实验，对当今新形势下培养人和教育人的理念作用不大。学生是"有思想的生命"，不是加工厂里面的"零件"。虽然大部分教师都知道应该更好地引导、启发学生，但对现有的教具的不足束手无策。这对新课程理念下应以学生为主体的思想不符。更无从谈培养学生的核心素养，所以笔者认为如能自制一些简单的、现象明显的教具对我们的教学会起到很大的帮助，并且学生较容易接受。

（二）创新教学设计分析

1. 教学目标分析

"光的反射现象"是光的一种常见现象，"光的反射定律"也是几何光学中最重要的基本定律之一，是分析有关光的反射问题的重要依据，也是进一步学习有关光学知识的基础，所以"光的反射"这节课在初中物理光学中占有极其重要的地位。

2. 教学模式和方法分析

通过精心设计的几套创新演示实验器材和学生实验器材，不仅可以使教学难点轻松突破，而且有助于学生体验知识的形成过程和加深对知识的理解和掌握。

从生活走向物理，从物理走向社会。从生活中的现象引入光的反射现象，引出本节课的学习内容，通过实验现象引出光的反射的概念；然后通过实验探究光的反射规律，及时引导学生走向社会，了解光的反射的应用。在合作探究的过程中，引导学生充分认识光的反射规律，并培养学生的动手能力和利用实验数据分析问题的能力。

在教学中应用动手操作实验、多媒体手段，让学生感受生活中的反射现象，激发学生对科学的好奇心和求知欲，培养学生探究未知世界的兴趣和科学精神。

3. 从核心素养目标分析

培养学生实验探究素养和基于实验现象进行分析推理论证的科学思维素养是本内容教学的重要目标。

4. 自制创新实验器材

"光的反射现象"演示器

器材：正方体玻璃缸、带孔的纸盖子、圆平面镜、铁架台（用来固定激光笔）、蚊香以及支架、大转盘、玻璃胶。

设计：将激光笔固定在铁架台上，并能够灵活转动，且易控制亮灭；然后将蚊香固定在支架上点燃 3 分钟左右，盖上盖子。

操作：如图所示，安装好实验器材并调整激光笔的角度，打开激光笔，观察光的反射现象。转动大转盘，从不同角度观察；再改变入射光的位置和角度，继续观察。

亮点：采用透明的玻璃缸，在其底部加上转盘，便于学生从各个侧面观察，而且立体感很强；充有适量烟雾可清晰显示光的传播路径，增大了可见度，便于学生描述，实验效果非常好。

（三）光的反射创造型教学设计

以人民教育出版社 2012 年出版的《义务教育教科书·八年级物理（上册）》第四章第二节《光的反射》为例，教学设计如下。

【教学目标】

1. 知道光的反射现象及其规律；

2. 通过设计、进行实验和分析现象结果，体验发现规律的过程，培养学生的科学思维和科学探索素养；

3. 通过光污染的案例，促进学生增强社会责任感。

【教学重点】

探究光的反射定律，培养学生的观察和收集数据的能力是本节课的教学重点。

【教学难点】

如何创造条件让学生通过实验探究认识到反射光与入射光共面、反射光与入射光的位置关系、反射角与入射角的大小关系等。

【教学器材】

激光灯、蜡烛、打火机、镜子、白纸、自制的光的反射实验装置、漫反射和镜面反射演示装置、手电筒。

【教学流程图】

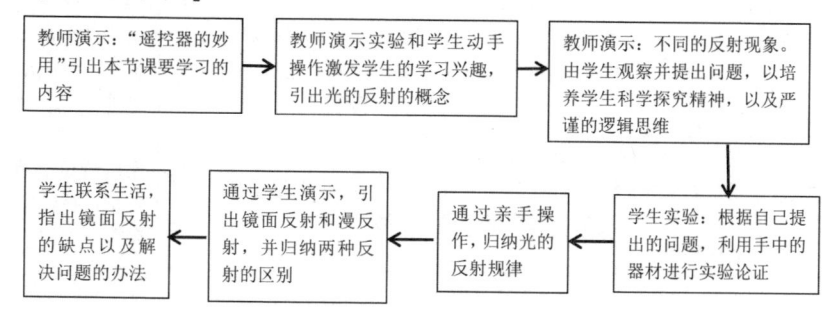

【教学过程】

教学环节	教师	学生	说明
生活中实例，导入新课	教师演示：现在越来越多的家用电器都用遥控器来控制，拿出遥控器对准用电器，可以打开和关闭用电器；教师提问：当遥控器不能直接对准用电器的时候，你能打开用电器吗？	学生通过观察教师演示实验，思考问题，能够思考出来的同学直接上台演示	紧密联系科技、生活实际，激发学生的兴趣，符合物理的学科特点
	教师引入：本节课我们就来学习，为什么遥控器没有对准用电器时也能控制它	学生思考	带着好奇、兴趣进行下面新课的学习
情境引入，新课教学	教师演示：用打火机点燃蜡烛。教师提问：同学们为什么能够看到蜡烛的火焰？（PPT展示，因为蜡烛的烛焰发出光并沿着直线传播进入我们的眼睛）	学生观察并回答问题	利用观察到的实验现象，复习上节课所学习的内容
	教师提问：那同学们为什么还能看到蜡烛旁边的这本不发光的物理课本呢？PPT展示：光从一种介质射向另一种介质表面时，一部分光被反射回来的现象叫光的反射现象	学生思考并举手回答问题	重视知识的铺垫和物理概念的引入
光的反射现象	教师提示：请同学们利用手中的器材观察光的反射现象。教师演示：通过大玻璃容器的光的反射的演示，一步步设问光的反射现象中有什么规律。引导学生答出对称、共面	学生实验：拿起手中的水杯，水杯底部有一面镜子，用激光笔照在镜子上，观察发生的现象。学生思考并回答	符合物理规律的发现形成过程。让学生理解几个名词的引入是为了探究问题的方便
实验探究	为了便于同学们对猜想的探究，我们要定义几个名词，法线、入射角、反射角	学生思考	引出实验探究课题
提出问题	同学们，前面我们已经学到了探究性实验的步骤，第一步提出问题	学生观察光的反射现象并提出问题，光的反射遵循什么规律呢？	培养学生严谨的探究性实验的思维
猜想与假设	教师提问：根据玻璃缸内的不同的反射现象，请学生举手表述自己的想法，鼓励学生试着叙述猜想的理由	大胆猜想并记录自己的猜想	明白猜想必须有依据，不是瞎猜

续表

教学环节	教师	学生	说明
设计实验	教师介绍光的反射实验装置的使用方法,并鼓励同学们实验验证猜想	明确实验所用的材料、器材以及观察什么、测量什么	有目的地去观察可以提高观察的效率,可提高学生参与的积极性和主动性
进行实验	教师巡堂鼓励学生动手操作实验	学生分组实验	让学生自己动手做实验,通过观察,培养学生的观察分析收集数据的能力
分析与论证并评估交流	1. 抽查其中三个小组上台动手操作并讲解验证猜想的方法。 2. 引导学生对结论进行正确表述	小组讨论分析自己数据,得出结论,并确定小组发言人。 积极发言,把其他小组的意见或想法与自己的记录和结论对比,找出不足并进一步完善。 学生验证猜想:三线共面、两线分居、两角相等	学生讨论分析,培养小组合作精神、学生对实验数据的处理能力和分析论证能力
寻找反射光线	根据我们探究的定律,我们已经掌握了寻找反射规律的方法,那么接下来请完成例题1、2。 例1. 一束光线射到平面镜上,其入射光线与平面镜的夹角是30°,如图所示,请画出反射光线并标出反射角大小。 例2. 反射光线和入射光线的夹角是80°,则入射角是_____;当入射光线与界面垂直时,反射角是_____。	学生做例题1、2,并上台讲解;通过讲解题目,发现规律①法线不但垂直于界面,同时还是入射光线和反射光线夹角的角平分线;②垂直入射时,反射角和入射角都等于0°。同时,学生根据垂直入射时,光线原路返回,即光路是可逆的,进而猜想,斜射时光路是否是可逆的	培养学生对实验结论学以致用的能力,培养学生的核心素养

续表

教学环节	教师	学生	说明
探究光路的可逆性及体验	教师提问：1. 根据以上例题可知，光在垂直入射时，光路是可逆的，那么如果是斜射呢？ 教师演示完成对光路的可逆性的探究。 2. 请同学们利用手里面的镜子，我们来亲身体验一下光路的可逆性	学生分组实验1：利用手中的器材，探究光路的可逆性； 学生分组实验2：利用两面镜子，体验光路的可逆性的探究	培养学生严谨的思考和合作能力，并把理论应用于实际生活中。
镜面反射和漫反射	教师提问：设计游戏反射大比拼，利用反射照亮讲台上的物体。 教师演示：探究照不到物体的原理，从而引出镜面反射和漫反射。 教师提问：教师引导学生操作体验镜面反射和漫反射的实验	1. 学生在教师的引导下，两两一组，其中一位同学拿手电筒，另外一位同学拿镜子，利用反射照射物体。 2. 思考镜面反射和漫反射的概念。 3. 通过具体的亲身体验总结，镜面反射和漫反射产生的影响	通过实验总结，培养学生的知识的应用能力
生活中的镜面反射和漫反射	教师提问：学生提炼镜面反射和漫反射的概念，然后思考城市的高楼因为镜面反射而带来的光污染	学生回答问题，并思考要保护环境	学以致用，体会到学习知识的快乐
当堂练习	1. 小丽和小兰在明处照同一面镜子，小丽通过镜子看到小兰的眼睛，小兰_____（选填"能"或"不能"）通过镜子看到小丽的眼睛，这种现象可以运用_____（选填"光的直线传播"或"光的反射定律"）来解释，这种现象表明了光反射时光路是_____的。 2. 一束光 AO 射向平面镜，光线 AO 与镜面的夹角如图所示，则反射角的大小为_____。现在城市里很多高楼大厦采用玻璃幕墙做装饰，当强烈的太阳光照射到玻璃幕墙时，就会发生_____反射，造成"光污染"。		

续表

教学环节	教师	学生	说明
当堂练习	3. 在图中，根据给出的入射光线 AO 画出反射光线 OB，并标出反射角的度数。 第2题图 第3题图	学生作答。	学以致用

【板书设计】

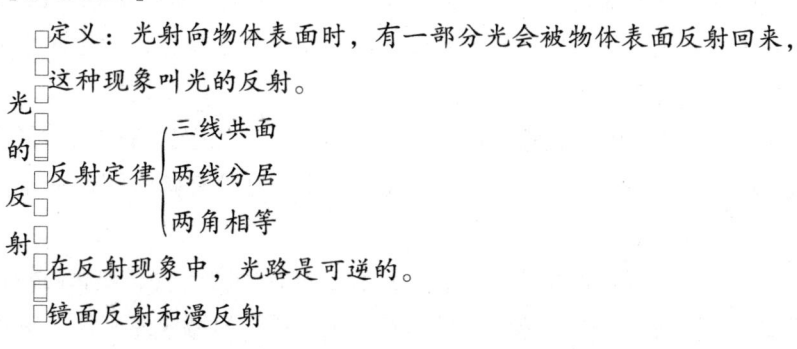

光的反射
- 定义：光射向物体表面时，有一部分光会被物体表面反射回来，这种现象叫光的反射。
- 反射定律 { 三线共面 / 两线分居 / 两角相等
- 在反射现象中，光路是可逆的。
- 镜面反射和漫反射

三、平面镜成像

（一）平面镜成像教学中常见问题分析

平面镜成像教学通常采用以下教学程序：

1. 教师播放生活中平面镜成像图片，指出像这种表面光滑的物体称为平面镜，并提问题"平面镜成像有什么特点？"

2. 学生思考或者依据书上的信息回答所成像"大小相等"，一般不会说其他答案。

3. 教师直接提问：像和物体到平面镜的距离有什么关系？是虚像还是实像？正立还是倒立？学生要么根据书本回答，要么答不出来。然后教师让学生猜，接着是实验验证猜想是否正确。

237

4. 教师演示实验，或播放平面镜成像实验代替演示实验。

5. 教师分析，得出结论"平面镜成像特点：大小相等，物、像到平面镜的距离相等。所成的像是虚像且是正立的"，还顺带总结物、像左右相反。通常要求学生齐读成像特点的结论。

6. 教师播放图片，分析平面镜成像的原理。

7. 播放图片，扩展平面镜在生活中的一些应用。

8. 巩固提高：各种平面镜成像的相关题型。

上述教学过程，存在什么问题呢？

这是典型的解释型教学。表面上有提问式课堂教学引入、有演示实验、有教师的讲解分析、有学生的课堂训练等，但本质上依然是教师的灌输，对培养学生的学科素养和创新能力毫无裨益。

首先，课堂引入是几张图片，虽是创设物理情境，但只停留在视觉层面上，可以充分发掘具有视觉冲击以及与学生已有知识冲突的现象视频。

其次，上述示例中只有演示实验，没有学生动手操作，学生对平面镜成像特点缺乏真实的体验和探究过程。

最后，上述示例中教师要求学生机械地齐读、死记教材中关于平面镜成像特点的"结论"，不符合学生的认知规律，对没有体验探究的学生而言，难以理解、记忆。

从"三维目标"的角度分析，上述教学过程反映的教学理念尚停留在传授知识的层面。教学目标仅仅是"使学生知道平面镜成像有什么特点"。没有使学生经历过程、掌握思想方法，学生更没有情感态度的体验和价值观的养成。

从学科核心素养目标的角度分析，上述教学过程直接"灌输"平面镜成像特点结论，没有通过学生切身实验体现科学思维、科学探究等素养的培养。

上述教学过程本质上仍是"灌输"，教师仅仅是播放或演示"平面镜成像的实验"，引导得出结论，没有引导学生认识物理实验操作的必要性和重要性，没有引导学生体会由事物的表象特征分析总结得出结论的思维方法，没有引导学生通过实验操作体验科学探究的步骤和乐趣。

上述教学示例中，学生对平面镜成像特点的认识并不是来自学生自己的实验操作和在实验现象、实验数据基础上进行的科学思维，而是来自外部——教师的"解释灌输",这导致很多学生对实验现象一知半解,对实验结论死记硬背,对结论的应用无从下手,对实验出现的问题无法解释。

实验教学不能仅仅是解释型教学模式,而应该转变为创造型教学模式,应该创设科学探究的情境,激励学生进行情境活动,让学生通过情境活动直观地认识到,引入"平面镜成像特点"并不是教师硬塞给学生一个实验结论。

上述示例存在诸多问题,究其原因,是教师对物理教学的目的与宗旨缺乏准确的认识。

(二) 创新教学设计分析

1. 平面镜成像教学中的核心素养目标分析

平面镜成像在光学的学习中具有承上启下地位。通过这部分内容的教学可以培养物理学科的哪些素养呢?

科学思维:我们应该创设学习探究情境或引入生活实践情境,让学生通过对自己观察到的真实现象和获得的真实数据进行分析综合、归纳提炼,从实验入手,归纳出"平面镜成像特点"的结论,直观地认识到成像有哪些特点,进而运用这些特点进行推理论证,全面概括平面镜成像特点。

科学探究:设计探究活动。提供器材,让学生自主设计并实验,并对自己和他人实验过程、实验现象、实验结果进行比较交流评估,并得出结论,这些过程便已包含了问题、证据、解释、交流等各个要素的训练提升。

科学态度与责任:探究平面镜成像特点的过程中,可能出现的问题及其解决促使学生乐于思考、勤于实践,激发学生学习兴趣、好奇心和求知欲,培养学生克服困难的信心和决心。

2. 教学重点难点分析

上述教学示例中的教学重点是"使学生理解、记忆平面镜成像特点的结论",应该将教学重点转变为"通过实验探究,形象认识到平面镜成像特点,并提炼归纳出其成像规律"。当学生对成像特点、成像过程中出现的问题能明白个所以然的时候,其他的应用问题便不成问题。这是物理学习中学生第一个探究实验,要学生自己设计,自己操作、总结。让学生经历实验探究的全过程,如果体验成功,等到学凸透镜成像规律时学生就不会害怕探究实验,并乐于探究,为以后的探究实验打下良好的基础,培养了学生良好的科学探究素养和精神。

3. 教学模式和方法的改进

为创设真实的学习探究情境,丰富学生的实践体验,将投影图片或播放视频改为教师演示实验,将探究平面镜成像特点的实验由教师的演示实验改为学生探究实验,将传统的解释型的课改造为创造型的构建课,将"演示+讲授型+练习"的教学模式转化为"实验探究+自主分析归纳+实践巩固"的模式,将单纯地传授平面镜成像知识转化为解决"探究平面镜成像特点"这一实际问题,将学生被动接受转化为学生的主动学习,根本上改变学生的学习行为方式,实现激发兴趣、掌握知识、培养能力、形成素养的学科目标。

具体做法是,教师演示神奇的魔术箱,100元纸币放进空箱子里面神奇地不见了,然后纸币又被教师变出来了,引起学生的认知冲突,让其身临其境,亲眼所见,激发学生的好奇心与探索的兴趣。从而引出课题,抛出问题,结合图片形象对比引导学生大胆猜想平面镜成像的特点。然后根据学生的猜想,让学生设计方案,进行实验,采取学生分组实验探究的方式,进行平面镜成像特点的实验探究,教师巡视,发现实验过程中学生遇到的问题,引导学生思考并解决问题。适当记录,拍照,以投影的形式让全班分享交流。有些问题可留在实验后交流讨论,重点探究像与物体的大小关系、像与物体到平面镜的距离关系。探究像与物体到平面镜的距离关系时就会发现物、像连线与平面镜垂直的关系。还会推理出平面镜所成的像与物体关于镜面对称。最后提问学生所成的像是实像还是虚像,根据第一节小孔成像成的是实像的原理对比,学生不难发现平面镜所成像是虚像,再进而延伸对比小孔成像和平面镜成像是否能用光屏承接,从而得出虚像不能用光屏承接。

总之,将解释型教学转化为创造型教学,设置问题情境,进行实践探究,激发深度思维,促使学生体会从原理到应用、从理论到实践、从科学到技术的过程中展现的物理思想方法和情感价值。

(三)平面镜成像创造型教学设计

下面以2012年人教版《义务教育教科书·物理八年级上》第五章第三节为基础进行讨论。根据上述分析,该节内容可安排1课时,将结论灌输的解释型课转设为实验探究的创造型课，教学目标、教学重难点、教学过程等如下。

【教学目标】

1. 通过创设学习探究情境，引导学生在探究平面镜成像特点过程中进行科学思维活动，培养学生建模、推理、论证等能力。

2. 通过创设学习探究情境，引导学生提出问题、寻找证据、解释交流，培养学生科学探究素养。

3. 通过实践探究、问题解决等促使学生乐于思考、勤于实践，激发学生学习兴趣、好奇心和求知欲，培养学生克服困难的信心和决心。

【教学重点】

通过创设情境和活动，使学生猜想平面镜成像的特点，并根据猜想设计方案，进行探究，并分析归纳总结出成像特点。

【教学难点】

引导学生自主设计实验、进行实验并对实验现象进行分析综合、推理、论证，从而得出结论。

【教学器材】

多媒体课件；

演示器材：魔术箱、一块大平板玻璃、一块大平面镜，两只相同的发光五角星、一块平面镜；

分组器材：玻璃板、两个三角形物体、跳棋、A4白坐标纸一张、直角三角板、直尺。

初中物理资源型备课和创造型教学探索

【教学流程图】

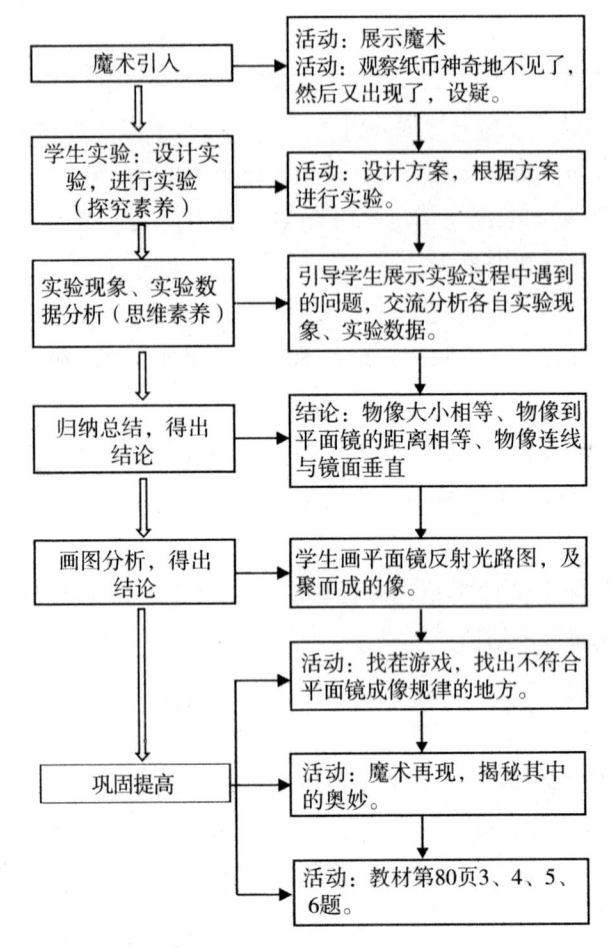

```
魔术引入 ──────────→ 活动：展示魔术
   │                   活动：观察纸币神奇地不见了，
   ↓                       然后又出现了，设疑。
学生实验：设计实
验，进行实验    ──→ 活动：设计方案，根据方案
（探究素养）           进行实验。
   │
   ↓
实验现象、实验数
据分析（思维素养）──→ 引导学生展示实验过程中遇到
   │                   的问题，交流分析各自实验现
   ↓                   象、实验数据。
归纳总结，得出  ──→ 结论：物像大小相等、物像到
   结论               平面镜的距离相等、物像连线
   │                   与镜面垂直
   ↓
画图分析，得出  ──→ 学生画平面镜反射光路图，及
   结论               聚而成的像。
   │
   │                 活动：找茬游戏，找出不符合
   │                   平面镜成像规律的地方。
   ↓
巩固提高      ──→ 活动：魔术再现，揭秘其中
                       的奥妙。

                     活动：教材第80页3、4、5、
                       6题。
```

【教学过程】

教学环节	教师活动	学生活动	设计意图
创设情境，引入新课（2分钟）	1. 利用自制教具"魔术箱"，演示纸币神奇地不见了	学生：一个学生将纸皮放入自制"魔术箱"里，其他学生观看魔术，惊奇地发现纸币放进去之后不见了，然后纸币又被教师神奇地从空箱中掏了出来，学生讨论魔术的奥秘。	通过神秘的魔术，引起学生的兴趣，制造悬念，激起学生的求知欲望，引出课题。联系生活实际，创设问题情境，体现从生活走向物理的理念
新课教学 1. 学生科学思维训练（5分钟） 2. 学生实验探究（15分钟）	新课教学 1. 出示图片让学生猜想像和物体的大小、位置有什么关系。 2. 引导学生设计方案 （1）提出问题"如何比较像与物的大小？"教师巡视，发现已设计出方案的同学，让其上台展示交流。若没有同学能设计出方案，则教师启发引导学生找一大小完全相同的"替代物"替代像与物体比较大小。 （2）让学生设计方案想办法解决如何比较物距和像距的关系	1. 学生自由讨论，猜想："像与物大小相等""像与物到平面镜的距离相等"。 2. 学生思考讨论，交流。设计实验方案，实验探究，展示交流（物像重合即表示二者大小相等）。	学生充分思考，设计方案，交流展示，思维能力得以锻炼与提升。 学生分组实验，培养学生的科学探究素养

243

续表

教学环节	教师活动	学生活动	设计意图
3. 归纳总结评估交流（3分钟）	1. 交流评估 在学生交流展示的同时，适当点评，必要时补充。 2. 根据学生提出的问题：在寻找物体的像时，无论如何都没办法使替代物与像重合，让学生思考交流其中原因。如果学生想不出来，这时教师可以演示交流产生物像不重合的原因。	1. 学生分析实验现象、实验数据，讨论交流，归纳总结，得出实验结论。以小组为单位上台展示交流。 （1）物体和像大小相等 （2）物体和像到平面镜的距离相等 2. 可能有学生提出在寻找物体的像时，无论如何都没办法使替代物与像重合，那是什么原因呢？	
4. 分析平面镜成像的原理。（科学思维训练）（5分钟）	1. 平面镜成像原理 虚像的概念及原理 利用多媒体讲解平面镜成虚像的原理： 光源发出的光线经平面镜反射后反向延长线的交点。镜后实际并不存在发光点，所以是虚像。 师生共同总结平面镜成像特点。	学生根据实验数据总结出平面镜成像特点。	
巩固提高（10分钟）	1. 找茬游戏。 2. 魔术揭秘（再现魔术，前后呼应）。	1. 找茬游戏（小组讨论，举手抢答）：找出游戏中不符合平面镜成像规律的地方。 2. 魔术揭秘（再现魔术，前后呼应）。	
课后作业	根据平面镜成像特点判断 1. 选出对应物体正确的平面镜成像图。	1. 选出对应物体正确的平面镜成像图。	利用平面镜成像特点解决小瑄的疑惑，使学生体会物理知识在实际生活中的应用，理论联系实际，更好地体现从物理走向社会

244

续表

教学环节	教师活动	学生活动	设计意图
课后作业	2. 解决小瑄测视力时的疑惑。 3. 指导学生完成课后习题教材第 80 页 3、4、5、6 题。	2. 学生讨论：解决小瑄测视力时的疑惑，并说明其中的道理。 例 5 检查视力时，视力表放在被测者头部的后上方，被测者识别对面墙上镜子里的像。如下图示的情形中，视力表在镜子中的像与被测者相距多远？ 3. 学生完成课后习题教材 80 页 3、4、5、6 题	

【板书设计】

平面镜成像

1. 平面镜成像实验（器材、实验步骤）

2. 像和物：

虚像和实像：

3. 平面镜成像特点：等大、等距、正立、虚像

四、光的折射

（一）传统教学中常见问题分析

光的折射涉及折射概念和折射规律，是光学的核心基本内容，常见的教学程序如下。

1. 教师提问引入：之前我们学习过光在同种均匀介质中沿直线传播的情况，那么如果光在两种不同介质中，传播情况是怎么样的呢？

2. 教师给出折射时的入射角、折射角、法线等相关概念。

3. 教师演示实验：光从空气中斜射进入水中。

4. 教师分析总结：分析光从空气中斜射进入水中的情况，总结规律。

5. 教师给出折射的概念。

6. 教师提问：如果光从水中斜射进入空气中，会发生什么情况呢？

245

7. 教师演示实验：光从水中斜射进入空气中。

8. 教师分析总结：分析光从水中斜射进入空气中的情况，总结规律。

9. 总结：在空气和水（或玻璃）之间，光传播过程中的规律。

10. 巩固提高。

（1）画图训练：完成光在空气和水（或玻璃）之间进行传播的光路。

（2）实践提高：在教师的"启发式提问"下利用光的折射解释相关现象。

该教学过程，存在什么问题呢？

这是典型的灌输知识型教学模式。表面上有提问式课堂教学引入、有演示实验、有教师的讲解分析、有学生的课堂训练等，但本质上依然是教师的主导课堂，灌输知识，对激发学生学习兴趣，培养学生的思考和质疑精神、学科素养、学生实验能力并无益处。

首先，通过复习引入，不利于引发学生思考"为什么"，难以激发学生的学习兴趣。

其次，上述示例中只有演示实验，没有学生动手操作，欠缺对学生实验操作能力、实验分析能力的培养。

最后，上述示例中依靠教师总结折射的"定义"，对没有感性体验的学生而言，不符合学生从现象到本质的认知规律。

从"三维目标"的角度分析，上述教学过程反映的教学理念尚停留在传授知识的层面。教学目标仅仅是"使学生理解什么是折射"。没有使学生经历提出问题、解决问题的过程，掌握思想方法，学生更没有情感态度的体验和价值观的养成。

从学科核心素养目标的角度分析，上述教学过程直接"灌输"折射规律，没有通过探究实验的学习体现科学思维、科学探究等素养的培养。

上述教学过程本质上仍是"灌输"，教师仅仅是将"折射规律"灌输给学生，没有引导学生经历探究过程的思维过程，没有引导学生认识引入物理概念的必要性，没有引导学生体会由事物的本质特征抽象出物理规律的思维方法，没有引导学生通过实验操作体验科学探究的步骤和乐趣。

上述教学示例中，学生对折射规律的认识并不是来自学生自己的实验操作和在实验现象、实验数据基础上进行的科学思维，而是来自外部——教师的"解释灌输"，这导致很多学生对折射的本质特征没有直观感性的认识。

概念和规律的教学不能仅仅是解释概念内涵的解释型教学模式，机械性地记忆规律，而应该转变为创造型教学模式，应该创设科学探究的情境，激励学生进行情境活动，让学生通过情境活动直观地认识到引入折射概念和探究折射规律是认识世界、进行科学研究的需要，并不是教师硬塞给学生一个抽象概念和规律。

（二）创新教学设计分析

1. 核心素养目标分析

科学思维：创设学习探究情境或引入生活实践情境，让学生在自己观察到的真实现象的基础上，生发问题，层层深入，通过亲自动手实验、建构模型，获得真实数据并对其进行分析综合、归纳提炼，得出简要规律。

科学探究：通过提供的器材完成实验的过程中便已包含了数据记录、数据分析、总结归纳、交流等各个要素的训练提升。

科学态度与责任：探究光的折射规律的过程中，可能出现的问题及其解决方法促使学生勤于实践，激发学生学习兴趣、好奇心和求知欲，培养学生克服困难的信心和决心。

2. 教学重点分析

光的折射是重要的光学现象，是理解透镜成像的基础，在光学的教学过程中有着承上启下的作用，同时又是解释日常生活中许多光现象的基础。通过对折射现象的分析，可以培养学生密切联系实际，运用科学知识来解释一些自然现象的习惯和能力，更重要的是激发学生学习兴趣，提高学生科学素质。鉴于学生刚学完光的反射，对光的现象已有一些简单的认识，对光学研究中的一些物理量已有初步的了解，如入射角、反射角、法线等，所以本节重点转变为实验过程中对实验数据的分析和归纳并总结出折射规律，以及应用折射规律解释相应现象。

3. 教学模式和方法的改进

针对新课标对学生能力的要求，本节采用探究实验、观察分析、讨论法，使学生通过教师的引导进行动手实验和观察，以具体生动的感性认识为基础掌握知识，同时在观察中培养能力，开展思维训练，重视知识的应用，将学生被动接受转化为学生的主动学习，理论紧密联系实际，体现从生活走向物理、从物理走向生活的课改精神。

（三）光的折射创造型教学设计

【教学目标】

1. 通过探究实验，认识折射现象，理解折射规律。

2. 利用光的折射原理解释生活中的简单光现象。

3. 通过学生实验培养学生的探究素养。

4. 利用折射原理解释光现象，培养学生的思维素养。

【教学重点】

通过探究实验，观察并认识折射现象，并总结出折射规律。

【教学难点】

利用光的折射规律解释生活中的有关现象。

【教学器材】

1. 恐怖的游泳池：鱼缸、塑料玩具机器人、摄像头、水。

2. 手指错位：玻璃砖。

3. 学生探究实验：学生用激光笔（带分光笔套）、玻璃砖、实验报告（见附件）。

4. 坐井观天：摄像头、玻璃杯（底部很透明，侧边不透明）、天空图片、天空支架。

5. 叉鱼游戏：鱼缸、铁架台、四分水管、竹竿、水、目标图、摄像头。

6. 光在不均匀糖水中传播：透明容器、糖水、高亮激光笔。

【教学流程图】

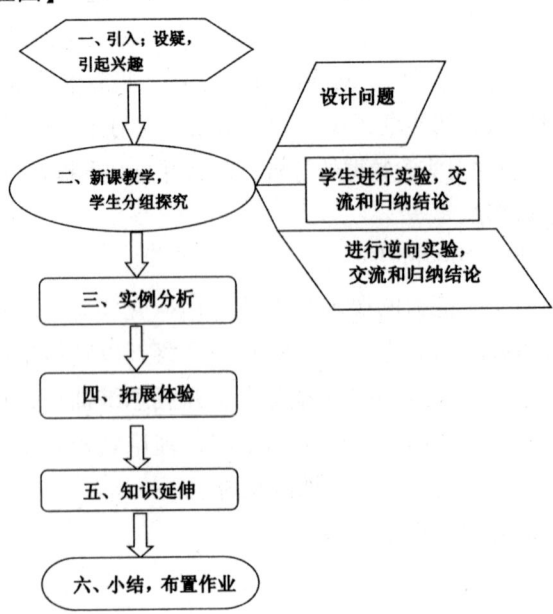

一、引入：设疑，引起兴趣

二、新课教学，学生分组探究
 — 设计问题
 — 学生进行实验，交流和归纳结论
 — 进行逆向实验，交流和归纳结论

三、实例分析

四、拓展体验

五、知识延伸

六、小结，布置作业

【教学过程】

教学环节	教师活动	学生活动	说明
引入：图片+实验引入，激发学生学习兴趣	1、恐怖的游泳池（图片）+实验 创设情景，激发学生的求知欲望	通过玻璃砖观察自己的手指"错位"，了解光在两种不同的介质中传播时产生了类似的现象	观察时提醒学生，并不是任何角度都能看到同样的现象，说明光从一种介质进入另外一种介质时传播方向并不是一定会变化的
新课教学：学生分组探究，归纳实验结论，共同完成实验报告（教学重点）	1. 通过光从空气中斜射进入水中的演示实验（不改变入射角度）对相关概念进行介绍：入射光线、入射角、折射光线、折射角。 2. 在学生总结不完整时，教师在学生总结后进行全面总结和归纳	学生实验：两人利用激光笔、分光笔套、玻璃砖，在设计好的实验探究报告（见附件）上进行实验，记录下光由四个不同的角度从空气进入玻璃时的折射光路，并回答相关问题。 交流总结：小组之间交流后从实验报告的光路图中总结出规律	目的： 1. 通过"探索——自得式"教学，激发学生自主学习的兴趣。引导学生在日常生活上要注意观察勤于思考。 2. 重视交流与合作，使学生在愉快中"探究——自得"，促进自我发展。让学生感受和发现科学家们探求科学真理所运用的方法，体现科学精神
	演示坐井观天实验 有摄像头展示青蛙视角当井中无水与有水的视野变化，能够很好地说明光从空气进入水中时传播方向发生的变化	1. 利用折射规律解释坐井观天实验原理。 2. 实际应用：解释坦克观察口安装厚玻璃的作用：扩大视野	目的：培养学生解决分析实际问题的能力。让学生感受到物理知识在实际当中的应用
拓展体验	组织学生进行活动叉鱼游戏。 播放介绍射击水中鱼的视频	叉鱼游戏：让学生将观察孔对准水中的"鱼"，然后用"鱼叉"从观察孔穿入水中，看看能否叉中水中的鱼。并解释原因。 解释"潭清疑水浅"的光学原理	目的：让学生感受到所学的知识在生活中的实际应用，并进行安全教育

续表

教学环节	教师活动	学生活动	说明
知识延伸	1. 演示实验：光在久置的糖水中传播时会变弯曲	1. 尝试解释海市蜃楼现象：光在不均匀的介质中沿曲线传播。 2. 尝试解释现实当中星星会闪烁。由于大气层不均匀并且会流动，导致光在大气层中不沿直线传播造成的	目的：领略折射现象的美妙，获得对自然现象的热爱、亲近的情感
小结：布置作业	布置作业：《学习辅导》光的折射相关内容	上网查找有关光的折射的现象，介绍给同学们	鼓励学生进行课外拓展

【板书设计】

光的折射

1. 概念：光从一种介质斜射入另外一种介质中时传播方向发生偏折的现象

2. 探究实验：

3. 折射规律：三线共面，两线分居，光路可逆

4. 应用：解释常见现象。

水中筷子错位、水中叉鱼、海市蜃楼、"潭清疑水浅"

五、透镜

（一）透镜教学中常见问题分析

透镜的教学，通常被界定为概念教学，以下是常见的教学程序之一：

1. 动画视频引入："海尔兄弟"动画中"冰透镜"向日取火，开门见山引出课题——透镜。

2. 教师演示：展示不同形状的透镜。

3. 教师分析：根据透镜形状特点归类，总结得出凸透镜和凹透镜的特点。

4. 教师讲解：讲解与透镜相关的概念：光心、主光轴。

5. 教师提问：动画中的冰透镜能向着太阳取火，说明它能把光聚在一起。那它究竟是凸透镜还是凹透镜呢？

6. 教师演示：展示平行光分别经过凸透镜和凹透镜的光路。

7. 教师分析：讲解焦点和焦距的定义。要求学生齐读教材上的结论"凸透镜对光有会聚作用，凹透镜对光有发散作用"。

8. 学生阅读：阅读教材上测量焦距的方法。

9. 巩固提高：作图训练即教师给出不同的入射光线，要求学生画出经过透镜后的光路。

上述教学过程是典型的解释型教学。表面上有动画视频引入、演示实验，有讲解分析、课堂训练。而本质上依然是教师的灌输。学生的科学素养和创新能力没有得到有效的培养。首先，动画视频中的冰透镜取火是漫画特技的效果，只能引起学生的好奇心，不具有真实性，与物理的求真求实精神相违背。其次，上述示例中，纵观整节课，只有演示实验，没有学生动手操作过程，并且教师只是演示了平行光入射这种特殊情况下，透镜对光的作用，这样得出的结论存在偶然性，没有普遍性。

示例中，教师要求学生机械地齐读，死记教材中透镜对光的作用规律，不符合学生的认知规律。对没有感性体验的学生而言，难以理解。从三维目标角度分析，上述教学过程反映出的教学理念尚停留在传播知识层面，有着应试的味道。没有让学生经历过程、掌握思想方法，学生没有情感态度的体验和价值观的养成。从学科核心素养目标角度分析，教师在教学过程中，对学生灌输透镜和透镜对光的作用规律，没有概念和规律的学习，没有体现科学思维和科学探究等素养的培养。这样的教学过程违背了科学探究的精神，没有引导学生经历引入物理概念的思维过程，没有引导学生体会事物的本质特征，没有让学生通过实验操作体验科学探究的步骤和乐趣。

教师的灌输导致学生对透镜的分类和透镜对光的作用的本质特征没有直观感性的认识，对非平行光、非焦点发出的入射光线经透镜后的大致光路就不知该如何画。概念教学不能仅仅是解释概念内涵的解释型教学模式，而应该转变为创造型教学模式，应该创设科学探究的情境，激发学生进行情境活动，让学生通过情境活动直观地感受到透镜对光的作用。

（二）创新教学设计分析

1. 透镜教学中的核心素养目标分析

透镜单独设立并处于本章之首，彰显出透镜知识的基础性、独立性、完整性。既是对上一章光的折射知识的应用,又是后续知识的基础,起着承上启下的作用。通过这部分内容的教学可以培养哪些物理学科的素养呢?

物理观念:透镜是核心概念,并且在生活中应用广泛。能正确区分凸透镜和凹透镜,了解透镜的主光轴、光心、焦点、焦距,既是三维目标中"知识技能目标"的要求,也是促使学生形成物理观念的基础和前提。

科学思维:初中阶段,学生的思维正从形象思维向抽象思维过渡。透镜知识的学习是在探究光的折射规律基础上加大了探究深度,将进一步激发学生学习的好奇心,促进学生深度学习,提升学生的科学思维。学生利用凸透镜获得平行光,体会对称性思想,归纳总结出透镜对光的作用。

科学探究:设计探究活动。提供器材,让学生自主探究透镜对光的作用。小组合作探究的过程中,合作意识、观察归纳、评估交流等各个要素得到训练提升。

科学态度与责任:透镜的知识延伸到生活的应用中,利于培养学生学习物理的兴趣,保持对自然界的好奇,领略人与自然的美好与和谐。

2. 教学重点分析

上述的教学事例中,教学的重点是使学生理解"透镜的分类和透镜对光的作用",应该将重点转变为"通过实验探究,认识到透镜的分类,并总结归纳出透镜对光的作用规律"。当学生对透镜的本质特征认识清楚了,对透镜对光的作用规律的理解就没有任何的困难了。

3. 教学模式和方法的改进

改进的思路是通过"问题驱动",尽可能创造机会让学生手脑并用。既要求学生动手操作,获得感性认知,也要求学生进行深度思维。一方面要对操作获得的数据信息进行分析归纳、推理判断,另一方面还应要求学生利用已有的知识设计实验方案、进行实际操作。实验操作前、操作中、操作后都离不开科学思维,"实验是物理学的基础,思维是物理学的灵魂"。

为创设真实的学习探究情境,丰富学生的实践体验,将演示实验改为学生探究实验,将传统的解释型概念课改为创造型的构建课,将"演示+讲授型+练习"的教学模式转化为"实验探究+自主分析归纳+实践巩固"的模式,将单纯地传授透镜对光的作用规律转化为探究"入射光线经过透镜后会发生什么变化?"这一问题,将学生被动接受转化为学生的主动学习,根本上改变学生的学习行为方式,实现激发兴趣、掌握知识、培养能力、形成素养的学科目标。

认识透镜的分类，具体的做法是，给每个小组提供老花眼镜、近视眼镜、凸透镜、凹透镜等，让学生通过观察触摸等方式，认识到透镜有两种分类，并归纳各自的形状特征。

探究透镜对光的作用，具体的做法是，给每个小组提供凸透镜、凹透镜、平行激光光源等器材，按由易到难的认知规律，先探究平行于主光轴的光线经过透镜后，光的传播路径如何变化，再探究不平行于主光轴的光线经过透镜后，光的传播路径如何变化。最后归纳分析总结出两种透镜对光的作用。

总之，通过将解释型教学转化为创造型教学，设置问题情境，进行实践探究激发深度思维，让学生真正经历探究凸透镜对光会聚作用特征的过程，促使学生体会从原理到应用、从理论到实践、从科学到技术的过程中展现的物理思想方法和情感价值。

（三）透镜的创造型教学设计

下面以2013年人教版《义务教育教科书·物理八年级上册》第五章第一节为示例进行讨论。根据上述分析，该节内容可安排1课时，将概念课转化为实验探究课，教学目标、教学重难点、教学过程等如下。

【教学目标】

1. 能识别凸透镜和凹透镜，认识凸透镜对光线的会聚作用和凹透镜对光线的发散作用。知道有关透镜的几个概念，会测量凸透镜的焦距。

2. 通过观察和触摸区分凸透镜和凹透镜，实验探究凸透镜和凹透镜对光线的作用，并运用光的折射规律研究光通过透镜时透镜对光的会聚、发散作用。学生的生活常识结合物理知识的学习，强调课堂知识的生成性。

3. 从对"透镜取火"的好奇，激发对科学的求知欲，能积极参与透镜对光线作用的探究实验，在实验中养成实事求是的科学态度。

【教学重点】

通过创设情境和活动，使学生认识透镜的两种类型，并探究归纳出两种透镜对光的作用。

【教学难点】

引导学生对实验现象进行分析综合、推理、论证，从而深入理解凸透镜和凹透镜对光的作用的本质特征。

【教学器材】

老式幻灯机1台、复写纸2张、军用手电筒1个、铁架台1个、25套学生用实验器材（每套器材包含：老花眼镜1副、近视眼镜1副、凸透镜1个、凹透镜1个、平行激光光源1个）。

【教学流程图】

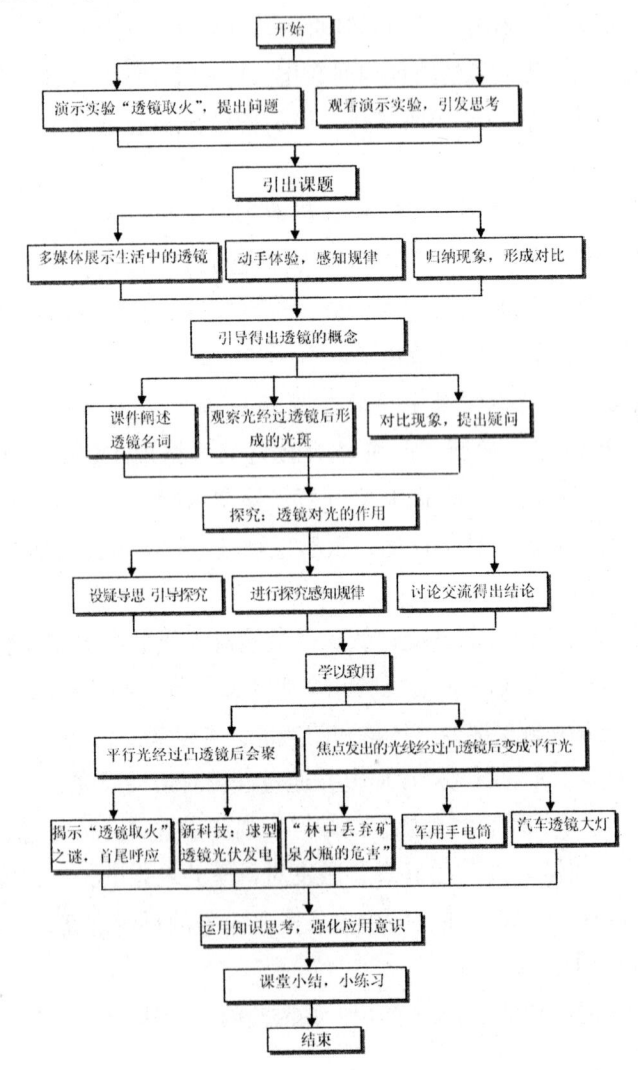

```
                        开始
                         │
        ┌────────────────┴────────────────┐
   演示实验"透镜取火"，提出问题      观看演示实验，引发思考
        └────────────────┬────────────────┘
                       引出课题
                         │
        ┌────────────────┼────────────────┐
  多媒体展示生活中的透镜   动手体验，感知规律   归纳现象，形成对比
        └────────────────┬────────────────┘
                  引导得出透镜的概念
                         │
        ┌────────────────┼────────────────┐
    课件阐述        观察光经过透镜后形    对比现象，提出疑问
    透镜名词            成的光斑
        └────────────────┬────────────────┘
                探究：透镜对光的作用
                         │
        ┌────────────────┼────────────────┐
   设疑导思 引导探究   进行探究感知规律   讨论交流得出结论
        └────────────────┬────────────────┘
                       学以致用
                         │
        ┌────────────────┴────────────────┐
   平行光经过凸透镜后会聚      焦点发出的光线经过凸透镜后变成平行光
        │         │              │              │           │
   揭示"透镜取火" 新科技：球型  "林中丢弃矿      军用手电筒    汽车透镜大灯
   之谜，首尾呼应 透镜光伏发电  泉水瓶的危害"
        └─────────┴──────┬───────┴──────────────┴───────────┘
                运用知识思考，强化应用意识
                         │
                  课堂小结，小练习
                         │
                        结束
```

254

【教学过程】

教学环节	教师	学生	说明
演示引入：神奇的实验（2分钟）	1. 在一台老式的投影仪上面放一个大的凸透镜，打开开关后，在凸透镜的焦点位置放上一张复写纸。大约3秒，观察看见复写纸着火。 2. 出示点火神器——放大镜。 3. 提问：一个普通的放大镜为什么能把纸点燃呢？	观看演示实验，引发思考，做出猜想，回答老师问题。初步见识透镜的威力	利用神奇实验引入，激发学生的好奇心和兴趣，为后续实验探究活动做好准备
新课：学生探究（一）（5分钟）	1. 每组提供的器材：老花眼镜1副、近视眼镜1副。 2. 教师引导学生归纳总结：（1）凸透镜：中间厚，边缘薄（2）凹透镜：中间薄，边缘厚 3. 教师黑板画双凸双凹透镜，强调双凸双凹透镜的对称性，讲解透镜的两个关键名词：主光轴和光心	1. 活动1：学生用纸巾摸一摸自己桌上的透镜，比较透镜中间与边缘的厚薄，并对桌面的透镜进行分类。 2. 各种不同形状的透镜，学生进行分类判断属于哪种透镜。（强化凹凸透镜的形状） 3. 请一位同学摸一摸"点火神器"，判断出这神器是凸透镜。 4. 归纳总结出凸透镜和凹透镜的概念	教师引导学生明确区分的关键在于中间和边缘的薄厚不同。锻炼学生的分析、判断、动手能力
新课：学生探究（二）（10分钟）	提出问题：平行于主光轴的三条光线入射，经过透镜后，光路如何变化？ 教师启示，演示实验：把军用强光手电筒固定在铁架台上，调成平行光照射到黑板上，观察光斑的大小。再在手电筒和黑板之间分别放入凸透镜和凹透镜，观察墙壁上光斑大小的变化。引导学生根据光斑的变化进行猜想，然后通过实验来验证猜想。 实验器材：激光光源、凸透镜、凹透镜、实验指导卡	1. 活动2：学生分组探究：平行于主光轴的光线经过透镜后，光的传播路径如何变化。 2. 活动3：学生分组探究：不平行于主光轴的光线经过透镜后，光的传播路径如何变化	培养学生"动手做"的能力，让学生通过观察、记录、讨论交流，实现操作与思维、现象与理论的有机结合，使实验过程成为学生自主参与的研究过程，有利于培养学生的操作能力、观察能力和思维能力

续表

教学环节	教师	学生	说明
新课：科学思维（10分钟）	1. 各小组实验探究完成后，和相邻的小组交流。2. 投影若干小组的实验指导卡，教师引导学生观察和思考各组的光路图，进而分析得出透镜对光的作用。3. 在充分实践的基础上，引导学生发现特殊光线和验证光路可逆	1. 活动4：和相邻的小组进行交流，分析对比各自的光路图。2. 观察凸透镜和凹透镜对光线的作用。自主归纳出结论：凸透镜对光有会聚作用，凹透镜对光有发散作用	要注意引导学生观察，所谓凸透镜使光会聚，凹透镜使光线发散，都是相对入射光线而言的。会聚作用是指把入射光线会聚了，其折射光线比入射光线更靠拢主光轴
归纳总结（5分钟）	1. 在学生实际操作并深度思维的前提下，总结归纳出：无论入射光线是否平行光，凸透镜对光都有会聚作用。凹透镜对光都有发散作用	对比分析光经过凸透镜和凹透镜后的异同点。将对两种透镜的特点的感性认识用规范文字表述出来	进一步加深学生对两种透镜的认识
巩固提高（8分钟）	1. 引导学生揭秘点火神器：纸张应该放在透镜的焦点位置。2. 图像介绍：现代的新科学技术：球型透镜光伏发电。3. 图像介绍：一个矿泉水瓶引起的火灾。4. 图像介绍：军用手电筒发出平行光的奥秘。5. 图像介绍：汽车的大灯	讨论分析透镜在各个事例中应用的原理	把透镜的知识与日常生活中的现象联系起来，强调知识的迁移与发散，培养学生的安全意识和科学态度与责任
课后作业		1. 烈日下洗车后必须及时擦干，否则会导致车漆失去光泽，这是什么原因？2. 矿井中所使用的矿灯。优点是光柱射出去后非常集中，几乎相当于是平行光。则矿灯灯头的镜头镜片是什么透镜？	学生学完透镜后，对透镜对光的作用还是陌生，通过联系生活，逐步加深认识，这样也有利于增强学生的实践意识和应用意识

【板书设计】

透镜

1. 透镜的分类

凸透镜：中间厚边缘薄

凹透镜：中间薄边缘厚

2. 透镜对光的作用

凸透镜：会聚作用

凹透镜：发散作用

六、眼睛和眼镜

（一）眼睛和眼镜教学中常见问题分析

眼睛和眼镜的教学，通常被界定为了解层次的概念教学，以下是常见的教学程序之一：

1. 教师提问引入：眼睛是心灵的窗户，我们的眼睛是如何看见物体的？本节课我们来学习。

2. 教师演示眼球模型，借助图片或动画讲解眼睛的构造。

3. 教师设问：看远处和近处物体时，眼睛怎样调节才能看清物体（在视网膜上得到清晰的像）？先让学生阅读课本，后提问学生。

4. 教师借助动画引导学生分析：晶状体和睫状体在远近视物时的调节作用。

5. 教师讲解明视距离和用眼卫生。

6. 学生阅读课本（人教版教材），了解近视眼的成因。

7. 教师借助动画或课本插图，结合本班近视同学的观感及所佩戴眼镜分析得出近视镜是凹透镜。

8. 学生阅读课本（人教版教材），了解远视眼的成因。

9. 教师借助动画或课本插图，结合爷爷、奶奶视觉特点和所佩戴眼镜分析得出远视镜是凸透镜。

10. 巩固提高。

（1）阅读"科学世界"，了解眼镜的度数。

（2）课堂练习：有关眼睛和眼镜原理的习题训练。

……

上述教学过程，存在什么问题呢？

这是典型的解释型教学。表面上有课堂设问，有模型演示，有多媒体辅助教学，有学生自主阅读，有教师的讲解分析，有课堂拓展和精选习题训练等，但本质上依然是教师的满堂灌输，重"知"轻"能"，对深化学生物理思维、培养学生的学科素养和创新能力的作用微乎其微。

首先，课题的引入单调乏味，没有创设足够的学习情境，激发学生的学习欲望和求知热情，没有做好学科背景铺垫，激发物理学习兴趣，学生可能觉得生物课上学过的眼睛构造和原理，物理课又来重复讲解。

其次，只有教师照本宣科的演示和讲解，没有精心设计和准备实验素材，没有创设学生动手操作空间和时间，学生没有经历科学探究过程，对眼睛和近视、远视的矫正原理缺乏真实的体验。

再次，上述课例中教师满堂灌式的讲解，一味地将物理概念和原理和盘托出，然后通过习题强化记忆，缺失物理过程演绎，缺乏物理逻辑思维训练，没有充分利用已学物理知识在科学探究的过程中进行知识建构，学生难以理解，只能靠死记硬背，这样会很快遗忘。

从"三维目标"的角度分析，上述教学过程仍只停留在物理知识的传授层面。在"过程与方法"的目标达成方面，仅仅通过阅读、讲解来引导学生获取知识，没有让学生经历科学探究过程、掌握物理思维方法，而在"情感、态度、价值观"目标中，学生根本没有良好的情感态度体验和价值观的养成熏陶。从学科核心素养目标的角度分析，上述教学过程直接"灌输"眼睛的构造、视觉原理及近视和远视的矫正规律，没有设置真实的问题情境，设计制作物理器材装置，引导学生通过科学探究，经历解决问题的过程，从而构建物理观念、总结发现物理规律、掌握物理思想方法、激发深度思维，更没有引领学生体会从原理到应用、从理论到实践、从科学到技术的过程中展现的思想方法和情感价值。

（二）创新教学设计分析

1. 眼睛和眼镜教学中的核心素养目标分析

眼睛和眼镜的学习是凸透镜成像规律的拓展，是物理观念在实际生活中的应用体现，是本章教学从物理走向社会的重要一环。通过这部分内容的教学可以培养物理学科的哪些素养呢？

物理观念：本节要培养的物理观念即知识与技能目标主要包括：深化

对照相机成像原理的认识，了解人眼成像的原理及与照相机成像的内在联系和区别；分析并了解近视眼和远视眼的成因，探讨矫正方法，具有爱眼、护眼的意识，有自主保护视力的行动和责任担当。

科学思维：本节的科学思维训练应该通过引入生活实践情境或引入社会学习情境，激发学生学习欲望和启发学生思考，复习不同焦距凸透镜对光线的作用和凸透镜成像规律，达到温故知新、启迪思维，通过人眼成像与照相机成像的比较分析，归纳并理解眼睛成像调节特点，学生通过观察分析实验现象和实验过程，归纳提炼实验结论，建构起清晰的人眼视觉的"变焦距"照相机模型，通过分析论证得出近视眼和远视眼的矫正方法，进一步深化了物理思维和应用能力训练。

科学探究：通过提供可变焦距水透镜成像实验探究，结合多媒体动画演示，让学生自己观察可变焦眼球调节原理，提供器材让学生动手尝试在像距一定时不同焦距凸透镜成像时都要在光屏上得到清晰的像，探究近视眼和远视眼矫正方法，这些实验探究过程包含了问题、证据、解释、交流等各个要素的训练及探究能力的提升。

科学态度与责任：通过对明星明亮、美丽眼睛和眼神的展示，通过对一线"全副武装"（口罩和防护服）抗疫英雄和广大医务工作者眼睛和坚毅眼神的捕捉，激发学生强烈的求知欲和社会责任感，通过设问答疑、方案设计、实验尝试、交流归纳，培养学生乐于思考、勤于实践，善于总结、尊重事实、严谨务实的科学态度和学科素养，培养有勇气、有毅力、有担当的社会责任感。

2. 教学重点分析

本节课的教学重点是探究并了解人眼成像的原理：了解人眼相当于"变焦距"照相机，探究并归纳近视眼、远视眼的形成原因，探究并总结出近视眼和远视眼的矫正方法。

3. 教学模式和方法的改进

通过温故知新，激发认知冲突，创设丰富的生活情境和社会实践情境，激发学生求知欲和思考力，丰富学生的实践体验。设计制作可变焦"水透镜"探究眼睛的调节原理，将传统的解释型概念、原理讲授课改造为创造型的概念构建课。原理探究课，将"演示+讲授型+练习"的教学模式转化为"实验探究+自主分析归纳+实践应用"的教学模式，提供多组不同焦距的凸透镜和凹透镜、电子蜡烛、光屏、光具座让学生分组探究，将单纯的和盘托出的填鸭式的知识传授转化为探究"怎样解决远视眼和近视眼的矫正"这一实际问题，将学生被动接受转化为学生的主动探索，根本上改变学生的学习方式，以激发学生学科兴趣，培养学生科学探究意识与能力的学科素养，并通过"递进式"比较教学，引领学生进行多层次的比较归纳和论证，以促进学生对物理观念的深刻理解，提升问题分析与解决的意识与科学思维能力，促进本节物理学科素养目标的全面达成。

总之，通过将解释型教学转化为创造型教学，设置生动情境，激发认知冲突，创设实践探究，引导深度思维。学生体会从原理到应用、从实践到理论、从科学探究和科学思维训练中掌握物理思想方法，形成解决实际问题的能力，激发爱科学、爱生活的丰富情感。

（三）眼睛和眼镜创造型教学设计

下面以2013年人教版《义务教育教科书·物理八年级上册》第五章第四节为基础进行讨论。根据上述分析，该节内容可安排1课时，将解释型讲授课转化为创新型探究课，教学目标、教学重难点、教学过程等如下：

【教学目标】

1. 了解人眼成像的原理，了解近视眼和远视眼的成因，探讨矫正方法，具有爱眼、护眼的意识，有自主保护视力的行动和责任担当。

2. 通过温故知新，创设情境，递进式比较归纳，引导学生建构起清晰的人眼视觉的"变焦距"照相机模型，在分析论证近视眼和远视眼成因与矫正方法中进行科学思维训练，培养学生建模、推理、论证等科学思维能力。

3. 通过创设系列探究活动，引导学生提出问题、寻找证据、解释交流、分析论证，强化学生科学探究意识，培养学生科学探究素养。

4. 通过激趣引思、实验探究、问题解决等培植学生学习兴趣，激发学生勤于思考、敢于实践、锐意进取的科学品质；通过爱眼、护眼的教育，培养学生应有的社会责任与担当。

【教学重点】

通过科学探究和比较归纳，建构人眼调节的"变焦距"相机模型，清晰了解人眼成像的原理，了解近视眼和远视眼的成因，自主探究并总结矫正方法。

【教学难点】

人眼调节的"变焦距"实验探究与比较论证，近视眼和远视眼的矫正原理和方法。

【教学器材】

25套实验器材，每套器材包括：洁净医用采血袋、注射器、水、光具座、电子蜡烛、光屏（毛玻璃）、不同焦距凸透镜（5cm、10cm、15cm、20cm）、不同焦距凹透镜（5cm、10cm）、一副近视眼镜（学生本身自带有）、一副老花眼镜。

【教学流程图】

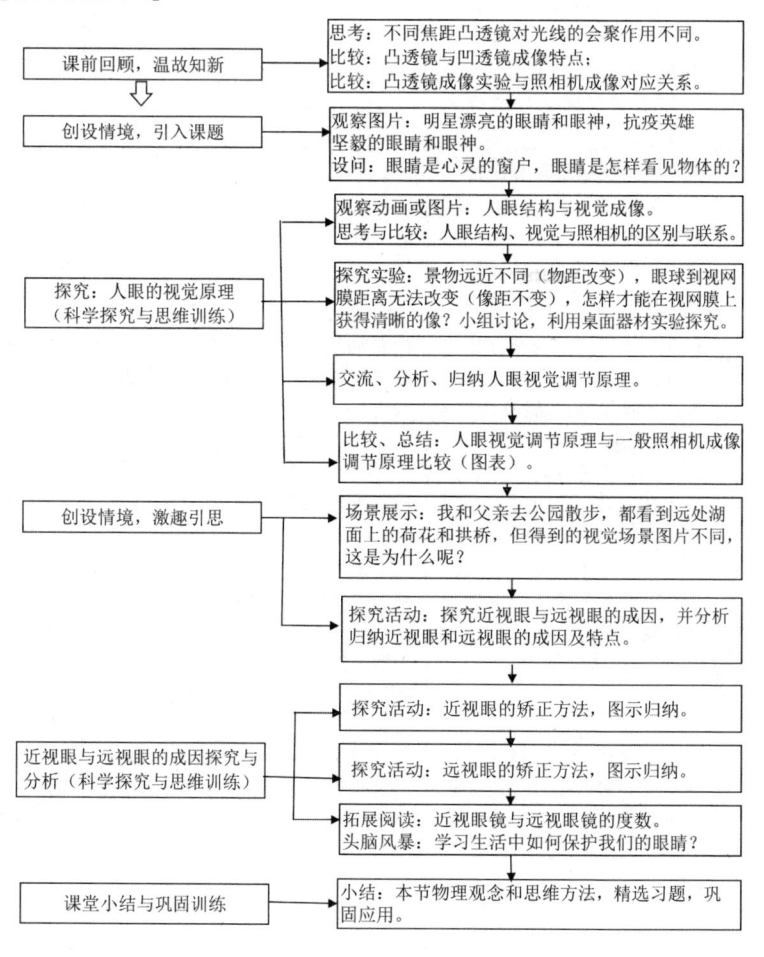

环节	内容
课前回顾，温故知新	思考：不同焦距凸透镜对光线的会聚作用不同。 比较：凸透镜与凹透镜成像特点。 比较：凸透镜成像实验与照相机成像对应关系。
创设情境，引入课题	观察图片：明星漂亮的眼睛和眼神，抗疫英雄坚毅的眼睛和眼神。 设问：眼睛是心灵的窗户，眼睛是怎样看见物体的？
探究：人眼的视觉原理（科学探究与思维训练）	观察动画或图片：人眼结构与视觉成像。 思考与比较：人眼结构、视觉与照相机的区别与联系。 探究实验：景物远近不同（物距改变），眼球到视网膜距离无法改变（像距不变），怎样才能在视网膜上获得清晰的像？小组讨论，利用桌面器材实验探究。 交流、分析、归纳人眼视觉调节原理。 比较、总结：人眼视觉调节原理与一般照相机成像调节原理比较（图表）。
创设情境，激趣引思	场景展示：我和父亲去公园散步，都看到远处湖面上的荷花和拱桥，但得到的视觉场景图片不同，这是为什么呢？
近视眼与远视眼的成因探究与分析（科学探究与思维训练）	探究活动：探究近视眼与远视眼的成因，并分析归纳近视眼和远视眼的成因及特点。 探究活动：近视眼的矫正方法，图示归纳。 探究活动：远视眼的矫正方法，图示归纳。 拓展阅读：近视镜与远视眼镜的度数。 头脑风暴：学习生活中如何保护我们的眼睛？
课堂小结与巩固训练	小结：本节物理观念和思维方法，精选习题，巩固应用。

261

【教学过程】

教学环节	教师	学生	说明
课前回顾，温故知新（5分钟）	设问：1. 凸透镜对光有什么作用，观察下图中凸透镜（A或B）哪个更凸更"厚"？阳光下测得凸透镜A的焦距分别为5cm、B的焦距分别为10cm。由此可知：凸透镜越凸越厚，焦距越？（长或短）对光线偏折能力越？（强或弱） 2. 凸透镜既能成？像，又能成？像（实或虚），什么条件下成实像？什么条件下成虚像？ 3. 凹透镜只能成什么特征的像？	1. 活动一：观察回忆，判断作答； 2. 活动二：比较回答教师提问，图表展示； 3. 活动三：观察回答教师提问	承前启后，温故知新，建构知识体系
创设情境，激趣引思，引入课题（2分钟）	展示一组明星眼睛和眼神以及一组抗疫英雄坚毅的眼睛和眼神的照片。 设问：眼睛是心灵的窗户，眼睛是怎样看见物体的？	活动四：观察思考	创设情境，激发学生求知欲望
探究：人眼的视觉原理（科学探究与思维训练）（13分钟）	1. 展示人眼结构与视觉成像动画或图片，设问并引导思考：人眼由哪几部分组成？人眼是怎样看见景物的？ 2. 设问：人看景物时景物远近不同（物距改变），眼球到视网膜距离无法改变（像距不变），怎样才能在视网膜上获得清晰的像呢？引导小组讨论、猜想，利用桌面器材设计实验进行探究。 3. 在实验探究的基础上，引导学生分析归纳，得出人眼视物调节原理	1. 活动五：观察并思考、比较：人眼结构和视觉形成与照相机照相的区别与联系。 2. 活动六：小组讨论，并猜想：由凸透镜成像规律探究可知，物距改变，像距和像的大小会跟着改变，现像距不能变，仍要得到清晰像，唯一的途径是改变眼球的"焦距"。学生利用透明医用采血袋、水、注射器制作可调节凹凸程度的"水透镜"，利用光具座、光屏进行实验探究 3. 活动七：学生在实验探究基础上进行归纳总结，交流分享人眼视觉调节原理	通过观察比较，产生认知冲突，激发探究欲望。 科学探究训练：问题、证据、交流、论证。 科学思维训练：分析归纳，得出结论。

续表

教学环节	教师	学生	说明
探究：人眼的视觉原理（科学探究与思维训练）（13分钟）	4. 设问：人眼调节与一般照相机调节相同吗？引导学生比较人的眼睛与一般照相机照相调节原理，建构新旧知识的联系。	4. 活动八：学生用图表比较人眼成像和一般照相机照相的区别与联系，强化对人眼视物的认知：人眼是"变焦距"照相机。	比较论证，建构新知
创设情境，激趣引思（2分钟）	场景展示：我和父亲去公园散步，都看到远处湖面上的荷花和拱桥，但得到的视觉场景却不同，这是为什么呢？	活动九：学生细心观察比较两张场景照片，思考：为什么同一风景在两人眼睛中形成的视觉场景不同呢？	
近视眼与远视眼的成因探究与分析（4分钟）	在探究视觉调节原理的基础上，引导学生分析近视眼和远视眼形成的原因。	活动十：学生在人眼视觉调节基础上，讨论分析近视眼和远视眼形成的原因。	分析归纳

教学环节	教师	学生	说明
近视眼与远视眼的矫正方法探究（8分钟）	1. 设问：怎样解决近视眼看远处物体时视网膜成像模糊的问题呢？引导学生利用提供器材探究并分析总结方法。 2. 设问：怎样解决远视眼看近处物体时视网膜成像模糊的问题呢？引导学生利用提供器材探究并分析总结方法。 3. 引导学生拓展阅读：近视眼镜与远视眼镜的度数。 4. 设问：眼睛如此重要，学习生活中如何保护我们的眼睛？	1. 活动十一：学生探究近视眼的矫正方法，并图示归纳。 2. 活动十一：学生探究远视眼的矫正方法，并图示归纳。 3. 学生拓展阅读：近视眼镜与远视眼镜的度数；了解怎样配验眼镜。 4. 头脑风暴：学生讨论学生生活中要注意哪些用眼卫生？	科学探究 图表归纳 阅读拓展 学以致用 情感态度 责任担当
课堂小结与巩固训练	引导学生小结本节物理观念和思维方法，小结与巩固应用合二为一。 A B C D	学生小结本节物理观念和思维方法，小结与巩固应用合二为一，考查学生学习效果。 眼睛的成像原理与_____的原理相似，它的角膜、晶状体共同作用，相当于_____，物体在它的_____上成_____像。 近视眼只能看清_____处物体，看不清_____处物体；远处物体在近视眼里成像在视网膜_____；近视眼配戴_____。 远视眼只能看清_____处物体，看不清_____处物体；近处物体在远视眼里成像在视网膜_____；远视眼配戴_____。 左边四幅图中： （1）表示近视眼的是_____，此时晶状体太_____，折光能力太_____，成像在视网膜_____，需用_____透镜矫正，如图_____。	小结提炼 巩固应用

续表

教学环节	教师	学生	说明
		（2）表示远视眼的是_____，此时晶状体太_____，折光能力太_____，成像在视网膜_____，需用_____透镜矫正，如图_____。 （3）老王是远视眼（图_____），矫正如图_____。 （4）小张是近视眼（图_____），矫正如图_____	
课后作业	阅读探究：通过晶状体的调节，眼睛可以使不同远近的物体在视网膜上成清晰的像。眼睛调节的两个极限点叫远点和近点。正常眼睛的远点在无限远，近点大约在 10cm 处。正常眼睛观察近处物体最清晰而又不疲劳的距离，大约 25cm，叫明视距离。看书上的字，测出你的明视距离，和其他同学比较一下：正常眼、近视眼明视距离相同吗？有什么规律？	学生阅读探究并回答： 近视眼的明视距离比正常眼的明视距离_____；（长或短） 不同近视眼的明视距离相同吗？_____（相同或不同）测出自己眼睛的明视距离是多少？_____cm； 远视眼的明视距离比正常眼的明视距离_____（长或短）	巩固应用

【板书设计】

1. 眼睛与照相机：

	眼睛	照相机
结构	角膜、晶状体 （相当于一个凸透镜） 瞳孔 视网膜	镜头 （相当于一个凸透镜） 光圈 底片（胶卷）
成像	倒立、缩小、实像	倒立、缩小、实像

265

2. 人眼视物调节原理

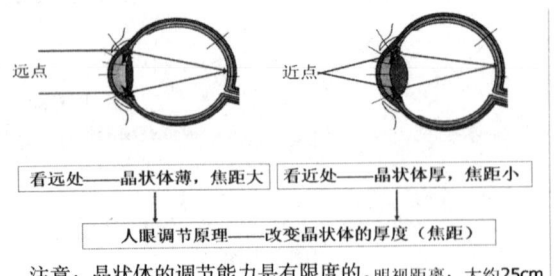

远点 　　　　　　　　近点

看远处——晶状体薄，焦距大　　看近处——晶状体厚，焦距小

人眼调节原理——改变晶状体的厚度（焦距）

注意：晶状体的调节能力是有限度的。明视距离：大约25cm

3. 人眼视物与照相机照相

	眼睛	照相机
结构	晶状体（相当于一个凸透镜）	镜头（相当于一个凸透镜）
	瞳孔	光圈
倒立、缩小、实像	视网膜（有感光细胞）	底片（有感光材料）
调节作用	像距不变，当物距改变时，通过改变晶状体的弯曲程度，来改变焦距，使视网膜上成的像清晰	焦距不变，当物距改变时，通过改变镜头与底片间的距离，来改变像距，使底片上成的像清晰。

4. 近视眼与远视眼的成因与矫正

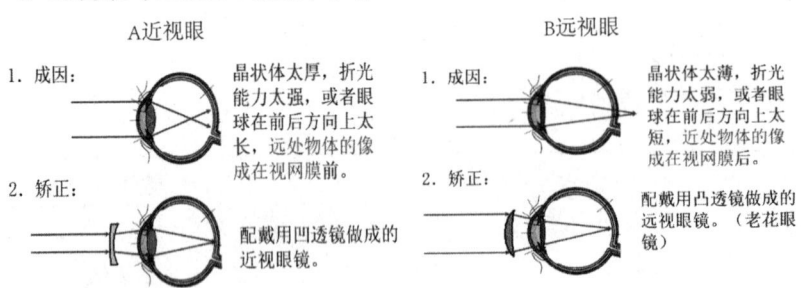

A近视眼

1. 成因：晶状体太厚，折光能力太强，或者眼球在前后方向上太长，远处物体的像成在视网膜前。

2. 矫正：配戴用凹透镜做成的近视眼镜。

B远视眼

1. 成因：晶状体太薄，折光能力太弱，或者眼球在前后方向上太短，近处物体的像成在视网膜后。

2. 矫正：配戴用凸透镜做成的远视眼镜。（老花眼镜）

七、比热容

（一）比热容教学的常见问题分析

比热容是热学中的重要物理量，其概念内涵较为抽象，涉及的生活现象虽多，但学生头脑中从未形成涉及比热容概念的直接感性认识，所以此部分内容一直是学生学习的难点。在传统的解释型教学中，学生很难真正理解。以下是常见的教学程序之一。

1. 由生活现象引入：同样的日照条件，海水的温度和沙滩不一样。白天，海水凉，沙滩烫脚。傍晚，沙滩凉了下来，海水却还暖暖的，这是为什么呢？（人教版教材）

2. 探究物质的吸热本领：播放视频实验或动画：等质量的水和食用油，升高相同温度，水需要的加热时间更长，水比食用油吸收热量多。由实验可以看出，水和食用油吸收热量的差异，是由它们的种类决定的，即不同物质吸热本领不同。

3. 解释比热容的概念：先介绍不同物质的吸热本领用比热容来表示，然后介绍比热容的符号、定义、定义式、单位等。让学生齐读一遍课本上的内容，要求记住它。

4. 由定义式变形得到热量的计算公式，练习计算。

5. 介绍生活中不同物质的比热容及其意义。

6. 介绍"水的比热容大"在人们的日常生活和生产中具有重要的意义。并用"水的比热容大"来解释"白天，海水凉，沙滩烫脚。傍晚，沙滩凉了下来，海水却还暖暖的"这一现象。

7. 巩固训练。

虽然这样的教学设计有实验做支撑，也体现了物理教学中从生活走向物理的理念，但上述对比热容概念的教学是典型的解释型教学，将物理意义、定义等灌输给学生，课后学生对比热容的概念理解是模糊不清的。

第一，教学设计要符合学生的思维逻辑。从生活中的现象怎样过渡到探究不同物质的吸热能力？白天，海水凉，沙滩烫脚，学生的思维定势容易觉得是沙子吸收的热量多造成的。虽然这个引入很贴近生活，但学生的思维定势与我们想得到的结果产生了矛盾，所以直接由这一现象来引入，生硬地进入探究实验，可能对学生的理解没有帮助。

第二，教师图方便，让学生通过观看视频实验或动画来代替演示实验，也属于灌输性的教学。没有使学生经历过程、掌握思想方法，学生更没有情感态度的体验和价值观的养成。我们应该注重合作探究形成知识的过程，以学生为主体，引导、点拨学生，让学生小组合作探讨、实验，展示成果，得出结论。让知识的生成，水到渠成。

第三，教师要求学生齐读、机械记忆教材中关于比热容的"定义"，不符合学生的认知规律，对没有感性体验的学生而言，难以理解、记忆。

第四，在介绍"水的比热容大"在人们的日常生活和生产中的意义时，学生自己分析存在一些困难，以上示例用教师的活动代替了学生的思考过程，学生的主观能动性受到限制。

从"三维目标"的角度分析，上述教学过程反映的教学理念尚停留在传授知识的层面。教学目标仅仅是"使学生理解什么是比热容"。没有使学生经历过程、掌握思想方法，学生更没有情感态度的体验和价值观的养成。从学科核心素养目标的角度分析，上述教学过程直接"灌输"比热容概念，没有通过概念的学习体现科学思维、科学探究等素养的培养。这样的形式比较单一，课堂比较枯燥，不利于学生对抽象概念的理解。

根据多年的初中物理教学经验，本人认为寓科学方法的教育于整个初中物理教学之中，能使学生掌握基本的物理方法，提高学生学习物理的兴趣，能使学生更深入地理解和牢固掌握科学知识，提高学习效率，也能使学生学会学习。所以在本节课的探究过程中，我注重对学生进行抽象思维的训练，以培养学生分析解决问题的能力，并且重点对学生进行科学态度和科学方法的教育。

（二）创新教学设计分析

1. 比热容教学中的核心素养目标分析

比热容是本章的教学重点，要求学生能理解比热容的概念，并能结合比热容表解释一些日常现象。通过这部分内容的教学可以培养物理学科的哪些素养呢？

物理观念：比热容是热学的核心概念，准确深刻地理解其内涵，既是"三维目标"中"知识技能目标"的要求，也是促使学生形成物理观念的基础和前提。

科学思维：基于物理学科的特点，我们应该尽量联系生活中的现象，尽可能地开展科学探究实验，分层递进、逐渐建构，结合能力导向思维的问题设计，由表及里地进行思维加工，引导学生自己归纳出概念。这样，不但能让学生的思维能力得到很好的培养，还能促进学生对抽象概念的理解。比热容概念教学的设计，要符合学生的实际思维水平。而每个教学环节的顺利过渡，以及探究实验的设计，都是引导学生思维活动的过程，这是学生能真正正确理解比热容概念的关键。

科学探究：让学生分组设计实验方案，并进行交流，然后对实验方案进行正确评价，采取最佳实验方案。通过亲身参与体验探究的过程，学生加深对实验的理解，对引入比热容概念有很大的帮助。

科学态度与责任：学生通过探究性学习，产生乐于探索自然规律的情感，体验自然科学的价值，体验知识来源于实践而又应用于实践的辩证关系；通过探究活动，养成严谨求实的科学态度和团结协作的科学精神。

2. 教学重点分析

上述教学示例中的教学重点是"使学生理解比热容的概念"，应该将教学重点转变为"通过实验探究，认识到不同物质吸热能力不同的基本特性"。当学生理解了实验的过程以及结论，理解比热容的概念就简单多了。

3. 教学模式和方法的改进

在教学的每一个环节，都创设情境，让学生能够联系生活，然后每一环节设置问题，激发学生思维，引导学生自己归纳出概念。

具体做法是，首先用学生身边生活的常识"为什么白天海水凉沙滩烫脚，而傍晚沙滩凉了下来，海水却还暖暖的"引入课题，然后结合生活设置问题串，引入探究实验"探究不同物质的吸热能力"，这符合学生的认知规律和生活经验，再由实验现象总结结论，避免把比热容概念直接灌输和强加给学生，随后在解决生活实际问题的过程中形成概念，构建新知，然后把所学知识应用于生活实践和工农业生产中，并进一步关注了自然生态、环境保护。让学生从身边熟悉的生活现象探究并认识物理概念，同时还将学生认识到的物理知识、科学研究方法与社会实践及其应用结合起来，让他们体会到物理在生活与生产中的实际应用。

总之，通过将解释型教学转化为创造型教学，设置问题情境，进行实践探究，激发深度思维。学生体会从原理到应用、从理论到实践、从科学到技术的过程中展现的物理思想方法和情感价值。

（三）比热容创造型教学设计

【教学目标】

1. 创设情境，设计问题引导，通过实验探究，建立比热容的概念。尝试用比热容解释简单的自然现象。会进行物体吸、放热的简单计算。

2. 创设条件，让学生亲身参与探究比较不同物质的吸热情况的活动，学习拟定简单的科学探究计划和实验方案，并培养学生自主合作探究的能力。通过交流与分析，利用比热容解释相关现象及应用。

3. 学生通过探究性学习，产生乐于探索自然规律的情感，体验自然科学的价值，体验知识来源于实践而又应用于实践的辩证关系；通过探究活动，养成严谨求实的科学态度和团结协作的科学精神。

【教学重点】

通过实验得出比热容的概念并联系生活应用其分析解决一些简单问题。

【教学难点】

比热容概念的建立。

【教学器材】

铁架台、电加热器、水、食用油、温度计、手表、烧杯、搅棒。

【教学流程图】

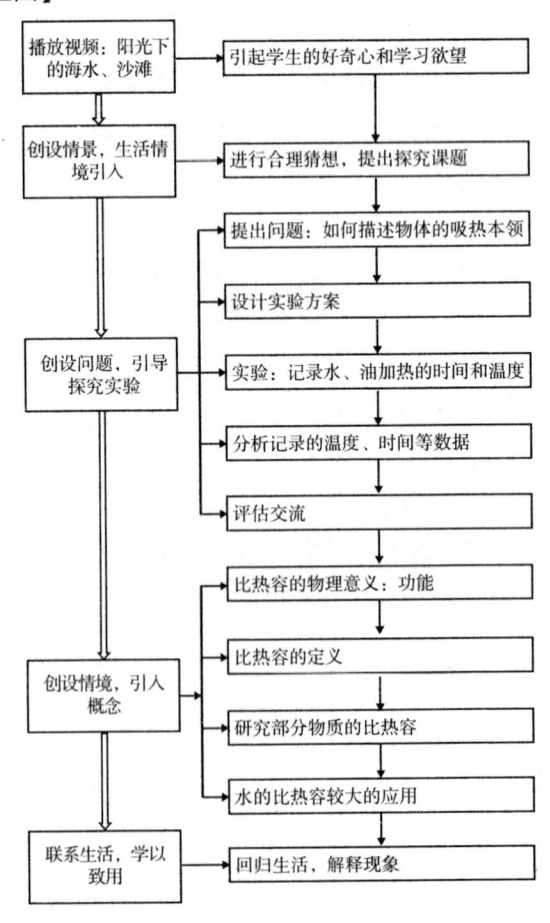

```
播放视频：阳光下      →   引起学生的好奇心和学习欲望
的海水、沙滩
      ↓
创设情景，生活情      →   进行合理猜想，提出探究课题
境引入
      ↓                    提出问题：如何描述物体的吸热本领
                              ↓
                          设计实验方案
                              ↓
创设问题，引导      →   实验：记录水、油加热的时间和温度
探究实验
                              ↓
                          分析记录的温度、时间等数据
                              ↓
                          评估交流
      ↓
                          比热容的物理意义：功能
                              ↓
创设情境，引入      →   比热容的定义
概念
                              ↓
                          研究部分物质的比热容
                              ↓
                          水的比热容较大的应用
      ↓
联系生活，学以      →   回归生活，解释现象
致用
```

【教学过程】

教学环节	教师活动	学生活动	说明
创设情景，引入新课	【播放视频】 烈日炎炎的夏季，白天海滩上的沙子热得烫脚，但海水却非常凉爽；傍晚，沙子很快凉了下来，但海水却还暖暖的。同样的日照条件，为什么沙子和海水的温度不一样？	学生观察、思考	引起学生的学习欲望，体现知识来源于生活，生活处处有物理知识
创设情景，引入实验	【体验生活】 1. 家里来了客人，为了让客人尽快喝上开水。我们应该怎么做？为什么？ 2. 分别把一壶水和半壶水烧开，哪个吸热多？ 3. 把一壶水烧开和烧成温水，哪种情况需要吸收更多的热？ 【想一想】 物体吸收热量的多少跟哪些因素有关？ 【师生总结】 同一种物质，吸收的热量跟物体的质量和升高的温度都有关系。 同一种物质，质量越大，温度升高度数越多，吸收的热量越多	搜集办法： 1. 质量少一些的水 2. 用温水 3. 加大火力 质量大的吸热多。 温度升高多的吸热多。 思考、回答：质量、升高的温度、物质的种类	启发学生从生活经验中得出物体吸热多少与质量和升高温度的关系，并结合海水和沙滩的温度差异进行合理猜想，提出探究课题
创设问题，引导探究实验	1.【提出问题】 不同物质组成的物体，在质量相等，升高的温度也相同时，吸收的热量一样吗？ 2.【设计实验】【想想议议】 （1）你计划采取什么科学方法来研究自己的实验课题？ （2）如何设计实验方案？学生讨论，方案集中（课件出示）： 怎样比较水和油吸收热量的多少？ 实验中，需要测量哪些物理量？ 需要哪些实验器材？ 怎样设计实验方案和记录实验数据？ 让学生以小组为单位进行讨论，并利用手中的器材设计实验证明自己的观点。 教师巡视，并给予必要的点拨，师生讨论后，归纳方案如下： 使用相同的电加热器，加热质量相等的不同物质（水和食用油），使它们升高相同的温度，比较它们加热时间的多少（吸收热量的多少）	学生猜想。 学生小组交流讨论：运用控制变量法，保持质量和升高的温度相同，物质的种类不同。 比较加热时间的长短。 选用哪个装置作为热源：选用相同的电加热器。 实验器材：天平、温度计、秒表、电加热器、烧杯、水、食用油	培养学生交流合作设计实验的能力，培养学生根据问题设计实验和选择器材的能力

271

续表

教学环节	教师活动	学生活动	说明
创设问题，引导探究实验	3.【进行实验、收集数据】 教师巡视、指导学生分组实验。鼓励学生动手实验，收集记录数据，鼓励学生间的交流和合作。 	液体	质量 m/kg	升高温度 (t-t0) /℃	加热时间 t/min	吸热多少
---	---	---	---	---
水	0.1	10	4	多
煤油	0.1	10	2	少 | 4.【分析论证】 组织学生展示实验结果。 【归纳总结】 质量相等的不同物质升高相同的温度时，吸收的热量是不相同的。 5.【评估】 在刚才的探究实验中运用了哪些研究问题的科学方法？实验设计有没有不合理的地方？操作中有没有什么失误？从实验中你还有什么新发现？	各小组提出自己的实验方案，派代表展示。 明确实验目的和做法，小组合作进行实验并记录数据。 分析实验数据，展示实验结果，质量相等的水和油，升高相同的温度，水比油所需时间长，总结实验结论。 学生交流反思	培养学生合作实验能力，培养学生严谨求实的科学态度和团结协作的科学精神。使学生体会控制变量法的使用
创设情境，引入概念	【比一比】哪种物质的吸热能力强 情境一：升高的温度、吸收的热量相同，质量不同 	物质	质量	升高温度	吸收的热量
铅	3kg	10℃	$0.39×10^4$ J
铜	1kg	10 ℃	$0.39×10^4$ J | 情境二：质量、吸收的热量相同，升高的温度不同 | 物质	质量	升高温度	吸收的热量
水	1 kg	10 ℃	$4.2×10^4$ J
沙石	1 kg	45 ℃	$4.2×10^4$ J		学生类比速度，交流讨论出比较物质吸热能力的方法，使比热容的概念的建立水到渠成，突破教学难点。 培养学生自主学习能力和分析归纳能力、语言表达能力	学生比较：升高的温度、吸收的热量相同时，质量小的物质吸热能力强。 学生比较：质量、吸收的热量相同时，升高的温度少的物质吸热能力强

续表

教学环节	教师活动	学生活动	说明
	情境三：质量、升高的温度、吸收的热量均不同 	物质	质量	升高的温度	吸收的热量
水	2kg	5℃	$4.2×10^4$J
煤油	3kg	10℃	$6.3×10^4$J | 【类比速度】在运动的路程不同，时间也不同时，我们是怎样比较运动快慢的？ 【小结】 质量、升高的温度、吸收的热量均不同，求出吸收的热量与质量和升高的温度乘积的比，比较单位质量的物质温度升高1℃时吸收的热量。 过渡：为了表示不同物质吸热情况的不同，物理学中引入比热容这个物理量		
问题引导，概念理解	【问题导学、自主学习】 请大家阅读课文，完成问题导学内容。 定义：一定质量的某种物质，在温度升高时吸收的热量与它的质量和升高的温度乘积之比，叫作这种物质的比热容。（类比速度的定义方法，用比值的方法定义比热容的概念。）用符号 c 表示。 说明：比热容在数值上等于单位质量的某种物质，温度升高1℃所吸收的热量。 单位：焦每千克摄氏度 J/（kg·℃） 【找规律】 一些物质的比热容 | 物质	比热容/J/（kg·℃）| 物质	比热容/J/（kg·℃）
水	$4.2×10^3$	砂石	$0.28×10^3$
酒精	$2.4×10^3$	铝	$0.88×10^3$
煤油	$2.1×10^3$	干泥土	$0.84×10^3$
蓖麻油	$1.8×10^3$	铁、钢	$0.46×10^3$
冰	$2.1×10^3$	铜	$0.39×10^3$ | 【总结规律】 不同物质比热容一般不同；同种物质，物态不同，其比热容也不同；水的比热容最大。	思考回答：用路程与时间的比，求出单位时间内通过的路程，即速度，来比较快慢 各小组类比速度讨论交流：用吸收的热量与质量和升高的温度的比，求出单位质量的物质温度升高1℃时吸收的热量，来比较吸热能力大小 学生阅读课文，完成问题导学内容学生思考、讨论交流：同种物质，吸收的热量跟它的质量、升高的温度成正比，说明吸收的热量与它的质量和升高的温度乘积之比是个定值，说明比热容与物体的质量、吸收的热量、升高的温度无关，比热容是物质的一种特性	让学生了解比热容与生活的联系，尝试用比热容解释简单的自然现象，培养学生乐于探索自然现象和日常生活中的物理学道理的情感，培养学生语言表达能力。 通过具体问题，引导学生利用比热容的定义得出热量计算的公式，并尝试运用，加深学生对知识的理解

续表

教学环节	教师活动	学生活动	说明
问题引导，概念理解	$c_水 = 4.2 \times 10^3$ J/(kg·℃) 物理意义：表示1kg的水，温度升高1℃所吸收的热量是4.2×10^3J。 【强调】 某一种物质的比热容与物体的质量、吸收的热量、升高的温度无关。物质的比热容由物质的种类（本身特性）、物态决定。比热容是物质的一种特性，可以用比热容来鉴别物质的种类		
联系生活，学以致用	【回归生活】 1.【想一想】为什么海水和沙子在同一时刻的温度不一样？ 现象释疑：沿海和内陆地区为何昼夜温差不同呢？新疆的谚语，你能说出它的道理吗？ 师生总结：水的比热容较大利于调节温度。 2.【议一议】我国北方楼房的暖气用水作为介质，把燃料燃烧产生的热量带到房屋中取暖。用水做输送能量的介质有什么好处？ 在生活、各种产业中，还有没有用水加热或散热的情况？ 师生总结：水的比热容较大，用水做冷却剂和取暖效果好。 在日常生活中，还有哪些地方利用了物质的这一属性？	讨论总结： 1. 因为海水与沙子受光照的时间完全相同，所以它们吸收的热量相同，但是海水的比热容比沙子的大，所以海水升温比沙子慢；没有日照时，海水降温比沙子慢。 2. 水的比热容大，在质量一定的条件下水升高相同温度时，吸热多（用水做冷却剂效果好）；在质量一定的条件下水降低相同温度时，放出的热量多，用热水取暖效果好。 搜集应用实例：汽车发动机用水来冷却、暖水袋用热水取暖	通过具体问题，引导学生利用比热容的定义得出热量计算的公式，并尝试运用，加深学生对知识的理解
巩固练习	【练一练】 1. 下列说法正确的是（　　） A. 一杯煤油用去一半，比热减为原来的一半 B. 吸收热量多的物质，比热容一定大 C. 物质的比热容是物质的一种特性，跟物体的质量、吸热多少、温度高低无关 D. 同种物质的比热容一定相同 2. 海边昼夜温差变化比沙漠_____，适于居住，原因是_____比_____大	学以致用。 1. 理解比热容是物质的一种特性，与物质的种类、物态有关，与质量、吸热多少、温度高低无关，答案选C 2. 水的比热容 沙子的比热容	巩固概念理解，学以致用

274

【板书设计】

第三节　比热容

一、探究不同物质的吸热能力,不同物质吸热能力不同。

二、比热容

1. 定义:一定质量的某种物质,在温度升高时吸收的热量与它的质量和升高的温度乘积之比,叫作这种物质的比热容

2. 单位:J/(kg·℃)

3. 水的比热容较大:$c_水 = 4.2×10^3$ J/(kg·℃)

物理意义:表示物质的吸热本领

应用:

4. 比热容是物质的一种属性

参考文献

一、著作

[1] 课程教学研究所. 20世纪中国中小学课程标准：教学大纲汇编：物理卷 [M]. 北京：人民教育出版社，2003.

[2] 中华人民共和国教育部. 普通高中物理课程标准：实验 [M]. 北京：人民教育出版社，2003.

[3] 中华人民共和国教育部. 全日制义务教育物理课程标准：实验稿 [M]. 北京：人民教育出版社，2001.

[4] 中华人民共和国教育部. 全日制义务教育物理课程标准：2011年版 [M]. 北京：人民教育出版社，2012.

[5] 中华人民共和国教育部. 全日制普通高级中学物理教学大纲 [M]. 北京：人民教育出版社，2002.

[6] 钟启泉，汪霞，王文静. 课程与教学论 [M]. 上海：华东师范大学出版社，2008.

[7] 希尔伯特·迈尔. 怎样上课才最棒 [M]. 上海：华东师范大学出版社，2013.

[8] 课程教材研究所：物理课程教材研究开发中心. 义务教育课程标准实验教科书·物理八年级上册 [M]. 北京：人民教育出版社，2006.

[9] 课程教材研究所：物理课程教材研究开发中心. 义务教育课程标准实验教科书·物理八年级下册 [M]. 北京：人民教育出版社，2006.

[10] 课程教材研究所：物理课程教材研究开发中心. 义务教育课程标准实验教科书·物理九年级 [M]. 北京：人民教育出版社，2006.

[11] 课程教材研究所：物理课程教材研究开发中心. 义务教育教科书·物理八年级上册 [M]. 北京：人民教育出版社，2012.

［12］课程教材研究所：物理课程教材研究开发中心．义务教育教科书·物理八年级下册［M］．北京：人民教育出版社，2012．

［13］课程教材研究所：物理课程教材研究开发中心．义务教育教科书·物理九年级［M］．北京：人民教育出版社，2013．

［14］吉尔福德．创造性才能：它们的性质、用途与培养［M］．北京：人民教育出版社，2006．

二、期刊

［15］薛永红，王晶莹．我国中学物理课程价值取向的沿革与变迁［J］．教学与管理，2012（7）．

［16］雷霞，卢慕稚．初中物理课堂提问有效性的标准框架及特点分析［J］．中国现代教育装备，2010（20）．

［17］樊雅平，黄生学．初中物理课堂提问存在的问题及对策［J］．教学与管理，2010（9）．

［18］谢丽娜．在物理教学中应重视学生质疑能力的培养［J］．素质教育，2011（6）．

［19］陈峰．"问题串"在物理探究教学中的应用［J］．课程教材教法，2006（11）．

［20］许志．构建有效问题串以提高课堂教学的效率［J］．物理教学探讨，2007（13）．

［21］吴万春．"问题串"在数学探究教学中的应用［J］．职业教育研究，2008（1）．

［22］路文柱．物理学科思想方法与能力培养之螺旋式教学［J］．湖南中学物理，2012，27（11）．

［23］张建平．从物理学科特点出发深化科学方法教育［J］．中国教育技术装备，2010（29）．